초판 인쇄일 2021년 7월 8일
초판 발행일 2021년 7월 15일

지은이 손태진
발행인 박정모
등록번호 제9-295호
발행처 도서출판 혜지원
주소 (10881) 경기도 파주시 회동길 445-4(문발동 638) 302호
전화 031) 955-9221~5 **팩스** 031) 955-9220
홈페이지 www.hyejiwon.co.kr

기획 김태호
진행 김태호, 박상호
디자인 조수안
삽화 조승희
영업마케팅 황대일, 서지영
ISBN 978-89-8379-740-7
정가 15,000원

Copyright © 2021 by 손태진 All rights reserved.
No Part of this book may be reproduced or transmitted in any form,
by any means without the prior written permission on the publisher.

이 책은 저작권법에 의해 보호를 받는 저작물이므로 어떠한 형태의 무단 전재나 복제도 금합니다.
본문 중에 인용한 제품명은 각 개발사의 등록상표이며, 특허법과 저작권법 등에 의해 보호를 받고 있습니다.

뿌리 깊은 어원 영단어

손태진 지음

혜지원

머리말

"어원을 알면 모든 영단어가 술술~ 이해된다!"

20년 이상 현장에서 학생들을 강의하고 수없이 많은 상담을 진행하면서 항상 품었던 의문이 있다면, '영어를 조금 더 쉽게 하는 방법이 없을까?'였다. 영어 실력에서 가장 많은 부분을 차지하고 있는 것은 어휘량이다. 여기에서 말하는 어휘량이란, 막연히 알고 있는 단어의 수가 아니다. 내가 정말로 읽고, 쓰고, 말하고, 들을 수 있는 단어량의 차이를 의미한다. 이 차이가 영어 실력의 차이를 내는 것은 당연한 일이다. 나는 유명 학원에서 토익, 토플, 탭스 등을 오랜 시간 강의하면서 각종 시험에서 요구하는 많은 양의 단어를 쉽게 기억하고 사용할 수 있는 방법이 없을까를 오랜 시간 고민해 왔다.

시중의 단어 책을 보면, 영어 단어를 재미있게 연상되는 발음으로 쉽게 기억하는 책들도 많이 나와 있다. 그러나, 그런 방법이 우선 재미있고 단어 자체를 기억하는 데는 분명 도움이 될 수 있지만, '영어로서 그 단어의 본질적인 의미를 이해하는 데 도움이 되며, 실용 영어에서 과연 사용할 수 있을까'라는 의문도 많이 든다. 그렇다면 영어 단어를 암기하는 가장 확실한 방법은 무엇일까? **영어 단어를 암기하는 데 있어서 가장 확실하고 검증된 방법은 어근과 접사를 통해서 단어를 암기하는 방법이다.** 이는 특히 **그 단어가 생성된 뿌리인 어근을 통해 단어가 가진 본연의 의미, 즉 어원적 의미를 파악하고 기억하는 것이다.**

우리가 사용하는 영어 단어는 그냥 갑자기 생긴 것들이 아니다. 거의 대부분의 단어에는 생성 이유가 있는데, 이런 단어들을 어원적으로 분석해서 그 단어의 생성 이유를 파악하고 그 단어의 실제 의미를 암기하는 것이다.

세계 공용어인 링구아프랑카(Lingua Franca)로서 자리를 잡고 있는 영어는 25%가 희랍어, 50%가 라틴어에 그 기원을 두고 있다. 어근을 통한 단어 학습법은 영어 단어의 기원인 어근을 정확히 이해함으로써 단어 자체의 정확한 의미를 알 수 있고 단어의 뜻을 선명하게 이해할 수 있게 된다. 예를 들어 irrespective라는 단어는 어떤 뜻을 가지고 있을까? 대개는 뜻을 모르거나 안다고 하더

라도 정확한 뜻을 설명하기 힘든 경우가 많을 것이다. 그러나 이 단어를 어원 분석을 통해서 알아보면 그 뜻은 선명해진다. 보통 단어는 '접두사 + 어근 + 접미사'로 구성된다. irrespective라는 단어를 어원적으로 분석해 보면, 다음과 같다.

ir(접두사 : 아닌) + re(접두사 : 다시) + spect(어근 : 보다) + ive(형용사형 접미사)

따라서 irrespective는 '한 번 보고 다시 보지 않는'이라는 어원적 의미에서 '관계없는, 상관없는, 무관심한'이라는 뜻으로 굳어졌다. 접두사 및 접미사를 바탕으로 한 이 단어의 변형을 살펴보면, 다음과 같다.

동	respect	존경하다, 존중하다
명	respect	존경, 측면, 고려
형	irrespective	관계없는, 상관없는, 무관심한
부	irrespectively	관계없이, 상관없이

그래서 결국, **한 단어의 어원 분석을 알면 접사와 어근에서 파생되는 여러 가지 단어의 뜻을 더 쉽게 기억할 수 있게 되고, 설령 모르는 단어가 나온다고 해도 그 뜻을 유추할 수 있게 된다.**

이번에는 위에서 다룬 어근을 바탕으로 설명해 보겠다. 어근 spect는 영어로 look의 의미, 즉 '보다'라는 뜻을 가지고 있다. 이 어근에서 파생된 단어들을 살펴보면, circumspect(형)는 circum(주변) + spect(보다) 구성으로, '주변을 두루 돌아보는'이라는 어원적 의미에서 '신중한, 주의 깊은'이라는 뜻으로 굳어졌다. inspect(동)는 in(안) + spect(보다) 구성으로, '안을 보다'라는 어원적 의미에서 '조사하다'라는 뜻으로 굳어졌다. prospect(명)는 pro(앞으로) + spect(보다) 구성으로, '앞을 내다보다'라는 어원적 의미에서 '전망, 예상, 가능성'이라는 뜻으로 굳어졌다.

우리는 이렇게 **어근을 학습함으로써 단어량을 기하급수적으로 늘릴 수 있게 될 뿐만 아니라 그 단어 본연의 의미도 정확하게 파악할 수 있게 된다. 또한 모르는 단어가 나왔을 때 그 의미를 유추하는 것까지 가능하다.**

이 책에서 다루는 43개의 필수 어근에서 파생되는 단어의 양은 10,000개를 넘는다. 따라서 43개의 필수 어근을 알고, 그 파생 단어를 학습하면 토익을 포함한 모든 교육 과정에서 요구하는 어휘량을 거뜬히 뛰어 넘게 된다. 그리고 여기에 15개의 접두사와 접미사 부분까지 안다면 핵심 연관 단어들의 어원과 관련된 내용을 사실상 전부 알 수 있다고 해도 과언이 아니다. 또한 이 책은 영어의 어원을 알기 쉽게 설명하고 있을 뿐만 아니라, 각 단어의 어법 및 같이 사용되는 연어(collocation)와 덩어리 표현(chunk)을 최대한 많이 실었다.

단어를 암기할 때는 예문을 통해 맥락을 먼저 파악하고 그 단어의 뜻을 암기하는 것이 가장 좋은 방법이다. 간단한 예문이면 예문 자체를 암기하는 것도 좋다. 그게 힘들면, 덩어리 표현으로 같이 사용되는 연어를 통째로 암기하는 것이 좋다. 이런 식으로 암기해야 그 단어의 어감을 체화할 수 있다.

그리고 이 책의 가장 큰 특징은 **'우리말'로는 뜻이 동일하지만 실제로 다르게 사용되는 단어들을 부가적으로 설명하는 것이다.** 예를 들어 '전시하다'로 display와 exhibit가 있으며, '대신하다'로 replace와 substitute가 있는데 이런 **단어들의 차이를 '단어들의 알쏭달쏭 차이'라는 코너를 통해서 명쾌하게 설명하고 있다.**

처음에는 이 책을 이제 중학생이 된 소중한 딸 채연이에게 영어, 특히 영어 단어를 쉽게 공부하는 방법을 알려 주고자 하는 마음에서 집필했다. 따라서 이 책은 중학교, 고등학교 학생뿐만 아니라 토익, 토플, 공무원 영어 등 시험 영어를 준비하는 많은 학생들에게도 실질적인 도움이 될 것이다. 물론 영어에 기초가 없는 분들이나 영어를 처음 시작하는 분들에게도 어렵지 않게 접근하도록 만들었다. 많은 분들이 이 책을 통해서 영어에 대해서 쉽게 접근하고 필수 영어 단어량을 늘릴 수 있기를 희망한다.

손태진

구성

1 단어 분석
단어의 어원을 살펴보고 단어가 가지는 의미가 어떻게 변화했는지를 구체적인 뜻 변화 과정으로 설명하여 단어에 대한 이해도를 높입니다.

2 핵심 연관 단어
주제 단어와 관련되었거나 주제 단어에서 파생된 주요 핵심적인 단어들을 같이 외울 수 있게 하여 폭넓은 학습을 할 수 있습니다.

3 응용 표현
연관 단어들이 활용된 실생활 표현들을 같이 익혀 더 넓게 적용하는 법을 익힙니다.

4 실전 예문
주제 단어가 사용된 문장들을 살펴봄으로써 실제 단어가 어떻게 활용되는지를 보고 이를 통해서 적절한 예시들을 학습합니다.

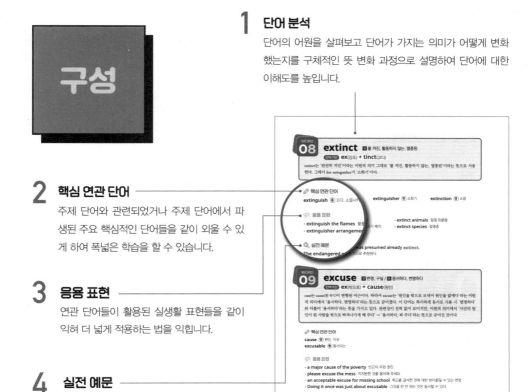

5 참고 단어
유의어, 반의어, 주의 단어, 유사 형태어, 동의어 등 참고할 만한 주요 단어들을 추가적으로 덧붙여서 해당 단어의 적용 범위를 넓힙니다.

6 단어들의 알쏭달쏭 차이
주제 단어들과 헷갈릴 만한 단어들과 비교하고 어떻게 구체적으로 사용되는지를 좀 더 자세하게 학습합니다.

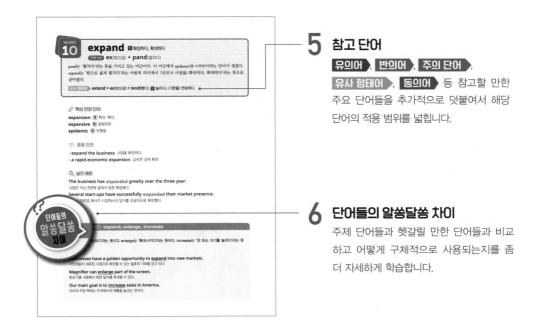

목차

Part 01 접두사

Part 02 어근

뿌리 깊은
어원 영단어

abnormal

disaster

Promise

Part **01**

접두사
prefix

adjacent

embrace

suburb

UNIT 01

un-
아닌

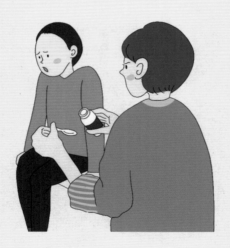

un + willing
unwilling

영어에는 부정 접두사가 2개 있는데, in-과 un-이다. in은 주로 형용사와 결합하고, un은 명사, 동사, 형용사 가리지 않고 결합한다.

접두사 un은 '부정' 및 '반대'의 뜻을 가지고 있다. fair(형) 공정한)의 반대어는 unfair(형) 불공정한) 이다. 그리고 lock(동) 잠그다)의 반대어는 unlock(동) 열다)이다.

WORD 01

unintended 형 의도하지 않은

단어 어원 un(아닌) + intended(의도된)

intend는 '의도하다, 작정하다, ~하려 하다'라는 뜻을 가지고 있는 동사이다. unintended는 intended 의 반대말로, '(효과나 결과 등을) 의도하지 않은'이라는 뜻이다.

🖊 핵심 연관 단어

intention 명 의도, 의사   **intentional** 형 의도적인   **intentionally** 부 의도적으로

📣 응용 표현

- **intend to 동사원형** ~을 의도하다
- **intended recipient** 지정된 수령인(= 수취인)
- **be intended for Sby** ~을 위해 고안된
- **unintended consequences** 의도하지 않은 결과
- **intentional foul** 고의 파울
- **have every intention of Ving** ~을 진심으로 의도하다

🔍 실전 예문

The teacher was completely at a loss when the debate began to take an **unintended** turn.
그 선생님은 토론이 자신의 의도와 다르게 진행되자 크게 당황했다.

WORD 02

unattended 형 방치된, 주인이 없는

단어 어원 un(아닌) + attend(시중을 들다) + ed[형접]

attend라는 동사는 3가지 뜻을 가지고 있다. 타동사로 사용하면 '~에 참석하다', attend on Sby(사람) 구성으로 사용하면 '~의 시중을 들다', attend to Sth(사물) 구성으로 사용하면 '~을 돌보다'라는 뜻이 된다. 이 중 세 번째 의미의 반대어가 unattended이다. 어원적 의미는 '시중을 들며 돌보고 있지 않은'이라는 뜻으로, '방치된, 주인이 옆에 없는, 지켜보고 있는 사람이 없는' 등의 의미로 사용한다.

🖊 핵심 연관 단어

attend to 동 돌보다   **attention** 명 주의, 집중   **attentively** 부 주의를 기울여서

📣 응용 표현

- **attend on customer** 손님들의 시중을 들다
- **attend to business** 사무를 보다
- **pay attention to** ~에 주의를 기울이다
- **bring Sth to one's attention** ~을 ~에게 알리다
- **unattended vehicles** 주인 없는 차량
- **listen attentively** 주의 깊게 듣다

🔍 실전 예문

Please do not leave your personal belongings **unattended**.
개인 소지품을 방치해 두지 마세요.

WORD 03 unlikely 형 ~할 것 같지 않은, 가능성이 없는

단어 어원 un(아닌) + likely(~할 것 같은)

like는 동사이면 '좋아하다'이고 전치사이면 '~와 같이'라는 뜻을 지닌다. likely의 반대말인 unlikely는 '~할 것 같지 않은, 가능성이 없는'이라는 뜻이다. 주의할 것은 둘 다 부사 모양이지만 형용사로 사용한다는 것이다.

반의어 likely 형 ~할 것 같은, 가능성이 있는

📎 핵심 연관 단어

dislike 동 싫어하다

unlike 전 ~와는 달리

📢 응용 표현

- dislike his boss intensely 사장님을 정말 싫어하다
- unlike most systems 대부분의 시스템과는 달리
- be likely to 동사원형 ~할 것 같은
- be unlikely to 동사원형 ~할 것 같지 않은
- be unlikely that 주어 + 동사 ~할 것 같지 않은

🔍 실전 예문

The traffic **is unlikely to** improve over the next few hours.
교통이 몇 시간 이내에는 좋아질 것 같지 않다.

WORD 04 unnecessary 형 불필요한

단어 어원 un(아닌) + necessary(필수의)

necessary(형 필요한)의 반대 뜻인 unnecessary는 '불필요한'이라는 뜻이다. 부사형인 necessarily는 '어쩔 수 없이, 필연적으로'라는 뜻이다. 이의 부정 형태인 not necessarily는 부분적으로 부정하는 표현으로 '반드시 ~하는 것은 아니다'라는 뜻이다.

📎 핵심 연관 단어

necessary 형 필요한
necessity 명 필요, 기본적인 필수품

necessitate 동 필요하게 만들다
unnecessarily 부 불필요하게

📢 응용 표현

- cannot even afford basic necessities
  기본적인 필수품조차도 살 형편이 안 되다
- It is necessary to 동사원형 ~할 필요가 있다
- It is necessary that 주어 + (should) 동사원형
  ~하는 것이 필요하다
- unnecessary expenses 불필요한 비용
- not necessarily 반드시 ~하는 것은 아니다

🔍 실전 예문

The management considers **it necessary to** suspend all ongoing flights.
경영진은 진행되고 있는 모든 비행을 중단할 필요가 있다고 생각하고 있다.

WORD 05

unusual 형 흔하지 않은, 특이한, 드문

단어 어원 un(아닌) + usual(흔한)

usual은 '흔한, 보통의, 평범한'이라는 뜻이다. 그 반대말인 unusual은 '흔하지 않은, 특이한, 드문'이라는 뜻이다.

✎ 핵심 연관 단어

usually 부 보통, 대개
unusually 부 대단히, 몹시, 특이하게

📢 응용 표현

- **as usual** 평상시와 같이
- **than usual** 평상시보다
- **unusually high temperature** 유례없이 높은 기온
- **unusually frequent transfers** 특이하게 많은 이체

🔍 실전 예문

This dish has an **unusual** combination of tastes and textures.
이 요리는 맛과 질감의 특이한 조합으로 되어 있다.

Most of the people in the area **usually** commute to work by subway.
그 지역 대부분의 사람들은 지하철로 통근한다.

WORD 06

unwilling 형 꺼리는, 싫어하는, 마지못해 하는

단어 어원 un(아닌) + willing(기꺼이 ~하려고 하는)

will은 조동사로도 사용하지만, 명사로 사용되면 '의지'이다. will power(의지력)와 같은 식으로 사용할 수 있다. 여기에서 파생된 것이 willing이다. unwilling은 그 반대말로 '꺼리는, 싫어하는, 마지못해 하는'이라는 뜻이다.

동의어 reluctant = re(완전히) + luc(잠그다) + tant[형접] 형 마지못해 하는, 내키지 않은

✎ 핵심 연관 단어

will 명 의지
willing 형 기꺼이 ~하려고 하는

📢 응용 표현

- **have a strong will** 강한 의지를 가지다
- **be willing to 동사원형** 기꺼이 ~하려고 하다
- **be unwilling to 동사원형** ~하는 것을 꺼리다
- **be reluctant to 동사원형** ~하는 것을 꺼리다

🔍 실전 예문

The boss **is unwilling to** attend the trade fair.
사장님은 무역 박람회에 참석하는 것을 꺼리고 있다.

unemployment 명 실업

단어 어원 un(아닌) + employ(고용하다) + ment[명접]

employ는 '고용하다'라는 뜻을 가진 동사이다. 따라서 employer는 '고용하는 사람(= 회사)'이 되고, employee는 '고용되는 사람(= 직원)'이 된다. 그리고 employment는 '고용', unemployment는 '고용'의 반대이니 '실업'이라는 뜻이다. employ는 뒤에 목적어로 사람이 오면 '고용하다'라는 뜻을 가지지만, 목적어로 기술이나 방법이 오면 '쓰다, 사용하다'라는 뜻을 가진다.

✏️ 핵심 연관 단어

employer 명 고용하는 사람, 회사
employee 명 고용되는 사람, 직원

employment 명 고용
unemployed 형 실직된

📢 응용 표현

- **employ more workers** 추가 직원을 고용하다
- **employ a new method** 새로운 방법을 쓰다
- **permanent employment** 정규직

- **temporary employment** 임시직
- **the unemployment rate** 실업률

🔍 실전 예문

Unemployment rate has been growing three years in a row.
실업률이 3년 연속 증가하고 있다.

Larry is looking for a permanent **employment** after graduation.
Larry는 졸업 후에 정규직을 찾고 있다.

unfavorable 형 불리한

단어 어원 un(아닌) + favor(호의, 유리) + able[형접]

favorable은 '(조건이) 유리한, (반응이) 호의적인'의 뜻을 가지고 있는 형용사이다. unfavorable은 그 반대말로 '(조건이) 불리한, (반응이) 호의적이지 않은'이라는 뜻이다.
favor는 명사로 사용하면 '호의, 친절, 유리'라는 뜻이고 동사로 사용하면 타동사로 '(제안에 대해) 호의를 보이다, 찬성하다' 및 '편애하다'라는 뜻이다.

유사 형태어 **favor** 명 호의, 친절, 유리 / 동 호의를 보이다, 찬성하다, 편애하다
favorite 형 마음에 드는, 총애하는

✏️ 핵심 연관 단어

favorable 형 호의적인, 유리한
favorably 부 호의적으로, 유리하게

• **in favor of** ~을 찬성해서
• **Could you do me a favor?** 부탁 하나 해도 될까요?
• **I am writing to ask you a favor** 부탁 드릴 게 있어서 글을 씁니다
• **have a favorable effect on** ~에 유리한 영향을 미치다
• **unfavorable conditions(circumstances)** 불리한 조건(상황)

🔍 **실전 예문**

Most of the customers reacted **unfavorably** to our new product.
대부분의 고객들이 우리의 새 제품에 호의적으로 반응하지 않았다.

WORD
09 **unforeseen** 형 예기치 못한, 뜻밖의
단어 어원 **un**(아닌) + **forsee**(예견하다) + **en**[형접]

fore라는 접두사는 '앞 부분의, 앞쪽으로'라는 뜻이다. 따라서 foreseeable는 '앞을 내다볼 수 있는'이라는 어원적 의미에서 '가까운'이라는 뜻으로 굳어졌다. unforeseen는 '예견하지 못하는'이라는 어원적 의미에서 '(결과 등을) 예기치 못한, 뜻밖의'라는 뜻으로 굳어졌다.

✏️ **핵심 연관 단어**

forecast 동 (기상을) 예보하다
foresee 동 (앞을) 예견하다
foreseeable 형 예측 가능한, (시간상) 가까운
foremost 형 가장 중요한

🔊 **응용 표현**

• **do not foresee any problems** 아무 문제가 없을 것이라고 예견하다
• **in the foreseeable future** 가까운 미래에
• **unforeseen circumstances** 예기치 못한 상황
• **first and foremost** 가장 중요한, 첫 번째의

🔍 **실전 예문**

The break-even point will be reached in the **foreseeable** future.
가까운 미래에 손익 분기점에 도달할 것이다.

unprecedented 형 전례(선례)에 없던

단어어원 un(아닌) + pre(전에) + cede(가다) + ented[형접]

cede라는 어근은 '가다, 발생하다'라는 뜻을 가지고 있다. 따라서 precede는 어원적 의미에서 '앞서가다, 선행하다'라는 뜻으로 굳어졌다. 그리고 precedent가 '선례'이므로 unprecedented는 '전례(선례)에 없던'이라는 뜻이 된다.

✎ 핵심 연관 단어

precede 동 앞서가다, 선행하다   **precedent** 명 선례
predecessor 명 전임자

📢 응용 표현

- **the preceding year** 그 전년도
- **in the moment which immediately preceded the earthquake** 그 지진 직전의 순간에
- **reverse the policies of the predecessor** 전임자의 정책을 뒤집다
- **set a precedent for** ~의 선례를 남기다
- **unprecedented increase in profits** 전례 없던 수익의 상승

🔍 실전 예문

The company posted an **unprecedented** increase in revenue last year.
그 회사는 작년에 전례에 없던 수익의 상승을 기록했다.

unveil 동 덮개를 벗기다, 제막식을 하다, 발표하다

단어어원 un(아닌) + veil(가리다)

veil은 '얼굴을 가리는 얇은 천'을 말한다. 이 단어에서 '베일에 싸였다'라는 말이 나온 것이다. unveil은 '(그림, 동상 등을) 처음으로 공개하기 위해서 덮개를 벗기다' 및 '(새로운 상품, 계획 등을) 발표하다'라는 뜻으로 사용한다.

✎ 핵심 연관 단어

veil 동 ~을 가리다   **veiling** 명 덮기   **unveiling** 명 제막식

📢 응용 표현

- **behind a veil of secrecy** 비밀의 장막 뒤에서   • **unveil a plan** 계획을 밝히다
- **unveil the new software** 새로운 소프트웨어를 공개하다

🔍 실전 예문

They will be **unveiling** their new model at the Motor Show.
그들은 모터 쇼에서 새로운 모델을 발표할 예정이다.

WORD 12

uncertain 형 불확실한, 확신이 없는

단어 어원 un(아닌) + certain(확실한)

certain은 '확실한, 틀림없는'이라는 뜻을 가진 형용사이다. 사람이 주체가 되면 '확신하는'이라는 뜻을 가진다. uncertain은 그 반대말로 '불확실한'이라는 뜻이며, 사람이 주체가 되면 '확신이 없는, 잘 모르는'이라는 뜻을 가진다.

핵심 연관 단어

certain 형 확실한, 틀림없는
uncertainty 명 불확실성
uncertainly 부 자신 없게

응용 표현

- **for certain personal reason** 특정한 개인적인 이유로
- **be certain that** 주어 + 동사 확신하는
- **be uncertain about whether** 주어 + 동사 ~할지가 불확실하다
- **be uncertain about Sth** ~에 관해 불확실하다

실전 예문

Financial analysts are **uncertain** about whether the stock market will stabilize.
금융 분석가들은 증권 시장이 안정화될지에 대해 확신이 없다.

UNIT 02

in-

아닌

in + expensive

inexpensive

접두사 in에는 두 가지 의미가 있다. 하나는 '아닌'이라는 뜻이다. 이때는 형용사와 결합해서 사용한다. correct(형) 정확한)의 반대말이 incorrect(형) 정확하지 않은)인 것이 대표적이다. 그리고 다른 하나는 '안'이라는 뜻이다. include는 in(안에) + clude(닫다)의 구성이며, '무언가를 안에 넣고 닫다'라는 어원적 의미에서 '포함하다'라는 뜻으로 굳어졌다.

그중 '아닌'이라는 뜻을 나타내는 접두사 in은 형용사와 결합해서 그 뜻의 반대 뜻을 가지게 해준다. 뒤에 나오는 자음에 따라서 in이 아니라 im이나 il, ir로 바뀌기도 한다. 'p'나 'b' 앞에서는 im으로 바뀌며 'l' 앞에서는 il로, 'r' 앞에서는 ir로 바뀐다. 그래서 legal(형) 합법적인)의 반대말이 illegal(형) 불법적인)인 것이다.

WORD 01 indefinite 형 확실하지 않은, 무기한의

단어 어원 in(아닌) + definite(분명한)

definite은 define(동 정의하다, 규정하다, 분명하게 밝히다)에서 파생되었다. 형용사형인 definite은 '확실한, 확고한' 및 '분명한, 뚜렷한'이라는 뜻을 가지고 있다. indefinite은 definite의 반대말로, '확실하지 않은, 분명히 규정되지 않은' 및 '(기간)이 정해지지 않은, 무기한의'라는 뜻이다.

✐ 핵심 연관 단어

definitely 부 분명히, 확실히
definition 명 정의, 선명도

definitive 형 확정적인
indefinitely 부 무기한으로

📢 응용 표현

- **I'm definite about this** 나는 이것에 관해 확신한다
- **has not been definitely decided yet** 아직 확실히 결정되지 않았다
- **be postponed indefinitely** 무기한으로 연기되다

🔍 실전 예문

The workers have been on an indefinite strike since July.
직원들은 7월 이래로 무기한의 파업을 하고 있다.

The specific date and time of the relocation have not been definitely decided yet.
이전의 구체적인 날짜와 시간은 아직 확실하게 결정되지 않았다.

WORD 02 indispensable 형 필수적인, 없어서는 안 될

단어 어원 in(아닌) + dispense(나누어 주다) + able[형접]

dispense는 타동사로 사용하면 '~을 나누어 주다, 분배하다'라는 뜻, 자동사로 사용하면 dispense with로 사용하여 '~없이 지내다'라는 뜻을 가진다. dispensable은 '나누어 줄 수 있는'이라는 어원적 의미에서 '없어도 되는, 불필요한'이라는 뜻으로 굳어졌다. 그 반대말인 indispensable은 '나누어 줄 수 없는'이라는 어원적 의미에서 '없어서는 안 될, 필수적인'이라는 뜻으로 굳어졌다.

✐ 핵심 연관 단어

dispense 동 나누어 주다, 분배하다   **dispenser** 명 나누어 주는 기계   **dispensable** 형 없어도 되는, 불필요한

📢 응용 표현

- **dispense a prescription** 처방약을 조제하다
- **dispense with the need for cash** 현금의 필요성 없이 지내다
- **be regarded as dispensable** 없어도 상관없는 것으로 간주되다
- **become an indispensable part of our lives** 우리 생활에서 없어서는 안 되는 부분이 되다

🔍 실전 예문

Computers have become indispensable part of our lives in the office environment.
사무 환경에서 컴퓨터는 우리 삶에 없어서는 안 되는 부분이 되었다.

immediate 형 중간 단계가 없는, 즉각적인

단어 어원 im(아닌) + medi(중간) + ate[형접]

medi라는 어근은 '중간'이라는 뜻을 가지고 있다. immediate는 '중간 단계가 아닌'이라는 어원적 의미에서 '중간 단계가 없는, 즉각적인'이라는 뜻으로 굳어졌다.

🖉 핵심 연관 단어

medium 명 매체

mediate 동 중재하다

medieval 형 중세의

mediocre 형 보통의

Mediterranean 형 지중해의

immediately 부 즉시, 바로

🗣 응용 표현

- **mediate in the dispute** 분쟁을 중재하다
- **immediately after** 바로 직후에
- **take immediate measures to 동사원형** ~하기 위해서 즉각적인 조치를 취하다
- **in the immediate vicinity of** 바로 인근에
- **effective immediately** 즉시 효과가 나는
- **an immediate supervisor** 직속 상관

🔍 실전 예문

There are **immediate** job openings for entry-level applicants.
신입 사원 지원자를 위한 즉시 채용 기회가 있다.

?? 단어들의 알쏭달쏭 차이 ▶ 즉각적인 immediate, instant, prompt

immediate는 꾸물거리지 않고 반응을 보인다는 뜻이다. 한편 instant는 어떤 동작에 대한 결과가 즉석에서 나타난다는 뜻이다. 그리고 prompt는 제시간에 제대로 된다는 뜻이다.

She felt an **immediate** attraction for him.
그녀는 즉시 그에게 끌렸다.

This is exactly why they need to implement **instant** replay.
이게 바로 비디오 판독이 필요한 이유이다.

We look forward to your **prompt** reply.
귀하의 신속한 답변을 기대합니다.

WORD 04

illiterate 형 글을 읽고 쓸 수 없는, 문맹의

단어 어원 il(아닌) + leter(글자) + ate[형접]

liter는 '글자'라는 뜻의 어근이다. 그래서 letter는 '편지'이다. literate는 어원적 의미에서 '글을 읽고 쓸 수 있는'이라는 뜻으로 굳어졌다. illiterate는 literate에 대한 반대의 의미로 '글을 읽거나 쓸 줄 모르는, 문맹의'라는 뜻이다.

유의어 illegible = il(아닌) + legi(읽다) + ble(가능한) 형 읽기 어려운, 판독하기 어려운

✐ 핵심 연관 단어

literature 명 문학
literal 형 글자 그대로의
illiteracy 명 문맹

literate 형 글을 읽고 쓸 수 있는
illiterately 부 문맹으로

📢 응용 표현

• **illiteracy rate** 문맹률
• **computer illiterate** 컴맹

• **technology illiterate** 기계치
• **literal meaning** 글자 그대로의 의미

🔍 실전 예문

The writing on the memorial stone is nearly **illegible**.
그 기념비에 있는 글자는 알아보기 정말 힘들다.

WORD 05

immense 형 측정할 수 없을 정도로 큰, 엄청난

단어 어원 im(아닌) + mense(측정하다)

mens는 '측정하다'라는 의미를 가진 어근이다. 그래서 measure는 '측정하다'이다. 주의해야 할 것은 measure 뒤에 s가 붙은 measures는 '조치'라는 뜻을 지닌다는 점이다. immense는 '측정할 수 없을 정도로 큰, 엄청난, 어마어마한'이라는 뜻의 형용사이다.

동의어 enormous = e(밖으로) + norm(표준) + ous[형접] 형 거대한, 엄청난

✐ 핵심 연관 단어

measure 동 측정하다
measures 명 조치

measurements 명 측량, 치수
immensely 부 엄청나게

📢 응용 표현

• **measure the size** 사이즈를 측정하다
• **take every measure possible to** 동사원형 ~하기 위해 가능한 한 모든 조치를 취하다
• **an immense building** 엄청난 건물

• **enormous success** 엄청난 성공
• **enormously grateful for** ~에 대해 엄청나게 고마워하는

🔍 실전 예문

There is **immense** price difference between the stores.
가게들마다 큰 가격 차이가 있다.

WORD 06

impartial 형 편파적이지 않은, 공정한

단어 어원 im(아닌) + part(부분) + ial[형접]

part는 '부분'이라는 뜻을 가진 명사이다. 여기에서 partial이라는 단어가 나왔는데 '부분적인'이라는 어원적 의미에서 '편애하는, 편파적인'이라는 뜻으로 굳어졌다.
impartial은 partial의 반대말로 '부분적이지 않은, 편파적이지 않은'이라는 어원적 의미에서 '공정한'이라는 뜻으로 굳어졌다.

동의어 unbiased 형 한쪽으로 치우치지 않는

🖊 핵심 연관 단어

particular 형 특정한
particle 명 입자, 조각

impartiality 명 공정함
impartially 부 공정하게

📢 응용 표현

• **only partial success** 부분적인 성공
• **impartiality of the investigation** 조사의 공정성
• **impartial judgement** 공정한 판정
• **state clearly and impartially the cause of** ~의 원인을 명료하고 공정하게 진술하다

🔍 실전 예문

The city conducted an **impartial** inquiry into the cause of the traffic accident.
그 시는 교통사고의 원인에 대한 공정한 조사를 실시했다.

WORD 07

inevitable 형 피할 수 없는, 필연적인

단어 어원 in(아닌) + evit(피하다) + able(가능한)

evitable에서 evit은 avoid가 변형된 것이다. 이 뒤에 able이 붙었으므로 evitable은 '피할 수 있는'이라는 뜻이 된다. 그 반대말인 inevitable은 형태에서 볼 수 있듯이 '피할 수 없는, 필연적인'이라는 뜻을 지니는 형용사이다.

유의어 imperative = imper(황제의) + ative[형접] 형 필수적인

★ imperative는 뒤에 that절이 나오는 경우 동사는 반드시 '(should) + 동사원형'의 형태를 취한다.

🖊 핵심 연관 단어

avoid 동 피하다

inevitably 부 필연적으로, 불가피하게

📢 응용 표현

• **avoid the accident** 사고를 피하다
• **evitable situation** 피할 수 있는 상황
• **inevitable decision** 불가피한 결정
• **It is imperative that** 주어 (should) 동사원형
반드시 ~해야 한다

🔍 실전 예문

It is **imperative** that all newly-hired employees should attend the workshop.
신입 사원들은 워크숍에 반드시 참석해야 한다.

WORD 08

inexpensive 형 저렴한

단어 어원 in(아닌) + expensive(비싼)

expense는 명사로 '비용'이라는 뜻이다. expensive는 '비용이 많이 드는'이라는 어원적 의미에서 '비싼' 이라는 뜻으로 굳어졌다. 따라서 그 반대말인 inexpensive는 '저렴한'이라는 뜻이다. 단어를 암기할 때 는 부정어를 먼저 암기하는 것이 좋다. 부정어인 inexpensive를 암기하면, 그 반대말인 expensive는 자 동적으로 알게 된다.

🖉 핵심 연관 단어

expense 명 비용   **expensively** 부 비싸게   **inexpensively** 부 값싸게

📢 응용 표현

- **living expenses** 생계비
- **travel expenses** 출장비
- **at your expense** 당신의 비용으로
- **a relatively inexpensive hotel** 비교적 저렴한 호텔
- **can be purchased inexpensively** 싸게 구입할 수 있다

🔍 실전 예문

They want to choose the least **expensive** accommodation for their business trip.
그들은 그 출장에서 가장 저렴한 호텔을 선택하기를 원했다.

WORD 09

incredibly 부 믿을 수 없을 정도로, 엄청나게

단어 어원 in(아닌) + cred(믿음) + ibly[부접]

cred라는 어근은 '믿음'이라는 뜻을 가지고 있다. 따라서 credible은 '믿을 수 있는'라는 뜻을 가진다. 그 반대말인 incredible은 믿을 수 없는'이라는 의미이며, 그 부사형인 incredibly는 '믿을 수 없을 정도로, 엄청나게'라는 뜻이다.

주의 단어 ▶ credulous = cred(믿음) + ulous(쉬운) 형 잘 믿는, 속기 쉬운

🖉 핵심 연관 단어

credit 명 신용   **credible** 형 믿을 수 있는
credibility 명 신뢰   **incredible** 형 믿을 수 없는

📢 응용 표현

- **a credible explanation** 믿을 수 있는 해명
- **deceive credulous clients** 쉽게 믿는 고객들을 속이다
- **an incredible amount of work** 믿을 수 없을 정도의 업무량
- **an incredibly difficult test** 엄청나게 어려운 시험

🔍 실전 예문

It seemed **incredible** that he filled the order in such a short notice.
그가 그렇게 짧은 통보에 주문을 이해한 것은 믿기 어려워 보였다.

WORD 10

indifferent 형 무관심한, 냉담한

단어 어원 in(아닌) + differ(다르다) + ent[형접]

different는 '서로 다른'이라는 뜻으로, differ(동 다르다)에서 파생된 형용사이다. 그런데 indifferent는 어원 분석으로는 현재의 뜻을 유추하기 힘들 수 있는 단어이다. 어원적 의미에서 '매일 일어나는 일이 그 전과 다르지 않은' → '무관심한, 냉담한'이라는 뜻으로 굳어졌다. 주의해야 할 점은 뒤에 반드시 전치사 to를 수반해서 'be indifferent to'의 형태로 사용한다는 점이다.

🖉 핵심 연관 단어

indifference 명 무관심   **indifferently** 부 무관심하게

📢 응용 표현

- **be significantly different from** ~와는 상당히 다르다
- **show total indifference to** ~에 완전히 무관심을 보이다
- **be indifferent to the public opinion** 여론에 무관심한
- **treat him so indifferently** 무관심하게 다루다

🔍 실전 예문

He found it very hard teaching a class full of **indifferent** teenagers.
그는 냉담한 10대로 가득한 학급을 가르치는 것이 매우 어렵다는 것을 알게 되었다.

WORD 11

irrelevant 형 관련성이 없는, 무관한, 상관없는

단어 어원 ir(아닌) + relevant(관련된)

relevant(형 관련된)는 relate(동 관련시키다)에서 파생된 형용사이다. irrelevant는 relevant의 반대말로, '관련성이 없는, 무관한, 상관없는'이라는 뜻이다. relative와 헷갈리지 말자.

주의 단어 ▶ relative = relat(e)(관련시키다) + ive[형접] 형 비교적인, 상대적인 / 명 친척
★ '관련 지어진'이라는 어원적 의미에서 지금의 뜻으로 굳어졌다.

🖉 핵심 연관 단어

relation 명 관계   **irrelevance** 명 무관함   **irrelevantly** 부 무관하게

📢 응용 표현

- **require relevant experience** 관련 경험을 요구하다   • **irrelevant remarks** 상관없는 발언들
- **be rejected as an irrelevance** 관련성이 없는 것으로 거부되다
- **answer irrelevantly** 무관하게 답변하다, 동문서답하다

🔍 실전 예문

The evidence is completely **irrelevant** to the case.
그 증거는 그 사건과는 완전히 무관하다.

WORD 12

intuition 명 직관, 직감, 통찰

단어 어원 in(아닌) + tui(보다) + tion[명접]

intuition은 어원적 의미에서 '보지 않고도 감각적으로 바로 아는 것' → '직관, 직감, 통찰'이라는 뜻으로 굳어졌다. 주의해야 할 점은 tuition의 반대말은 아니라는 것이다.

유사 형태어 tuition = tuit(보다, 가르치다) + ion[명접] 명 수업료

★ 중세에 일부 부유층 가정에서 아이를 돌보고 학업을 도와주는 전문 교사를 tutor라고 했는데,
   tuition은 tutor에게 주는 돈이다.

✏️ 핵심 연관 단어

intuitional 형 직관적인
intuitionally 부 직관적으로

📢 응용 표현

• **remit the tuition fee** 수업료를 면제하다
• **have an intuition th**at 주어 + 동사 ~라는 직관이 있다
• **intuitional interpretation** 직관적인 해석

🔍 실전 예문

I have an **intuition** that something awful was about to happen sooner or later.
나는 무언가 끔찍한 일이 조만간 일어날 것이라는 직감을 가지고 있었다.

UNIT 03

in-, 안
en-, em-
안, ~하게 만들다

em + brac
embrace

접두사 in은 '아닌'이라는 뜻뿐만 아니라 '안에, 안으로' 등 '안'이라는 뜻도 가지고 있다. '안에'는 어떤 영역 밖에 있지 않고 안에 있다는 뜻이고, '안으로'는 밖에서 안으로 이동한다는 뜻이다. 접두사 in이 '아닌'이라는 뜻을 가지고 있는지, '안에'라는 뜻를 가지고 있는지는 단어의 암기를 통해서 감각적으로 익히면 된다.

접두사 en, em은 in이 변형이 된 것으로, '안' 및 '~하게 만들다'라는 뜻을 지닌다. enjoy는 en(안) + joy(기쁨) 구성으로, '즐기다'라는 뜻이 된다.

WORD 01

input 명 투입, 입력, 자료, 조언 / 동 입력하다

단어 어원 in(안에) + put(놓다)

input은 어원적 의미 그대로 '자료를 안에 넣는 것' → '입력하다'라는 뜻로 사용한다. 어원적 의미에서 '자본을 회사에 놓은 것' → '투입'이라는 뜻으로도 굳어졌다. 또한 '조언'이라는 뜻으로도 많이 사용한다.

반의어 output = out(밖) + put(놓다) 명 생산량, 산출량, 출력

핵심 연관 단어

put 동 놓다

응용 표현

- **data input** 자료 입력
- **input-output** 입출력
- **direct input** 직접 입력
- **required input** 필수 입력
- **to input figures** 수치를 입력하기 위해서

실전 예문

We are trying to make some adjustments based on your input.
저희는 당신의 조언을 바탕으로 해서 약간의 수정을 하려고 합니다.

WORD 02

income 명 소득, 수입

단어 어원 in(안에) + come(오다)

income은 '안으로 들어오는 것'이라는 어원적 의미에서 '소득, 수입'이라는 뜻으로 굳어졌다. incomer 는 새롭게 들어오는 사람이므로 '전입자'라는 뜻이다.

반의어 spending = (s)pend(무게를 달다) + ing[명접] 명 소비

핵심 연관 단어

incomer 명 전입자
incoming 형 들어오는, 도착하는, 새로 당선된

revenue 명 수익, 세수
expenditure 명 소비, 지출, 비용

응용 표현

- **disposable income** 가처분 소득
- **incoming flights** 입국 항공편
- **the final outcome of the negotiation** 협상의 최종 결과
- **a shortfall in tax revenue** 세수상의 적자
- **a reduction in expenditure** 비용의 축소

실전 예문

Mr. Kim was living on a small income, having difficulty paying the utility bills.
Mr. Kim은 적은 소득으로 생활하고 있어서 공과금을 지급하는 데 어려움이 있었다.

WORD 03

insight 명 통찰력

단어 어원 in(안에) + sight(보기)

sight라는 명사는 원래 '시력, 보기'라는 뜻이다. 여기에서 '볼만한 광경, 모습'이라는 뜻이 파생되어, '명소, 관광지'라는 뜻으로도 사용한다. insight는 안을 보는 것이므로 '통찰력'이라는 의미로 사용된다. 이때 주의해야 하는 점은 안을 들여다 본다는 의미가 있으므로 뒤에 전치사 into가 수반된다는 점이다 (예-insight into the politics : 정치에 대한 통찰력).

🖊 핵심 연관 단어

sightsee 동 관광하다   **insightful** 형 통찰력이 있는
sightseer 명 관광객   **insightfully** 부 통찰력 있게
sightseeing 명 관광   **oversight** 명 실수, 간과

📢 응용 표현

- **lose one's sight** 시력을 잃다
- **an insight into** ~에 대한 통찰력
- **keen insight into the economy** 경제에 대한 예리한 통찰력

🔍 실전 예문

The financial analysis will give us an **insight** into the domestic economy.
그 재무 분석은 국내 경제에 대한 통찰력을 줄 것이다.

WORD 04

install 동 설치하다

단어 어원 in(안에) + stall(칸)

stall은 '가판대, 자판, 마구간' 등 네모난 칸으로 이루어진 것을 의미한다. 따라서 install은 어원적 의미에서 '칸에 전자제품(appliance)을 집어넣다' → '설치하다'라는 뜻으로 굳어졌다. 이때 주의해야 할 점은 명사형이 installation이라는 점이다.

주의 단어 installment = in(안에) + stall(칸) + ment[명접] 명 할부
★ 100만 원짜리 물건을 매달 10번 나누어 내면, 칸막이벽(stall)을 10개로 나눈 다음에 그 안에 10만 원씩 넣은 것(in)과 동일하므로 '할부'라는 뜻이 되었다.

🖊 핵심 연관 단어

installation 명 설치   **by installment** 부 할부로

📢 응용 표현

- **be properly installed** 제대로 설치되다   - **installment plans** 할부 요금제
- **be easily installed** 쉽게 설치되다   - **installation costs** 설치비

🔍 실전 예문

The new computers will be **installed** at the end of the year.
연말에 새로운 컴퓨터가 설치될 것이다.

WORD 05

involve 통 포함하다, 연루시키다, 관련시키다

단어 어원 in(안에) + volve(구르다)

volve는 '구르다'라는 뜻을 가지고 있는 어근이다. 자동차 회사 이름 중 하나인 Volvo도 이 어근에서 이름을 딴 것이다. involve는 '안으로 굴러 들어오게 하다'라는 어원적 의미에서 '포함시키다'라는 뜻으로 굳어졌다. 또한 '(사건이나 일에 굴러 들어가서) 연루시키다, 관련시키다'라는 뜻도 있다.
보통 능동으로 사용하면 목적어로 동명사를 수반해서 사용하고, '포함하다'라고 해석하면 된다. 수동으로 사용하면 be involved in 형태로 사용한다. '~에 연루되다, 관련되다, 참여하다'라고 해석하면 된다.

🖉 핵심 연관 단어

involvement 명 관련, 개입   **involved** 형 개입된, 연루된   **evolve** 통 진화하다

📢 응용 표현

- **involve 명사/Ving** ~을 포함하다
- **involve A in B** A를 B에 참여시키다
- **military involvement** 군사적 개입
- **be involved in** ~에 연루되다, 관련되다, 참여하다
- **evolved from a single ancestor** 단일 조상에서 진화했다

🔍 실전 예문

Charles was **involved** in negotiating the terms and conditions of the contract.
Charles는 계약 조건을 협상하는 데 참여했다.

WORD 06

immigrate 통 이주해 오다, 이민 오다

단어 어원 im(안에) + migrate(이동하다)

migrate는 move라는 뜻을 가지고 있는 동사로, '이동하다, 이주하다'라는 뜻이다. immigrate는 '안으로 이동하다'라는 어원적 의미에서 '이주해 오다, 이민 오다'라는 뜻으로 굳어졌다. emigrate와 같이 외워 두자.

반의어 emigrate = e(밖으로) + migrate(이동하다) 통 이주해 가다, 이민 가다

🖉 핵심 연관 단어

emigrant 명 이민자(이민 가는 사람)   **immigrant** 명 이민자(이민 오는 사람)   **immigration** 명 이민

📢 응용 표현

- **migrate to** ~로 이주해 가다
- **migrate from** ~로부터 이주해 오다
- **migratory birds** 철새
- **immigrate to** ~로 이주하다
- **go through immigration** 출입국 관리소를 통과하다
- **emigrate from Korea to Canada** 한국에서 캐나다로 이민 가다

🔍 실전 예문

The local government is taking every possible measure to curb the illegal **immigrants**.
그 지방 정부는 불법 이민자들을 억제하기 위해서 가능한 모든 조치를 취하고 있다.

inclined 형 ~하는 경향이 있는, 마음이 내키는

단어 어원 in(안에) + cline(경사) + ed[형접]

cline은 명사로 '경사', 동사로 '기울다'라는 뜻을 가지고 있는 어근이다. 따라서 incline은 '~로 경사지게 하다'라는 뜻이 되는데, 여기에서 파생이 되어서 '~할 마음이 들게 하다'라는 뜻으로 사용한다. inclined 는 '~로 기울어진'이라는 어원적 의미에서 '~할 마음이 내키는, ~하는 경향이 있는'이라는 뜻으로 굳어졌다.

유사 형태어 ▶ decline = de(아래로) + cline(경사) 동 하락하다, 줄어들다, 거절하다
recline = re(뒤로) + cline(경사) 동 뒤로 기울다, 눕다

✏️ 핵심 연관 단어

incline 동 ~할 마음이 들게 하다 　　　　inclination 명 경향, 성향

📢 응용 표현

• **incline to 동사원형** ~하는 쪽으로 마음이 기울다　• **continue to decline** 계속해서 하락하다
• **do not show the slightest inclination to leave** 떠나려는 의향을 조금도 보이지 않다
• **be inclined to 동사원형** (~할 마음이 내키는, ~하고 싶은, ~하는) 경향이 있다

🔍 실전 예문

I **am inclined to** accept the job offer from the financial company.
나는 그 금융 회사로부터의 일자리 제안을 받아들이는 쪽으로 마음이 기울었다.

include 동 포함하다

단어 어원 in(안에) + clude(닫다)

clude는 '닫다'라는 뜻을 가지고 있는 어근이다. include는 '무언가를 안에 넣고 닫다'라는 어원적 의미 에서 '포함하다'라는 뜻으로 굳어졌다.

반의어 ▶ exclude = ex(밖으로) + clude(닫다) 동 제외하다, 배제하다
유사 형태어 ▶ conclude = con(완전히) + clude(닫다) 동 결론 내리다, 끝나다, 맺다, 체결하다

✏️ 핵심 연관 단어

inclusion 명 포함　　　inclusive 형 일체의 경비가 포함된　　　inclusively 부 전부 통틀어, 계산에 넣어서

📢 응용 표현

• **be inclusive of** ~을 포함하는　　　　　• **excluding** ~을 제외한
• **including** ~을 포함한　　　　　　　　• **an all-inclusive price** 모든 것이 포함된 가격

🔍 실전 예문

The estimated rate does not **include** delivery and taxes.
그 견적 요금은 배송과 세금이 포함되지 않은 것이다.

포함하다 include, involve

include는 '전체의 한 부분으로 포함하다'라는 뜻이다. 한편 involve는 '관련시켜 포함하다'라는 뜻이다.

Symptoms include sickness and diarrhea.
증상에는 구토와 설사가 포함된다.

The situation does not involve a lot of risk.
그 상황은 큰 위험을 수반하지 않는다.

WORD 09

inspect 통 조사하다

단어 어원 **in**(안에) + **spect**(보다)

spect는 '보다'라는 뜻을 가지고 있는 어근이다. inspect는 '안을 보다'라는 어원적 의미에서 '조사하다'라는 뜻으로 굳어졌다. spect를 바탕으로 한 다양한 단어를 같이 외워 두자. '보다'라는 의미와 관련이 많다.

유사 형태어 ▶ **respect** = **re**(다시) + **spect**(보다) 통 존경하다, 존중하다
prospect = **pro**(앞으로) + **spect**(보다) 명 전망, 예상, 가능성

✏ 핵심 연관 단어

inspection 명 조사
spectacle 명 장관, 풍경
spectator 명 관중
spectacular 형 장관을 이루는, 볼만한, 극적인

🔊 응용 표현

• **carefully inspect** 조심스럽게 조사하다
• **be closely/thoroughly inspected** 면밀하게/철저하게 조사되다
• **spectacular scenery** 장관을 이루는 풍경
• **a magnificent spectacle** 굉장한 볼거리
• **conduct a thorough inspection of** ~을 철저히 조사하다

🔍 실전 예문

The new employee is held responsible for **inspecting** all the safety equipment.
그 신입 사원은 모든 안전 장비를 조사하는 것을 담당한다.

조사하다 inspect, investigate, examine

inspect는 '모든 것이 제대로 되고 있는지 확인하기 위해서 자세히 살펴보다'라는 뜻이다. 한편 investigate는 '사건이나 상황 등을 수사하다'라는 뜻이다. 그리고 examine는 '무엇을 찾아내려고 살펴보다'라는 뜻이다.

Inspect the area you are working in for electrical hazards.
작업장 인근에 전기 사고 위험이 없는지 점검하세요.

They demanded that the prosecutors investigate the case immediately.
그들은 사건에 대한 검찰의 즉각적인 조사를 요구했다.

The team used statistical analysis to examine gene variations.
이 연구팀은 통계적 분석을 사용해서 유전자의 차이를 살펴보았다.

WORD 10

inform 통 알려 주다, 통보하다
단어 어원 in(안에) + form(형식)

inform은 '(형식 안에 넣어서) 알려 주다, 통보하다'라는 뜻이다. 시험에서는 announce와 구분하는 문제가 잘 나오는데, announce는 뒤에 말하는 내용이 바로 나오고, inform은 뒤에 반드시 사람이 따라 나온다. 명사형은 information이며 의미는 '정보'이다.

🖉 핵심 연관 단어

information 명 정보
informed 형 정통한
informative 형 유익한
announce 통 발표하다, 알리다

📢 응용 표현

- **inform Sby of Sth** ~에게 ~을 알리다
- **inform Sby that 주어 + 동사** ~에게 ~을 알리다
- **keep employees informed** 직원들에게 ~을 알리다
- **be both informative and entertaining** 유익하기도 하고 재미도 있다

🔍 실전 예문

Please inform me of any modification to the contract.
계약이 조금이라도 변경된 경우 저에게 알려 주세요.

WORD 11

enclose 통 동봉하다, 울타리로 에워싸다

단어 어원 en(안에) + close(닫다)

enclose는 '무엇인가를 안에 넣고 닫다'라는 어원적 의미에서 '동봉하다, 울타리로 에워싸다'라는 뜻으로 굳어졌다. enclosed가 문두에 오면 주어와 동사가 도치된다. 비슷한 뜻을 가진 attach도 같이 외우자.

유의어 attach = at(~에) + tach(붙이다) 통 ~에 붙이다, 첨부하다
★ 'attach A to B'의 형태로 사용한다.

✐ 핵심 연관 단어

enclosure 명 동봉된 것, 울타리를 친 장소   enclosed 형 동봉된

📢 응용 표현

- **Enclosed is N** ~에 동봉하다(단수)
- **Enclosed are Ns** ~에 동봉하다(복수)
- **Enclosed for your convenience is N** 편의상 동봉하다
- **Enclosed you will find N** 동봉했습니다

🔍 실전 예문

Enclosed for your convenience is the application for the seminar.
세미나 신청서를 편의상 동봉했습니다.

WORD 12

enroll 통 등록하다

단어 어원 en(안에) + roll(명부)

roll은 '통, 명부'라는 뜻을 가진 명사이다. enroll은 '명부 안에 자기 이름을 적어 넣다'라는 어원적 의미에서 '등록하다'라는 뜻으로 굳어졌다. 비슷한 뜻을 가진 단어로 register가 있는데, 이 둘은 뒤에 나오는 전치사로 구분한다. 'enroll in', 'register for'와 같이 사용한다.

✐ 핵심 연관 단어

roll 명 통, 명부   register 통 등록하다

📢 응용 표현

- **call the roll** 출석을 부르다
- **enroll in a course** 강좌에 등록하다
- **register for** ~에 등록하다
- **enroll in advance** 미리 등록하다
- **have an enrollment of 15,000** 재학생 수가 15,000명이다

🔍 실전 예문

If you **enroll** in this seminar, you can receive a certificate.
이 세미나에 등록하면 수료증을 받을 수 있다.

entitle 통 제목을 붙이다, 자격을 부여하다

단어 어원 en(안에) + title(제목, 직함)

title은 '제목, 직함'이라는 뜻을 가지고 있는 명사이다. 따라서 entitle은 '표지 안에 제목을 붙이다'라는 어원적 의미에서 '사람에게 자격을 부여하다'라는 뜻으로 굳어졌다. '~에 자격이 있는'이라는 뜻으로 사용할 때는 be entitled to N과 같이 전치사 to를 수반한다. 반면 같은 뜻을 가진 eligible은 be eligible for N와 같이 전치사 for가 뒤에 온다는 점에 주의해야 한다.

✎ 핵심 연관 단어

entitlement 명 자격   **entitled** 형 자격이 있는   **eligible** 형 자격이 있는

🔊 응용 표현

- **be entitled to 동사원형** ~할 자격이 되다
- **be entitled to N** ~에 자격이 되다
- **be eligible for N** ~에 자격이 되다
- **be eligible to 동사원형** ~할 자격이 되다
- **a film entitled A** A라는 제목의 영화

🔍 실전 예문

Any employee who has worked for more than 12 months **is entitled to** the pension plan.
12개월 이상 근무한 어떤 직원들도 연금 계획에 대한 자격이 있다.

empower 통 ~에게 권력(권리, 권한)을 주다

단어 어원 em(안에) + power(힘, 권력)

power는 '힘, 권력'이라는 뜻을 가지고 있는 명사이다. 따라서 empower는 '(사람의 손 안에) 힘, 권리, 권한을 주다'라는 뜻이 된다. 반대말인 disempower랑 같이 외우자.

반의어 disempower = dis(밖으로) + empower(권력을 주다) 통 ~로부터 권한을 빼앗다

✎ 핵심 연관 단어

power 명 힘, 권력   **empowerment** 명 권한 이양, 권한 분산

🔊 응용 표현

- **give people more power** 사람들에게 보다 많은 힘을 주다
- **empowered team** 자율 경영팀
- **actively empower women** 여성들에게 적극적으로 권한을 부여하다
- **the empowerment of the individual** 개인의 자율권
- **disempower individuals from making decisions for themselves** 스스로 결정하는 권한을 빼앗다

🔍 실전 예문

My intention is to **empower** them to take responsibility for the work assigned to them.
저의 의도는 그들이 자신들에게 할당된 일에 책임을 지도록 권한을 주는 것입니다.

embrace 图 끌어안다, 포옹하다, 받아들이다

단어 어원 em(안에) + brace(가슴)

bra라는 어근은 팔이나 가슴을 나타낸다. 브래지어의 준말인 브라가 이 단어이다. brave는 '가슴을 앞으로 내고 나아가는'이라는 어원적 의미에서 '용기 있는'이라는 뜻으로 굳어졌다. embrace는 '(가슴 안으로 사람을) 끌어안다'라는 뜻이며 이 뜻에서 파생되어 '제안이나 제의 등을 받아들이다'라는 뜻도 있다.

✐ 핵심 연관 단어

embracement 图 포옹, 수락
embraceable 图 받아들일 수 있는
bracelet 图 팔찌

🔊 응용 표현

- **embrace her warmly** 그녀를 따뜻하게 안다
- **embrace democracy** 민주주의를 받아들이다
- **wear a bracelet on her wrist** 그녀의 손목에 팔찌를 차고 있다

🔍 실전 예문

Most of the countries endeavor to fully **embrace** the concept of democracy.
대부분의 나라들이 민주주의 개념을 전적으로 수용하려고 노력하고 있다.

UNIT
04

ex-

밖

접두사 ex는 기본적으로 '밖에, 밖으로' 등 '밖'이라는 뜻을 가지고 있다. 그래서 ex(밖으로) + it(가다)은 건물 밖으로 나가는 '출구'라는 뜻이 된다. 접두사 ex는 '강조'의 의미를 가지고도 있다. exterminate는 ex(완전히) + term(끝) + inate[동접]으로 '완전히 끝내다'에서 '박멸시키다'가 되었다. 접두사 ex는 불편한 경우 x를 생략하기도 하고, 뒤에 오는 철자에 따라서 ec, el, ep 등으로 변화하기도 한다.

WORD 01

emerge 통 나타나다, 드러나다

단어 어원 e(밖으로) + merge(가라앉다)

이 단어가 왜 '(모습이) 드러나다'라는 의미로 사용되는지 처음에는 이해가 안 되는 분들도 있을 것이다. '무엇인가가 가라앉아 있다가 모습이 드러나다'라는 뜻으로 이해하면 된다. 이 단어에서 파생된 emergency는 '급한 일이 갑자기 드러나는 것'이라는 어원적 의미에서 '비상사태'라는 뜻으로 굳어진 것이다.

동의어 reveal 통 드러내다
disclose = dis(반대) + close(닫다) 통 공개하다, 밝히다
★ emerge는 자동사로 사용하고, reveal과 disclose는 타동사로 사용한다.

✏️ 핵심 연관 단어

emergency 명 비상사태   **emerging** 형 떠오르는

📢 응용 표현

• **emerging markets** 신흥 시장   • **It emerged that** 주어 + 동사 ~라는 사실이 드러났다
• **unexpected emergency** 예기치 못한 비상사태

🔍 실전 예문

The prosecution said no new evidence **emerged** during the investigation.
검찰은 그 조사 중에는 새로운 증거가 아무것도 드러나지 않았다고 말했다.

WORD 02

exhibit 통 전시하다, 보이다 / 명 전시회

단어 어원 ex(밖에) + hibit(붙잡고 있다)

어근 hibit은 '붙잡고 있다'라는 뜻을 가지고 있다. habit은 '태어날 때 붙잡고 태어난 것'이라는 어원적 의미에서 '습관, 습성'이라는 뜻으로 굳어졌다. exhibit은 '밖에 붙잡고 있다'에서 '전시하다, (감정, 특질 등을) 드러내다, 보이다'라는 의미로 사용된다.

✏️ 핵심 연관 단어

habit 명 습관, 습성   **prohibit** 통 금지하다   **exhibition** 명 전시회

📢 응용 표현

• **eating habits** 식사 습관   • **hold/host a exhibition** 전시회를 개최하다
• **habitat** 서식지   • **art exhibit** 미술 전시회
• **prohibit unfair business practices** 불공정 사업 관행을 금지시키다
• **exhibit aggressive behavior** 공격적인 태도를 보이다

🔍 실전 예문

The **exhibit** features more than 150 portraits of individuals from different cultures.
그 전시회는 다양한 문화 출신의 개인 초상화 150점 이상을 선보이고 있다.

WORD 03

evident 📦 눈에 띄는, 명백한, 분명한

단어 어원 e(밖으로) + vid(보다) + ent[형접]

evident는 '밖으로 드러나 보이는'이라는 어원적 의미에서 '눈에 띄는, 명백한, 분명한'이라는 뜻으로 굳어진 단어이다. vid라는 어근은 일반 회화에서도 많이 사용하는데 video, vision, visual 등이 있다.

🖉 핵심 연관 단어

video 📦 비디오
vision 📦 시력, 시야
visual 📦 시각적인

evidence 📦 증거
evidently 📦 분명히, 명백하게

📢 응용 표현

- **visual aid** 시각 보조 교재
- **It is fairly evident that** 주어 + 동사 ~가 상당히 명백하다
- **obvious evidence** 명백한 증거
- **tangible evidence** 구체적인 증거

🔍 실전 예문

It became **evident** that many domestic financial institutions were in financial difficulties.
많은 국내 금융 기관들이 재정적 어려움이 있음이 분명해졌다.

WORD 04

exhaust 📦 지치게 하다, 고갈시키다

단어 어원 ex(밖으로) + haust(끌어내리다)

exhaust는 모든 에너지나 자원을 밖으로 다 끌어내려서 '지치게 하다, 고갈시키다'라는 뜻으로 사용한다. exhaust는 감정 동사로 '사물이나 일이 사람을 지치게 만들다'라는 뜻을 지니므로, 사람이 지쳤을 때는 exhausted를, 일이나 사물이 지치게 하는 것일 때에는 exhausting을 사용한다.

🖉 핵심 연관 단어

exhaustion 📦 고갈, 탈진, 기진맥진   **exhausted** 📦 기진맥진한   **exhaustive** 📦 철저한, 완전한

📢 응용 표현

- **I'm exhausted** 나는 지쳤다
- **an exhausting task** 힘든 일
- **exhaustive research** 철저한 조사
- **the exhaustion of natural resources** 천연자원의 고갈

🔍 실전 예문

The market analysts conducted an **exhaustive** study about the new market.
그 시장 분석가들은 새로운 시장에 대해 철저한 조사를 했다.

WORD 05

exaggerate 통 과장하다, 보태다, 과대하게 생각하다

단어 어원 ex(밖으로) + agger(쌓아 올리다) + ate[동접]

exaggerate는 '한 군데로 모으고 쌓아 올려서 밖으로 내보이다'라는 어원적 의미를 가지고 있다. 이 뜻에서 '과장하다, 보태다, 과대하게 생각하다' 등의 뜻으로 굳어졌다.

✏️ 핵심 연관 단어

exaggeration 명 과장   **exaggerated** 형 과장된   **exaggeratedly** 부 과장되게

📢 응용 표현

- **I'm not exaggerating** 과장이 아니다
- **make exaggerated claims** 과장된 주장을 하다
- **without exaggeration** (과장 없이) 있는 그대로

🔍 실전 예문

The ambitious expansion plans appear to have been greatly **exaggerated**.
그 야심찬 확장 계획은 대단히 과장된 것처럼 보인다.

WORD 06

elaborate 형 공들인, 정성 들인, 정교한 / 통 자세히 설명하다, 상술하다

단어 어원 e(밖으로) + labor(힘든 일) + ate[형접]

labor는 '노동, 힘든 일'이라는 뜻이다. 따라서 laborious는 '힘든'이라는 뜻이다. elaborate는 '무엇인가를 힘들게 일해서 밖으로 만들어 낸'이라는 어원적 의미에서 '공들인, 정성 들인, 정교한'이라는 뜻으로 굳어졌다. 동사로 사용하는 경우, 자동사로 사용하며 뒤에 on을 수반해서 '자세히 설명하다, 상술하다'라는 뜻으로 사용한다.

✏️ 핵심 연관 단어

labor 명 노동   **laborious** 형 힘든

📢 응용 표현

- **mental labor and manual labor** 정신 노동과 육체 노동
- **a laborious task** 힘든 일   • **highly elaborate carvings** 매우 정교한 조각
- **elaborate designs** 정교한 디자인   • **Let me briefly elaborate on this** 짧게 상술해 드릴게요

🔍 실전 예문

Customer who purchase the items with **elaborate** designs will receive 10% discounts.
정교한 디자인을 갖춘 그 제품을 구매하는 고객들은 10% 할인을 받을 것이다.

WORD 07 enormous 형 거대한, 엄청난

단어 어원 e(밖으로) + norm(표준) + ous[형접]

norm은 '표준, 기준, 규범'이라는 뜻을 가지고 있다. enormous는 '표준에서 벗어나는'이라는 어원적 의미에서 '거대한, 엄청난'이라는 뜻으로 굳어졌다.

핵심 연관 단어

norm 명 표준, 규범
normal 형 평범한, 보통의, 정상의

abnormal 형 비정상적인
enormously 부 거대하게, 엄청나게

응용 표현

- **a departure from the norm** 표준에서 벗어남
- **well below normal** 정상보다 훨씬 이하의
- **enormous success** 엄청난 성공

실전 예문

She felt **enormously** grateful for the hospitality extended to her family.
그녀는 그녀의 가족들에게 베풀어진 환대에 대해 매우 고마워했다.

엄청난 enormous, immense, tremendous

enormous는 '보통의 크기나 정도를 훨씬 넘는'이라는 뜻이고 immense는 '보통의 방법으로는 잴 수 없을 만큼 무지막지하게 크거나 넓은'이라는 뜻이다. 그리고 tremendous는 원래는 '공포나 경탄을 자아낼 만큼 큰'이라는 뜻인데, '크기, 양, 정도가 매우 큰'이라는 뜻을 가지고 있다.

He has an **enormous** capacity for hard work.
그녀는 힘든 일을 해내는 능력이 엄청나다.

Immense income may be derived from advertising.
광고에서 막대한 수입을 얻을 수 있다.

I felt a **tremendous** amount of guilt.
나는 엄청난 죄의식을 느끼고 있다.

WORD 08

extinct 형 불 꺼진, 활동하지 않는, 멸종된

단어 어원 ex(강조) + tinct(끄다)

extinct는 '완전히 꺼진'이라는 어원적 의미 그대로 '불 꺼진, 활동하지 않는, 멸종된'이라는 뜻으로 사용한다. 그래서 fire extinguisher가 '소화기'이다.

✏️ 핵심 연관 단어

extinguish 동 끄다, 소멸시키다   **extinguisher** 명 소화기   **extinction** 명 소멸

📢 응용 표현

- **extinguish the flames** 불을 끄다
- **extinguisher arrangement** 소화기 배치
- **extinct animals** 멸종 동물들
- **extinct species** 절멸종

🔍 실전 예문

The endangered species was presumed already **extinct**.
그 멸종 위기의 종은 이미 멸종된 것으로 추정된다.

WORD 09

excuse 명 변명, 구실 / 동 용서하다, 변명하다

단어 어원 ex(밖으로) + cuse(원인)

cuse는 cause(명 원인)가 변형된 어근이다. 따라서 excuse는 '원인을 밖으로 보내어 원인을 없애다'라는 어원적 의미에서 '용서하다, 변명하다'라는 뜻으로 굳어졌다. 이 단어는 특이하게 동사로 사용 시 '변명하다'와 더불어 '용서하다'라는 뜻을 가지고 있다. 관련성이 전혀 없어 보이지만, 어원적 의미에서 '사건의 원인이 된 사람을 밖으로 빠져나가게 해 주다' → '용서하다, 봐 주다'라는 뜻으로 굳어진 것이다.

✏️ 핵심 연관 단어

cause 명 원인, 이유
excusable 형 용서되는

📢 응용 표현

- **a major cause of the poverty** 빈곤의 주된 원인
- **please excuse the mess** 지저분한 것을 용서해 주세요
- **an acceptable excuse for missing school** 학교를 결석한 것에 대한 받아들일 수 있는 변명
- **Doing it once was just about excusable** 그것을 한 번 하는 것은 용서할 수 있다

🔍 실전 예문

The presider insisted that nothing could **excuse** such rudeness.
그 진행자는 어떤 것도 그런 무례함에 대한 변명이 안 된다고 주장했다.

expand 통확장하다, 확대하다

단어 어원 ex(밖으로) + pand(펼치다)

pand는 '펼치다'라는 뜻을 가지고 있는 어근이다. 이 어근에서 epidemic(명 유행병)이라는 단어가 생겼다. expand는 '밖으로 넓게 펼치다'라는 어원적 의미에서 '(규모나 사업을) 확장하다, 확대하다'라는 뜻으로 굳어졌다.

유사 형태어 ▶ **extend = ex**(밖으로) **+ tend**(뻗다) 통 늘리다, (기한을) 연장하다

🖉 핵심 연관 단어

expansion (명) 확장, 확대
expansive (형) 광범위한
epidemic (명) 유행병

📣 응용 표현

- **expand the business** 사업을 확장하다
- **a rapid economic expansion** 급속한 경제 확장

🔍 실전 예문

The business has **expanded** greatly over the three year.
사업은 지난 3년에 걸쳐서 엄청 확장했다.

Several start-ups have successfully **expanded** their market presence.
여러 스타트업 회사가 시장에서의 입지를 성공적으로 확장했다.

확대하다 expand, enlarge, increase

expand는 '확장하다'라는 뜻이고 enlarge는 '확대시키다'라는 뜻이다. increase는 '양 또는 크기를 늘리다'라는 뜻이다.

Businesses have a golden opportunity to **expand** into new markets.
사업체들이 새로운 시장으로 확장할 수 있는 절호의 기회를 얻고 있다.

Magnifier can **enlarge** part of the screen.
돋보기를 사용해서 화면 일부를 확대할 수 있다.

Our main goal is to **increase** sales in America.
우리의 주된 목표는 미국에서의 매출을 늘리는 것이다.

WORD 11

express 통 (생각을) 표현하다 / 형 빠른, 급행의

단어 어원 ex(밖으로) + press(누르다, 밀어붙이다)

press는 '누르다'라는 뜻을 가지고 있는 어근이다. pressing은 '누르고 있는'이라는 어원적 의미에서 '긴급한'이라는 뜻으로 굳어졌다.

express는 '안에 있는 것을 밖으로 밀어내다'라는 어원적 의미에서 '표현하다'라는 뜻으로 굳어졌다. 어원적 의미에서 '집배원을 통해서 우편물을 밖으로 밀어내다' → '빠른, 급행의'라는 뜻도 생겼다.

✏️ 핵심 연관 단어

expression 명 표현   **expressly** 부 분명히, 명확히

expressive 형 표현력이 풍부한   **pressure** 명 압력

📢 응용 표현

• **express train** 급행열차   • **express one's appreciation for** ~에 대한 감사를 표현하다

• **express mail** 속달 우편   • **be expressly forbidden to 동사원형** ~하는 것이 분명히 금지된

🔍 실전 예문

The workers **expressed** concerns about the management changes.

직원들은 경영진의 변화에 걱정을 표현했다.

WORD 12

eliminate 통 없애다, 제거하다

단어 어원 e(밖으로) + lim(경계) + ate[동접]

lim은 limit에서 잘 볼 수 있는 어근이다. limit은 '경계, 한계, 한도'라는 뜻이다. eliminate는 '경계선 밖으로 내보내다'라는 어원적 의미에서 '없애다, 제거하다'라는 뜻으로 굳어졌다.

✏️ 핵심 연관 단어

limited 형 제한된   **limitless** 형 한도가 없는   **elimination** 명 제거, 삭제

📢 응용 표현

• **credit limits** 신용 한도

• **the limitless variety of products** 수많은 다양한 상품들

• **eliminate the need to 동사원형** ~할 필요성을 제거하다

• **the elimination of toxins from the body** 체내의 유독 물질 제거

🔍 실전 예문

They want to **eliminate** unqualified candidates from the list.

그들은 부적격 후보들을 탈락시키기를 원한다.

단어들의 알쏭달쏭 차이 | 없애다, 제거하다 eliminate, eradicate, exterminate

eliminate는 '제거하다, 없애다'라는 뜻이다. 한편 eradicate는 '해로운 것으로 보이는 부분을 파괴하고 재생을 못하게 뿌리 뽑다'라는 뜻이다. 그리고 exterminate는 가장 강한 의미로, '좋지 않은 생물 또는 사태를 멸종 또는 근절시키다'라는 뜻이다.

Eliminate all unnecessary words from your essay.
당신의 논문에서 불필요한 말은 모두 없애시오.

The government claims to be doing all it can to **eradicate** corruption.
정부는 부패를 뿌리 뽑기 위해 할 수 있는 일은 다 하고 있다고 주장한다.

They hoped to **exterminate** the insects.
그들은 그 곤충들을 박멸하기를 원했다.

WORD 13

excel 图 능가하다, 뛰어나다

단어 어원. ex(밖으로) + cel(언덕)

excel은 어원적 의미로는 '밖의 언덕 위에 서 있다'라는 뜻이다. 여기에서 '능가하다, 뛰어나다'라는 뜻으로 굳어졌다. 엑셀(Excel)이라는 프로그램도 이 단어에서 만든 이름이다. excel은 자동사로, 뒤에 전치사 in이 붙어 'excel in'의 형태로 사용한다.

✐ 핵심 연관 단어

excellence 명 뛰어남, 탁월함
excellent 형 훌륭한, 탁월한
excellently 부 훌륭하게

📢 응용 표현

- **excel in teaching** 강의를 하는 데 뛰어나다
- **an excellent meal** 훌륭한 식사
- **academic excellence** 학문적 우수성
- **be excellently prepared** 훌륭하게 준비된

🔍 실전 예문

Hashimoto has always excelled in several foreign languages.
Hashimoto는 항상 여러 외국어에 뛰어났다.

excel은 '성취, 업적, 기술 등이 남보다 뛰어나다'라는 뜻이다. 한편 exceed는 '권리나 힘 따위가 적당한 한계 또는 기준치를 넘어서다, 초과하다'라는 뜻이다. 그리고 surpass는 '다른 물건이나 다른 사람보다 수량이나 크기, 정도가 뛰어나다'라는 뜻이다.

These days many women have careers and they <u>excel</u> in the workplace.
요즘은 많은 여성들이 직장을 갖고 있으며 직장에서 뛰어난 능력을 보인다.

Do not <u>exceed</u> the recommended dosage.
권고된 복용량을 초과하지 마시오.

They are expecting to <u>surpass</u> last year's earnings results.
그들은 지난해의 수익 성과를 능가할 것으로 기대하고 있다.

WORD 14

extraordinary 형 뛰어난, 탁월한, 특별한

단어 어원 extra(밖의) + ordinary(보통의, 평범한)

ordinary는 사전적 의미로는 '법령에 맞는'인데, 여기에서 '평범한, 보통의, 일상적인'이라는 뜻이 파생되었다.
extraordinary는 extra가 '밖의, 벗어난'이라는 의미를 가지는 접두사이므로 '보통에서 벗어나는'이라는 어원적 의미를 가진다. 여기에서 '뛰어난, 탁월한, 특별한'이라는 뜻으로 굳어졌다.

🖉 핵심 연관 단어

ordinance 명 법령, 조례
ordinary 형 평범한, 보통의, 일상적인
extraordinarily 부 뛰어나게, 탁월하게

📢 응용 표현

- **revise an ordinance** 법령을 수정하다
- **an ordinary day** 일상적인 하루
- **an extraordinary achievement** 특별한 성취

🔍 실전 예문

The conference arrangements seem absolutely extraordinary.
그 회의 준비는 매우 훌륭해 보인다.

UNIT 05

de-
아래로, 분리, 이탈, 강조

de + cline
decline

접두사 de는 기본적으로 '아래로'의 의미가 있다. decrease(통 하락하다)는 de(아래로) + crease(성장하다)가 결합되어서 '아래로 성장하다, 성장이 내려가다'라는 의미가 되어 '하락하다'가 된 것이다.

또한 de는 '분리, 이탈'의 의미와 '강조'의 의미를 가진다 defrost(통 서리를 제거하다)는 de(분리) + frost(서리)가 결합되어 '서리를 제거하다'라는 의미를 가진다.

WORD 01

decline 툉 하락하다, 줄어들다, 거절하다

단어 어원 de(아래로) + cline(경사)

어근 cline은 명사로 '경사', 동사로 '기울다'라는 뜻을 가지고 있다. decline은 '무엇인가가 아래로 기울다'라는 어원적 의미이다. 여기에서 자동사로 사용하면 '가격 등이 하락하다, 줄어들다'가 되고, 타동사로 사용하면 '거절하다'가 된다. 명사로 사용할 경우에는 가산 명사로 a decline in N(~의 하락)의 형태로 사용한다는 점을 기억하자.

유사 형태어 incline = in(안에) + cline(경사) 툉 ~할 마음이 들게 하다

✎ 핵심 연관 단어

clinic 명 병원   **declining** 형 기우는, 쇠퇴하는   **declination** 명 기욺, 경사

🗣 응용 표현

- **continue to decline** 계속해서 하락하다
- **decline the invitation** 초청을 거절하다
- **a sharp decline in N** ~의 급격한 하락
- **declining industries** 사양 산업들
- **a steady decline in manufacturing** 제조업의 꾸준한 하락

🔍 실전 예문

Sales figures have been drastically declining.
매출액이 급격히 하락하고 있다.

The manager respectfully declined the assistance.
매니저는 도움을 정중히 거절했다.

거절하다 decline, refuse, reject

decline은 '신청, 제안, 논쟁, 초대 따위를 거절하다'라는 뜻이다. 한편 refuse는 가장 일반적인 말로 '딱 잘라서 싫다고 거절하다'라는 뜻이다. 'refuse to 동서원형'과 같이 뒤에 목적어로 to 부정사를 수반한다. 그리고 reject는 '소용없거나 부적절하다는 이유로 적극적으로 거절하다'라는 뜻이다.

My initial reaction was to decline the offer.
내가 보인 첫 반응은 그 제의를 거절하는 것이었다.

He couldn't humanly refuse to help her.
그는 인간적으로 그녀를 돕는 것을 거부할 수가 없었다.

It's hard to reject as they offer me a nice bit of money.
그들이 나에게 상당한 양의 돈을 제안하기 때문에 거절하기가 힘들다.

WORD 02 declare 통 선언하다, 선포하다, 신고하다

단어 어원 de(강조) + clare(분명한)

어근 clare는 clear가 변형된 것이다. 그리고 de는 강조를 위해 붙은 것이다. 따라서 declare는 '명확히 밝히다'라는 어원적 의미에서 '(자기의 의견을 여러 명 앞에서) 선언하다, 선포하다'라는 뜻으로 굳어졌다. 세관에서는 '세관신고를 하다'라는 뜻으로 사용한다.

✍ 핵심 연관 단어

clear 형 명확한, 분명한   **declaration** 명 선언   **declared** 형 공표된

📢 응용 표현

- **clear directions** 분명한 지시   • **declare a state of emergency** 비상사태를 선언하다
- **officially declare N invalid** ~가 무효라고 공식적으로 선언하다

🔍 실전 예문

They have nothing to declare at the customs.
그들은 세관신고를 할 것이 없었다.

All incomes must be declared at the end of the fiscal year.
모든 소득은 회계 연도 말에 신고돼야 한다.

WORD 03 deficient 형 부족한, 불충분한, 결핍된

단어 어원 de(아래로) + fic(필요한 양) + ient[형접]

어근 fic는 '필요한 양'이라는 뜻이다. sufficient는 suf(아래에서) + fic(필요한 양) + ient[형접] 구성으로, '필요한 양을 아래에서 채운'이라는 어원적 의미에서 '충분한'이라는 뜻으로 굳어졌다.
deficient는 '필요한 양보다 아래에 있는'이라는 어원적 의미에서 '부족한, 불충분한, 결핍된'이라는 뜻으로 굳어졌다.

✍ 핵심 연관 단어

suffice 동 만족시키다, 충분하다   **sufficiently** 부 충분하게   **deficiently** 부 불충분하게

📢 응용 표현

- **sufficient time to finish** 끝내기에 충분한 시간   • **be deficient in N** ~가 부족한
- **be educated sufficiently to 동사원형** ~할 만큼 충분히 교육을 받은
- **a diet that is deficient in vitamin** 비타민이 부족한 식단

🔍 실전 예문

Vitamin deficiency in diet can cause illness.
식단에서의 비타민의 부족은 병을 야기할 수 있다.

Since some of the food is deficient in essential nutrients, we need to take dietary supplements.
일부 음식은 필수 영양소가 부족하기 때문에, 우리는 식단 보충재를 먹어야 한다.

WORD 04

detach 통 떼어 내다

단어 어원 de(분리) + tach(붙이다)

tach라는 어근은 '붙이다'라는 뜻을 가지고 있다. attach의 반대말인 detach는 '~에 붙어 있는 것을 떼어 내다'라는 뜻으로 사용한다. 'detach A from B'의 형태로 사용한다.

반의어 attach = at(~에) + tach(붙이다) 통 ~에 붙이다, 첨부하다

✎ 핵심 연관 단어

detachment 명 거리를 둠, 무관심　　**detachable** 형 분리할 수 있는　　**attach** 통 ~에 붙이다

📢 응용 표현

- **detached** 다른 건물과 떨어져 있는, 무심한
- **detached garage** 집과 떨어져 있는 차고
- **detached service** 파견 근무
- **attach the label to the product** 제품에 라벨을 붙이다

🔍 실전 예문

To get 10% discount, you need to **detach** the coupon and return it as soon as possible.
10% 할인을 받기 위해서는, 쿠폰을 떼서 가능한 한 빨리 발송해 주세요.

WORD 05

deplete 통 감소시키다, 고갈시키다

단어 어원 de(아래로) + plete(채우다)

ple이라는 어근은 '채우다'라는 뜻을 가지고 있다. deplete는 '채워진 것을 아래로 끌어내리다'라는 어원적 의미에서 '고갈시키다, 감소시키다'라는 뜻으로 굳어졌다.

✎ 핵심 연관 단어

plenish 통 채우다, 저장하다　　　　　　**depletion** 명 고갈, 소모, 감소
replenish 통 다시 채우다, 보충하다　　　　**depleted** 형 고갈된

📢 응용 표현

- **depleted land** 황무지
- **the depletion of fish stocks** 수산 자원의 고갈
- **replenish the office supplies** 사무용품을 보충하다

🔍 실전 예문

Food supplies and local ingredients were severely **depleted**.
식량 공급량과 지역 식자재가 심하게 감소되었다.

deplete는 '남아 있는 것이 충분하지 않도록 대폭 감소시키다'라는 뜻이 강하다. 한편 exhaust는 감정 동사로, '사람을 기진맥진하게 만들다'라는 뜻이다.

That would <u>deplete</u> the capital at a time when banks need to increase it.
그것은 은행이 자본을 증가시킬 필요가 있는 시점에 자본을 고갈시킬 것이다.

There is no need to <u>exhaust</u> yourself cleaning up.
청소한다고 진을 뺄 필요가 없다.

WORD 06 deter 통 단념시키다

단어 어원 de(분리) + ter(겁)

ter라는 어근은 terror에서 볼 수 있는 어근으로 '겁'이라는 뜻을 가지고 있다. terror의 어원이 '공포'이다. 그래서 terrible은 '끔찍한'이라는 뜻이 된다.
따라서 deter는 미리 겁을 줘서 '~을 못하게 하다, 단념시키다'라는 뜻이다. 영어에서는 '못하게 하다'라는 동사는 뒤에 사람이 오고, 그 뒤에 from Ving가 수반된다.

유사 형태어 defer = de(이동) + fer(옮기다) 통 뒤로 미루다, 연기하다

✏️ 핵심 연관 단어

detergent 명 세제(세균 번식을 단념시키는 것이므로)
deterrent 명 제지하는 것

📢 응용 표현

- **deter Sby from Ving** ~가 ~을 못하게 하다
- **a deterrent effect** 억제 효과
- **defer the decision** 결정을 미루다

🔍 실전 예문

Unforeseen circumstances are likely to deter people from entering into the new market.
예기치 못한 상황은 사람들이 새로운 시장에 진입하는 것을 막을 것이다.

deliberate 형 신중한, 고의적인 / 통 심사숙고하다

단어 어원 de(아래로) + liber(무게를 달다) + ate[형접]

liber라는 어근은 '무게를 달다'라는 뜻을 가지고 있다. caliber는 '무게를 측정하는 도량'이라는 어원적 의미에서 '구경, 직경'이라는 뜻으로 굳어졌다.
deliberate는 '추를 아래로 달아 보고 결정하는'이라는 어원적 의미에서 유래한 단어이다. 형용사로 '신중한, 고의적인'이라는 뜻이, 동사로는 '심사숙고하다'라는 뜻이 있다.

🖉 핵심 연관 단어

deliberation 명 심사숙고   **deliberately** 부 신중하게, 고의적으로

📢 응용 표현

- **need time to deliberate** 심사숙고할 시간이 필요하다
- **deliberate evaluation** 신중한 평가
- **Please deliberate this** 심사숙고해 주세요
- **after much deliberation** 많은 심사숙고 후에
- **deliberately ignore him** 고의적으로 그를 무시하다

🔍 실전 예문

She spoke in a slow and **deliberate** manner.
그녀는 천천히 신중한 태도로 말했다.

The board of directors **deliberated** for seven days and made a final decision.
그 이사회는 7일 동안 심사숙고한 끝에 최종 결정을 내렸다.

delay 통 미루다 / 명 지연, 지체

단어 어원 de(아래로) + lay(놓다)

lay는 '놓다'라는 뜻을 가진 동사이다. 그래서 layout은 '배치도'라는 뜻이다. delay는 어원적 의미에서 '우선 순위의 위에 있는 것을 아래로 놓다' → '미루다, 지체하다'라는 뜻으로 굳어졌다. postpone은 의도적으로 뒤로 연기하는 것이고, delay는 의도하지 않게 지체되거나 미루는 것을 말한다.

유의어 postpone = post(뒤로) + pone(두다) 통 연기하다, 미루다

🖉 핵심 연관 단어

delayed 형 지체된   **layered** 형 층이 있는

📢 응용 표현

- **delay the decision** 결정을 미루다
- **without delay** 지체 없이
- **be delayed until further notice** 추후 통보가 있을 때까지 지체되다
- **a diagram of the new road layout** 신설 도로 배치도를 그린 도표

🔍 실전 예문

Your flight for New York will be **delayed** until further notice.
뉴욕으로 가는 당신의 비행기는 추후 통보가 있을 때까지 지연될 것입니다.

delay는 '속도로 인해 늦추거나 지연되다'라는 뜻이고 postpone은 의도적으로 '일정을 연기하다'라는 뜻이다. 그리고 detain은 '못 가게 붙들다, 보류하다, 억류하다, 구금하다'라는 뜻으로 사용한다.

The plane was unexpectedly delayed.
비행기가 예기치 않게 지연되었다.

My business trip was postponed until the end of July.
출장이 7월 말로 연기되었다.

They will detain him until they figure this out.
그들은 이것을 해결할 때까지 그들을 구금할 것이다.

WORD 09

designate 图 지정하다, 지명하다

단어 어원 de(아래에) + sign(표시) + ate[동접]

sign은 '사인, 표시'라는 뜻을 가지고 있는 어근이다. 따라서 resign은 어원적 의미에서 '고용 계약을 체결할 때 사인한 뒤 그만둘 때 다시 사인하다' → '사임하다'라는 뜻으로 굳어졌다.
designate은 어원적 의미에서 '임명장 제일 아래에 사인을 하고 임명하다' → '지정하다, 지명하다'라는 뜻으로 굳어졌다.

✎ 핵심 연관 단어

designation 图 지정, 지명
designated 图 지정된
signify 图 의미하다, 암시하다
signature 图 서명

응용 표현

- **designate his successor** 그의 후임자를 지명하다
- **only in the designated areas** 지정된 지역에서만
- **his official designation** 그의 공식적인 호칭
- **signify a radical change** 급진적인 변화를 의미하다

🔍 실전 예문

Because of the proximity to the airport, the convention center has been designated as a venue.
공항과 가깝기 때문에, 그 컨벤션 센터는 개최지로 지정되었다.

WORD 10

deteriorate 통 악화되다, 더 나빠지다

단어 어원 de(아래로) + ter(땅) + iorate[동접]

이 단어에서 ter라는 어근은 '땅'을 뜻한다. 이에 따르면 deteriorate는 '땅의 질을 떨어뜨려서 토질을 악화시키다'라는 의미이기 때문에 '악화되다, 더 나빠지다'라는 뜻으로 사용한다.

✎ 핵심 연관 단어

territory 명 영토, 지역, 영역
terrain 명 지형

deterioration 명 악화
deteriorating 형 악화되고 있는

📢 응용 표현

- **disputed territory** 분쟁 지역
- **deteriorating weather conditions** 점점 악화되는 기상 상황
- **deteriorate rapidly** 빠르게 악화되다
- **a serious deterioration in relations between the two countries** 양국 관계의 심각한 악화

🔍 실전 예문

Her health began to **deteriorate** quite seriously.
그녀의 건강은 심각하게 악화되기 시작했다.

Deteriorating weather conditions cause occasional problems of distribution.
악화되는 기상 상황이 종종 유통 문제를 야기시킨다.

WORD 11

delegate 통 위임하다, 대표로 뽑다 / 명 대표

단어 어원 de(분리) + leg(법적인) + ate[동접]

leg은 '법적인'이라는 뜻을 가지고 있는 어근이다. 그래서 legal은 '합법적인'이라는 뜻이다. delegate는 집단 전체의 이익을 대변하기 위해서 '법적인 권한을 부여해서 멀리 분리하는 것'을 의미한다. 따라서 '위임하다'라는 뜻도 있고, '대표로 뽑다'라는 뜻도 있다. 명사로 사용하는 경우 '대표'가 된다.

✎ 핵심 연관 단어

legislation 명 입법, 법률
illegal 형 불법적인
delegation 명 위임, 대표(단)

📢 응용 표현

- **approve legislation** 법률을 승인하다
- **the UN delegation** UN 대표단
- **delegate authority to** ~에게 권한을 위임하다
- **delegation of authority** 권한의 위임
- **a delegate of the council** 위원회의 대표

🔍 실전 예문

They decided not to send a **delegate** to the trade fair
그들은 그 무역 박람회에 대표를 보내지 않기로 결정했다.

The **delegation** of authority enabled the CEO to focus on core competencies.
권한의 위임이 그 최고 경영자가 핵심 역량에 집중하는 것을 가능하게 했다.

dis-
분리, 이탈, 반대

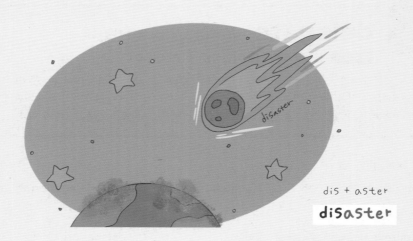

dis + aster
disaster

dis는 '~에서 떨어져 나가는'이라는 분리, 이탈의 뜻이 있다. discourage는 dis(분리) +
courage(용기) 구성으로, '용기를 빼앗다, 좌절시키다'라는 뜻이다.
또한 dis는 '반대'라는 뜻도 가지고 있다. honest(형 정직한)의 반대말이 dishonest(형 부정직한)
인데, 이는 dis가 반대의 의미로 쓰인 대표적 예이다.

WORD 01 disappoint 통 실망시키다
단어 어원 dis(반대) + appoint(임명하다)

appoint는 '~을 임명하다, 지명하다'라는 뜻을 가지고 있다. 그 반대말인 disappoint는 누군가를 어떤 자리에 임명하는 안에 반대한다는 의미이므로 '실망시키다, 실망감을 안겨 주다'라는 뜻이다.

✎ 핵심 연관 단어

disappointment 명 실망   disappointing 형 실망스러운   disappointed 형 실망한

📢 응용 표현

- **disappoint her fans** 팬들을 실망시키다
- **be bitterly disappointed at** ~에 몹시 실망한
- **disappointing performance** 실망스러운 공연
- **to my disappointment** 실망스럽게도

🔍 실전 예문

The decision to cancel the baseball game is due to **disappoint** her fans.
그 야구 게임을 취소한다는 결정은 틀림없이 팬들에게 실망을 안겨 줄 것이다.

WORD 02 disclose 통 공개하다, 밝히다
단어 어원 dis(반대) + close(닫다)

close는 동사로 사용할 시 '닫다'라는 뜻을 가진다. disclose는 close의 반대말로 '밝히다, 공개하다'라는 뜻이다. 접두사 dis는 분리, 이탈의 뜻뿐만 아니라 반대의 뜻도 지닌다.

유사 형태어 enclose = en(안에) + close(닫다) 통 동봉하다, 울타리로 에워싸다

✎ 핵심 연관 단어

disclosure 명 공개   discharge 동 해고하다

📢 응용 표현

- **close the window** 창문을 닫다
- **refuse to disclose details** 세부 사항을 공개하는 것을 거절하다
- **disclose financial information** 재무 정보를 공개하다
- **be discharged from the company** 회사에서 해고당하다

🔍 실전 예문

He was accused of **disclosing** confidential information to a competitor.
그는 경쟁 회사에 기밀 정보를 공개한 것으로 고소되었다.

disaster 명 재앙, 재난

단어 어원 dis(분리) + aster(별)

aster는 '별'이라는 뜻을 가지고 있는 어근이다. 그래서 별을 연구하는 학문이 astronomy(명 천문학)이다. disaster는 어원적으로 하늘에서 별이 제자리에서 이탈해 나감을 뜻한다. 옛날부터 천문학에서는 하늘에서 별이 분리되어서 떨어지면 누가 죽거나 흉조가 든다고 예측했다. 그런 이야기에서 유래되어서 disaster는 '재난, 재앙'이라는 뜻으로 사용한다.

🖉 핵심 연관 단어

asteroid 명 소행성
asterisk 명 별표

astronaut 명 우주 비행사
disastrous 형 재앙의, 비참한

📢 응용 표현

- **astronomy and space science** 천문학과
- **become an astronaut** 우주 비행사가 되다
- **prevent the impending disaster** 곧 닥칠 재난을 막다
- **a disastrous result** 비참한 결과

🔍 실전 예문

Many retired people often face unforeseen financial **disaster**.
많은 은퇴하는 사람들은 종종 예기치 못한 재정적인 재난에 직면한다.

사고, 재난 disaster, accident, catastrophe

disaster는 '불의의 재난' 또는 '큰 재난으로 많은 손해를 가져다 주는 것(특히 파산, 지진 등)'을 뜻한다. accident는 '사상이나 손해를 가져오는 예기치 못한 사고'를 뜻한다. 그리고 catastrophe는 '최종적이고 완전한 손해로서 회복할 수 없는 재난'으로, 가장 강한 어감의 뜻을 가지고 있다.

They rendered assistance to the **disaster** victims.
그들은 그 재난 희생자들을 도와주었다.

He was disabled in a car **accident**.
그는 교통사고로 장애인이 되었다.

The flood in Venice was a major **catastrophe**.
베니스의 홍수는 엄청난 참사였다.

discard 동 버리다, 포기하다

단어 어원 dis(분리) + card(카드)

card는 카드놀이를 할 때 사용하는 카드나 두꺼운 종이를 말한다. discard는 카드놀이에서 들고 있는 카드 중 '필요 없는 카드를 손에서 분리시켜 바닥에 버리다'라는 어원적 의미에서 '버리다, 포기하다'라는 뜻으로 굳어졌다.

✎ 핵심 연관 단어

placard 명 현수막   discards 명 폐기물

📢 응용 표현

- have a game of cards 카드놀이를 하다
- post a placard 현수막을 붙이다
- quickly discard the idea 그 아이디어를 빠르게 버리다
- be completely discarded 완전히 버려졌다

🔍 실전 예문

Discard any contaminated perishable food items that have come into contact with flood waters.
홍수로 인한 물과 접촉한 오염된 음식은 어떤 것이라도 폐기하세요.

discourage 동 낙담시키다, 좌절시키다

단어 어원 dis(분리) + courage(용기)

courage는 cord(명 심장)에서 나온 말이다. 그래서 심장에서 나오는 '용기'를 의미한다. discourage는 '용기를 분리하다'라는 어원적 의미에서 '낙담시키다, 좌절시키다'라는 뜻으로 굳어졌다.

반의어 encourage = en(안에) + courage(용기) 동 용기를 불어넣다, 고무시키다

✎ 핵심 연관 단어

discouragement 명 낙심, 좌절   discouraged 형 좌절한   discouraging 형 좌절시키는

📢 응용 표현

- encourage Sby to 동사원형 ~에게 ~하도록 용기를 불어넣다
- discourage Sby from Ving ~가 ~하지 못하도록 좌절시키다
- an atmosphere of discouragement and despair 좌절과 절망하는 분위기
- a discouraging answer 낙담스러운 대답

🔍 실전 예문

Several cities launched a campaign to **discourage** smoking among teenagers.
많은 도시들은 10대들의 흡연을 막으려는 캠페인을 시작했다.

WORD 06

discriminate 통 구분하다, 차별하다

단어 어원 dis(분리) + cri(비난하다) + min(작은) + ate[동접]

cri는 criticize에서 볼 수 있듯이 '비난하다'라는 뜻을 가진 단어이다. critics는 비난하는 사람, 즉 '비평가'이다.

한편 mini는 miniature에서 볼 수 있듯이 '작은'이라는 뜻을 가지고 있다. 그래서 discriminate는 '작은 것으로 따로 분리해서 비난하다'라는 어원적 의미에서 '구분하다, 차별하다'라는 뜻으로 굳어졌다.

✏ 핵심 연관 단어

crime 명 범죄
incriminate 통 죄를 씌우다
miniature 명 축소 모형

discrimination 명 차별
discriminative 형 차별적인
discriminatively 부 차별적으로

📢 응용 표현

- **discriminate between letters and numbers** 문자와 숫자를 구분하다
- **discriminate against women** 여성을 차별하다
- **racial discrimination** 인종차별
- **discriminative tariff** 차별적 관세

🔍 실전 예문

He claims he was racially **discriminated** against when he applied for permission to stay.
그는 체류 허가를 신청했을 때 인종적으로 차별을 받았다고 주장한다.

WORD 07

disregard 통 무시하다, 묵살하다 / 명 무시

단어 어원 dis(반대) + regard(관심을 가지다)

regard는 명사로 '관심, 배려'라는 뜻을 가진다. 그래서 편지를 마무리할 때 'With kind regards, yours…'(안부를 전하며 그럼 이만 줄입니다)라는 말로 끝맺음을 한다. 동사로 사용할 때는 '어떤 것을 관심을 가지고 보다'라는 뜻에서 '~을 ~로 여기다, 평가하다'라는 뜻으로 굳어졌다. 그 반대말인 disregard는 '관심을 주지 않는 것'이므로 '(의견이나 제안을) 무시하다, 묵살하다'라는 뜻이다.

✏ 핵심 연관 단어

regard 통 ~로 여기다, 평가하다 / 명 관심, 배려

📢 응용 표현

- **be highly regarded** 매우 높게 평가되다
- **disregard a stop sign** 정지 신호를 무시하다
- **disregard this email** 이 이메일을 무시해 주세요
- **show a total disregard for** ~을 완전히 무시하다

🔍 실전 예문

He showed complete **disregard** for the feelings of his family.
그는 그의 가족의 기분을 완전히 무시했다.

Please **disregard** this email, if you have already made payments.
혹시 이미 지불했으면, 이 이메일은 무시해 주세요.

WORD 08

dimension 명크기, 치수, 차원, 관점

단어 어원 di(분리) + mens(측정하다) + ion[명접]

mens라는 어근은 '측정하다'라는 뜻을 가지고 있다. dimension은 '물건을 자로 측정해 일정 크기로 분리시킨 것'이라는 어원적 의미에서 '크기, 치수'라는 뜻으로 굳어졌다. 치수가 다르다는 것은 보는 관점이나 차원이 다르다는 것이므로 '차원, 관점'이라는 뜻도 가지고 있다.

핵심 연관 단어

measure 동 측정하다
dimensional 형 치수로 잴 수 있는, 차원의

commensurate 형 상응하는, 필적하는

응용 표현

- **measure the speed** 속도를 측정하다
- **will be commensurate with experience** 경력에 상응할 것이다
- **measure the dimensions** 크기를 측정하다
- **a three-dimensional picture** 3차원 입체 영화

실전 예문

He measured the **dimensions** of the waiting room.
그는 대기실의 크기를 측정했다.

WORD 09

dissolve 동녹이다, 용해하다

단어 어원 dis(분리) + solve(풀어지다)

solve라는 어근은 '풀어지다'라는 뜻을 가지고 있다. in(아닌) + solvent(풀어진, 해결된) 구성인 insolvent는 '빚을 해결하지 못한'이라는 어원적 의미에서 '지급 불능의, 파산한'이라는 뜻으로 굳어졌다. dissolve는 '풀어지게 해서 없어지게 하다'라는 어원적 의미에서 '녹이다, 용해하다'라는 뜻으로 굳어졌다. resolve와 혼동하지 않도록 주의해야 한다.

유사 형태어 ▶ resolve = re(다시) + solve(풀어지다) 동 해결하다

핵심 연관 단어

solve 동 풀어지다, 해결하다
insolvent 형 지급 불능의, 파산한

resolve 동 해결하다
resolute 형 확고한, 단호한

응용 표현

- **solve the problem** 문제를 해결하다
- **be declared insolvent** 파산 선고를 받다
- **adopt a resolution** 결의안을 채택하다

실전 예문

It is highly corrosive and can **dissolve** many kinds of materials.
그것은 부식성이 매우 강하며 많은 종류의 물질들을 녹일 수 있다.

disturb 图 방해하다

단어 어원 **dis**(강조) + **turb**(무질서하게)

turb는 '무질서한'이라는 뜻을 가지고 있는 어근이다. 그리고 disturb에서 dis는 강조의 뜻이다. disturb 는 '완전히 무질서하게 만들다'라는 어원적 의미에서 '방해하다'라는 뜻으로 굳어졌다. turb가 들어간 단 어는 혼란과 관련이 있다.

🖉 핵심 연관 단어

turmoil 图 소란, 혼란
turbulence 图 격동, 난기류
turbulent 图 격동의

disturbance 图 방해
disturbing 图 방해하는, 불안감을 주는
disturbed 图 걱정시키는, 불안하게 하는

📢 응용 표현

• **emotional turmoil** 정서적 혼란
• **a disturbing piece of news** 충격적인 소식 한 가지

🔍 실전 예문

Please refrain from talking so as not to **disturb** others in the theater.
극장에 있는 다른 사람들을 방해하지 않도록 대화를 삼가해 주세요.

?? 단어들의 알쏭달쏭 차이 | 방해하다 disturb, annoy, irritate

disturb는 불안하거나 신경질적으로 만들어서 평정심을 흐뜨러지게 만든다는 뜻이다. annoy는 반복적인 행동으로 짜증이 나게 하는 것을, 그리고 irritate는 안달이 나게 하고 초조하게 하는 것을 뜻한다.

The loud noise **disturbed** me.
시끄러운 소음이 나를 불안하게 했다.

Her constant nagging was beginning to **annoy** him.
그녀의 계속되는 잔소리에 그는 짜증이 나기 시작했다.

These people **irritated** me no end.
이 사람들은 나를 끊임없이 초조하게 했다.

WORD 11

distract 동 흩트리다, 산만하게 하다

단어 어원 dis(분리, 반대) + tract(끌다)

tract는 draw와 같은 뜻을 가진 단어로, '끌다'라는 뜻을 가지고 있다. distract는 attract의 반대말로 '(정신을) 흩트리다, (집중이 안 되도록) 산만하게 하다'라는 의미이다.

반의어 attract = at(~쪽으로) + tract(끌다) 동 마음을 끌다, 유혹하다

유사 형태어 contract = con(함께) + tract(끌다) 동 수축하다, 계약하다 / 명 계약서

핵심 연관 단어

distraction 명 방해

distracted 형 산만해진

distracting 형 마음을 산란하게 하는

attraction 명 매력

attractions 명 관광지

응용 표현

- attract customers 고객을 유치하다
- without distraction 방해 없이
- stop distracting me 방해하지 마세요

실전 예문

Please do not **distract** me while I'm driving.

운전할 때에는 산만하게 하지 마세요.

WORD 12

diminish 동 줄이다, 줄어들다

단어 어원 di(이탈) + mini(작아지다) + sh[동접]

mini는 '작아지다'라는 뜻을 가지고 있는 어근이다. 그래서 minimal은 '최소한의'이라는 뜻이다. diminish는 '원래 상태에서 떨어져 점점 멀어져서 작아지다'라는 어원적 의미를 가진다. 타동사로 사용하는 경우 '줄이다'라는 뜻이 되지만, 주로 자동사로 사용하여 뒤에 in을 수반한다.

핵심 연관 단어

miniature 명 축소형

minimize 동 최소화하다

diminution 명 감소

diminishing 형 줄어들고 있는

응용 표현

- minimize the economic effect of ~의 경제적 영향을 최소화하다
- diminish in quantity 양이 줄어들다
- diminish in population 인구수가 줄어들다
- the diminution of political power 정치적 권력의 축소

실전 예문

Many leaders are concerned the world's resources are rapidly **diminishing**.

많은 지도자들은 세계의 자원이 급속히 줄어들고 있다고 걱정하고 있다.

줄이다, 줄어들다 diminish, reduce, decrease

diminish는 자동사로 '줄어들다'라는 뜻이고 diminish in의 형태로 사용한다. reduce는 '인위적으로 줄이다'라는 뜻, decrease는 '자연적으로 줄어들다'라는 뜻을 가지고 있다.

The returns will begin to <u>diminish</u> in value.
수익률이 감소하기 시작할 것이다.

This medicine will help <u>reduce</u> the pain.
이 약은 통증 완화에 도움이 될 겁니다.

The population is projected to <u>decrease</u>.
인구는 감소할 것으로 예상된다.

UNIT 07

ab-
분리, 이탈

ab + normal
abnormal

접두사 ab은 away의 의미를 지녀서 '분리, 이탈'을 뜻한다. 무언가가 떨어져 나가는 것을 의미한다. 예를 들어, abnormal은 ab(분리) + normal(정상적인)이므로 '정상에서 벗어난, 비정상적인'이다. abuse는 ab(이탈) + use(사용하다)이므로 동사로 '남용하다', '학대하다'이고 명사로 '남용', '학대'이다.

WORD 01

absent 형 부재의, 결석한, 결근한

단어 어원 ab(분리) + sent(보낸)

sent는 send(보내다)의 과거분사형이다. 따라서 absent는 '어떤 장소에서 분리해서 보내다'라는 어원적 의미에서 '부재의, 결석한, 결근한'이라는 뜻으로 굳어졌다. 반대말로는 present가 있는데 pre(앞에) + sent(보낸) 구성으로, '앞에 내 놓다'라는 뜻이다. 여기에서 '출석한, 참석한'이라는 뜻과 '제출하다, 상연하다'라는 뜻이 생겼다.

🖉 핵심 연관 단어

absenteeism 명 결석, 결근   **absentee** 명 결근자, 결석자   **absence** 명 부재

📢 응용 표현

- **be absent from** ~에 결석한, 결근한
- **be present at** ~에 참석한
- **the rate of absenteeism** 결근율
- **leave of absence** 휴가, 결근
- **in one's absence** ~가 자리를 비운 사이에

🔍 실전 예문

Many local residents were **absent from** the meeting.
많은 지역 사람들은 그 회의에 빠졌다.

WORD 02

abbreviate 동 축약하다, 요약하다, 줄여쓰다

단어 어원 ab(분리) + brev(짧은, 간결한) + iate[동접]

brev는 brief(짧은)라는 형용사가 변형된 것이다. abbreviate는 '불필요한 부분을 분리해서 짧게 만들다'라는 어원적 의미에서 '축약하다, 요약하다, 줄여쓰다'라는 뜻으로 굳어졌다.

🖉 핵심 연관 단어

brief 형 짧은   **abbreviated** 형 축약된   **abbreviation** 명 축약

📢 응용 표현

- **a brief meeting** 짧은 만남
- **abbreviate 'Avenue' as 'Ave'** Avenue를 Ave로 줄여서 쓰다
- **Give a full name rather than an abbreviation** 약어가 아닌 전체 이름을 입력하세요
- **abbreviated number** 단축 번호

🔍 실전 예문

Specify an **abbreviated** name for a contact with an Internet mail address.
인터넷 메일 주소와 함께 연락을 위해 이름의 축약형을 적어 주세요.

WORD 03 abnormal 형 비정상적인

단어 어원 ab(이탈) + normal(정상인)

normal이 '정상적인, 보통인'이라는 뜻이므로 abnormal은 '비정상적인'이라는 뜻이 된다. norm이라는 어근은 '표준, 기준, 규범'이라는 뜻을 가진다. 따라서 normal은 '표준 정도의, 기준을 충족하는'이라는 어원적 의미에서 '정상인, 보통의'라는 뜻을 가지게 된다. e(밖으로) + norm(표준) + ous[형접]는 표준에서 벗어나는 것이므로 '거대한, 엄청난'이라는 뜻을 가지게 된다.

유의어 unusual = un(아닌) + usual(흔한, 보통의 평범한) 형 흔하지 않은, 특이한, 드문

✏ 핵심 연관 단어

abnormal 형 비정상적인   abnormally 부 비정상적으로

📢 응용 표현

• far below normal 정상보다 훨씬 이하의   • abnormal level of sugar in the blood 비정상적인 혈당 수치
• an unusual color 특이한 색깔   • be abnormally obsessed with ~에 병적으로 집착하다

🔍 실전 예문

This machine is **abnormal** so we need to fix it.
이 기계가 이상해서 수리할 필요가 있다.

WORD 04 absorb 통 흡수하다, 빨아들이다

단어 어원 ab(이탈) + sorb(빨아들이다)

바닥에 물이 떨어졌을 때 휴지를 대면 휴지가 물을 흡수하는 것을 생각하면 된다. 어근 sorb는 '흡수하다'라는 뜻을 가지고 있다. sorbent는 '흡수제'라는 뜻이다. 이 단어는 단순히 '물을 흡수하다'라는 뜻뿐만 아니라 '(지식이나 정보를) 흡수하다', '(사람이 어떤 일에 완전히 흡수되어서) 몰두하다'라는 뜻으로도 사용한다.

✏ 핵심 연관 단어

sorbent 명 흡수제   absorbency 명 흡수력   absorbent 형 흡수력이 있는

📢 응용 표현

• minimize sorbent life 흡수제의 수명을 최소화하다   • absorbent materials 흡수력이 좋은 제재
• absorb oxygen 산소를 흡수하다
• absorb the influx of refugees 난민의 유입을 흡수하다

🔍 실전 예문

The information is presented so that it can be readily **absorbed** among attendees.
그 정보는 참석자들 사이에서 쉽게 받아들여질 수 있도록 발표되었다.

absorb는 '흡수하다'라는 뜻이다. 비슷한 철자의 absolve는 '용서하다, 사면하다'라는 뜻이다. absolve와 관련해서 forgive도 '용서하다'인데 '처벌을 하지 않다'라는 어감이 강한 단어이다.

The company is unable to <u>absorb</u> such huge losses.
그 회사는 그렇게 막대한 손실을 흡수할 수 없다.

I <u>absolve</u> you all of your sins.
네 죄를 모두 용서하노라.

It is time to <u>forgive</u> past wrongs if progress is to be made.
진전이 이루어지려면, 지나간 잘못은 용서를 해야 할 때이다.

WORD 05   absolute   형 완전한, 절대적인

단어 어원   ab(이탈) + sol(풀다) + ute[형접]

solve라는 어근은 '풀다'라는 어원적 의미에서 '해결하다'라는 뜻으로 파생이 된 것이다. 따라서 solution은 해석을 하면 '풀린 것'이므로 '용액, 해결책'이라는 뜻이 된다. absolute는 '모든 제한에서 풀려 벗어나 있는'이라는 어원적 의미에서 '완전한, 절대적인'이라는 뜻으로 굳어졌다. absolve는 ab(이탈) + solve(풀다) 구성으로, '풀어서 내보내다'라는 어원적 의미에서 '용서하다, 사면하다'라는 뜻으로 굳어졌다.

✏️ 핵심 연관 단어

absolve   동 용서하다, 사면하다
absolvent   형 용서하는, 사면하는
absolutely   부 완전하게, 절대적으로, 극도로

📢 응용 표현

- **have absolute confidence**   절대적인 확신을 가지다
- **absolutely true**   절대적으로 사실인
- **It is absolutely important that 주어 (should) 동사원형**   ~하는 것은 절대적으로 중요하다

🔍 실전 예문

Mark was absolutely furious with the supervisor when he was dismissed.
Mark는 해고되었을 때 그 상사에게 극도로 화가 났었다.

abundant 형 풍부한

단어 어원 ab(이탈) + und(물) + ant[형접]

unda라는 어근은 '물'이라는 뜻을 가지고 있다. abundant는 '물이 흘러 넘치는'이라는 어원적 의미에서 '풍부한'이라는 뜻으로 굳어졌다.

🖊 핵심 연관 단어

abound 동 아주 많다, 풍부하다
abundance 명 풍부
abundantly 부 풍부하게

📢 응용 표현

- **abound in marine products** 수산물이 아주 많다
- **have an abundance of natural resources** 천연자원이 풍부하다
- **abundant evidence** 풍부한 증거
- **abundantly express our gratitude** 사례를 충분히 하다

🔍 실전 예문

There are **abundant** oil reserves lying under the desert.
이 사막에는 석유가 풍부하게 매장되어 있다.

UNIT 08

ad-
방향, 접근

ad + jac + ent
adjacent

접두사 ad는 '~쪽으로 다가가는'이라는 방향이나 접근의 뜻을 가지고 있다. 예를 들어, admit(동)은 ad(쪽으로) + mit(보내다)가 결합된 것으로, '~쪽으로 사람을 보내다'라는 어원적 의미에서 '(입학, 입원, 입장 등을) 허락하다'라는 뜻으로 굳어졌다. ad는 acclaim과 같이 바로 뒤에 나오는 자음에 따라서 철자가 ac, ap, at, ar, ag로 변한다.

WORD 01 accompany 통 동반하다, 동행하다, 수반하다

단어 어원 ac(~쪽으로) + company(동행, 무리)

company는 회사라는 뜻으로만 알고 있지만, 원래는 '함께 있는 사람'을 의미하는 단어이다. He told the company what had happened는 '그는 함께 있는 사람들에게 무슨 일이 일어났는지를 말해 주었다'라는 뜻이다. accompany는 '~쪽으로 가서 동행, 무리가 되다'이므로 '동반하다, 동행하다, 수반하다'라는 뜻이 된다.

✏ 핵심 연관 단어

company 명 회사, 함께 있는 사람들   **accompanying** 형 동반하는

📢 응용 표현

- **keep one's company** ~의 곁에 있어 주다
- **travelling companions** 여행길 동반자
- **accompanying documents** 첨부 서류
- **unless accompanied by** 만약 ~가 동반(수반)하지 않으면

🔍 실전 예문

Children are not permitted to enter the pool unless accompanied by an adult.
어린이들은 성인이 동반하지 않으면 수영장에 입장할 수 없다.

WORD 02 accuse 통 ~에게 책임을 전가하다, 소송 걸다

단어 어원 ac(~에게) + cuse(원인)

accuse는 '~에게 사건의 원인을 돌리다'라는 어원적 의미에서 '~에게 책임을 전가하다, 소송 걸다'라는 뜻으로 굳어졌다. cuse는 cause(원인)라는 뜻을 가진 어근이다. accuse는 Sby of Sth의 형태로 사용하며, the accused는 고발된 사람이므로 '피고인'이라는 뜻이 된다.

유사 형태어 excuse = ex(밖으로) + cuse(원인) 명 변명, 구실 / 통 용서해 주다

✏ 핵심 연관 단어

accusation 명 비난, 고소   **prosecute** 명 기소하다
accused 형 고소된 / 명 피고인   **prosecutor** 명 검사

📢 응용 표현

- **accuse him of murder** 살인 혐의로 고소하다
- **just an excuse for a party** 단지 파티를 열기 위한 변명이다
- **the prosecution** 검찰

🔍 실전 예문

The man was accused of murdering his wife and children.
그 남자는 그의 아내와 아이들을 살해한 것으로 고소되었다.

accuse는 누가 법을 위반했거나 잘못을 저질렀다고 비난하거나 고발하는 것이다. 한편 criticize는 비난하는 것 또는 비평하는 것, fault는 흠을 잡는 것이다.

Some opponents <u>accused</u> him of tax evasion.
일부 반대자들은 그를 탈세 혐의로 고발했다.

You have no right to <u>criticize</u> me.
너는 나를 비난할 권리가 없다.

Nothing is easier than finding <u>fault</u>.
남을 흉보는 일보다 쉬운 일은 없다.

WORD 03 adhere 통 고수하다, 준수하다

단어 어원 ad(~에) + here(붙다)

here는 stick(붙다)라는 뜻을 가지고 있는 어근이다. adhere는 '~에 달라붙다'라는 어원적 의미에서 '고수하다, 준수하다'라는 뜻으로 굳어졌다. 자동사로 뒤에 항상 전치사 to가 수반된다.

유사 형태어 ▶ cohere = co(함께) + here(붙다) 통 일치하다, 모순되지 않다
　　　　　　　 inhere = in(안에) + here(붙다) 통 타고나다, 내재하다

✎ 핵심 연관 단어

coherent 형 일관성이 있는　　　　　**adherent** 명 지지자
inherent 형 선천적인, 내재적인　　　**adhesive** 명 접착제
adherence 명 고수, 준수, 집착

📢 응용 표현

- **adhere to the surface** 표면에 달라붙다
- **adhere to the terms of the agreement** 합의된 내용을 준수하다
- **strict adherence to the rules** 엄격한 규칙 준수
- **an adherent of the Communist Party** 공산당 지지자
- **industrial adhesives** 산업용 접착제

🔍 실전 예문

The retailers pledged to adhere to the terms of the agreement.
소매업자들은 합의한 내용을 준수할 것을 확약했다.

WORD 04 **afford** 통 ~할 여유가 있다

단어 어원 af(~쪽으로) + ford(나아가다)

ford는 원래 명사로 '강바닥이 얕은 여울'이라는 뜻이고, 동사로는 '걸어서 건너다'라는 뜻이다. 따라서 '나아가다'라는 뜻을 가진다. afford는 '경제적으로 여유가 있어서 앞으로 나아가다'라는 어원적 의미에서 '~할 여유가 있다'라는 뜻으로 굳어졌다. 'afford to 동사원형'의 형태로 사용한다.

✍ 핵심 연관 단어

fordable 형 걸어서 건널 수 있는   **affordable** 형 저렴한
affordability 명 적당한 가격으로 구입할 수 있는 것, 감당할 수 있는 비용   **affordably** 부 저렴하게

📢 응용 표현

- **afford a new car** 새로운 차를 살 만한 여유가 되다
- **afford to 동사원형** ~할 만한 여유나 형편이 되다
- **be known for its affordability** 적절한 가격으로 유명하다
- **affordable prices** 저렴한 가격
- **affordably-priced products** 저렴하게 가격이 책정된 제품들

🔍 실전 예문

The company is known for its **affordability** and excellent customer service.
그 회사는 저렴한 가격과 훌륭한 고객 서비스로 유명하다.

We cannot possibly **afford to** launch a new line of car.
우리는 새로운 차량을 출시할 여유가 없다.

WORD 05 **adjacent** 형 인접한, 인근의

단어 어원 ad(~에) + jac(던지다) + ent[형접]

jac은 '던지다'라는 뜻을 가지고 있는 어근이다. abject는 ab(~에) + ject(던지다) 구성으로, '멀리 내동댕이 쳐진'이라는 어원적 의미에서 '비참한, 처참한'이라는 뜻으로 굳어졌다. adjacent는 '~쪽에 던져서 닿을 만한'이라는 어원적 의미에서 '인접한, 인근의'라는 뜻으로 굳어졌다.

✍ 핵심 연관 단어

abject 형 비참한, 처참한   **reject** 동 거절하다, 거부하다   **adjacently** 부 인근에

📢 응용 표현

- **abject failure** 비참한 실패   • **be placed adjacently** 인접해 있다
- **reject the offer** 그 제안을 거절하다
- **a house immediately adjacent to the factory** 그 공장 바로 옆에 있는 집

🔍 실전 예문

The planes landed on **adjacent** runways.
그 비행기들은 인근의 활주로에 착륙했다.

인접한 adjacent, adjoining, neighboring

adjacent는 '같은 종류의 것이 서로 가깝게 있는'이라는 뜻으로, 그 사이에 다른 것이 끼어 있지 않음을 내포하고 있다. adjoining은 '서로 어떤 한 점이나 선에 접촉하고 있는'이라는 뜻이다. 그리고 neighboring은 '서로 가까이 위치하는, 이웃하는'이라는 뜻이다.

The road is adjacent to the beach.
그 길은 바닷가와 인접해 있다.

The population overflowed into the adjoining territory.
인구가 넘쳐서 인접한 영토로 흘러 들어갔다.

The wounded were taken to a neighboring hospital.
부상자들은 근처 병원에 수용되었다.

WORD 06 accumulate 图 누적하다, 축적하다, 쌓이다

단어 어원 ac(~에) + cumul(쌓다) + ate[동접]

cumul은 '쌓아 올리다'라는 뜻을 가지고 있는 어근이다. accumulate는 '물건을 쌓아 올리다'라는 어원적 의미에서 '누적하다, 축적하다, 쌓이다'라는 뜻을 가지게 된 동사이다.

핵심 연관 단어

cumulate 图 쌓아 올리다
cumulated 형 누적된
accumulation 명 누적, 축적

accumulative 형 누적되는
accumulatively 부 누적되어

응용 표현

- **accumulate losses** 손실이 쌓이다
- **accumulated precipitation** 누적 강수량
- **the accumulation of wealth** 부의 축적
- **the accumulative effects of pollution** 커져 가는 공해의 영향

실전 예문

Toxic chemicals tend to accumulate in the body.
독성 물질은 체내에 축적되는 경향이 있다.

07 appreciate 통 (진가를) 인정하다, 알아주다, 감사하다, 감상하다

단어 어원 ap(~에) + preci(가격) + ate[동접]

preci는 '가격'이라는 뜻을 가지고 있는 어근이다. appreciate의 어원적 의미는 '가치에 맞게 가격을 매기다'라는 뜻이다. '그 가치를 알아보고 가격을 매기다'라는 뜻에서 파생되어서 '진가를 인정하다, 알아주다'라는 뜻도 있으며, 가치를 알아보는 것이므로 '감상하다'라는 뜻으로도 많이 사용한다.

반의어 depreciate = de(아래로) + preci(가격) + ate[동접] 통 가치를 떨어뜨리다, 경시하다

✎ 핵심 연관 단어

appraise 통 값을 매기다, 평가하다, 감정하다 **appreciation** 명 감사, 감상 **appreciative** 형 고마워하는

📢 응용 표현

• **appreciate some help** 도움에 감사하다 • **be appreciative of** ~을 고마워하는
• **appreciate the difference between the two** 둘 사이의 차이를 알다
• **express one's appreciation for** ~에 대한 감사를 표현하다 • **depreciate in value** 가치가 떨어지다

🔍 실전 예문

The sound quality is so poor that we couldn't fully **appreciate** the music.
음질이 너무 안 좋아서 우리는 음악을 충분히 감상할 수 없었다.

08 appropriate 형 적합한, 적절한 / 통 도용하다, 횡령하다

단어 어원 ap(~에) + propri(자기의 것) + ate[동접]

propri는 '자기의 것'이라는 뜻을 가진 어근이다. proper는 '자기 자신에게 속한'이라는 어원적 의미에서 '어울리는, 적절한'이라는 뜻으로 굳어졌다.
appropriate는 '자기 것이 아닌 것을 자기 것으로 만들다'라는 어원적 의미에서 '도용하다, 횡령하다'라는 뜻으로 굳어졌다. '자기 것이 아닌 것을 자기 것처럼 만들어서 적합하게 하다'라는 어원적 의미에서 '적합한, 적절한'이라는 뜻도 생겼다.

✎ 핵심 연관 단어

property 명 (자기 소유) 재산, 건물, 부동산 **appropriation** 명 도용, 횡령
appropriately 부 적절하게, 적당하게

📢 응용 표현

• **an appropriate measure** 적절한 조치
• **dishonest appropriation of property** 정직하지 못한 자산 도용
• **respond appropriately to** ~에 적절하게 대응하다
• **an appropriately comfortable fit** 적당하게 편안한 착용감

🔍 실전 예문

Dispose of this container in an environmentally **appropriate** way.
이 용기를 환경에 해를 끼치지 않도록 적합한 방법으로 버리세요.

approximate 형 대략의, 가까운

단어 어원 ap(~에) + proxim(가까움) + ate[형접]

proxim은 '가까움'이라는 뜻을 가진 어근이다. approximate는 '~에 가까이 가는'이라는 어원적 의미에서 '대략의, 가까운'이라는 뜻의 형용사로 사용한다. 동의어로는 roughly, about, around가 있다.

주의 단어 approximately = approximate(대략의) + ly[부접] 부 대략

★ approximately는 숫자 앞에서 사용한다.

🖊 핵심 연관 단어

proximity 명 가까움
approximation 명 근사치

📢 응용 표현

- **an approximate number** 근사치
- **just an approximation** 단지 근사치이다
- **approximately three hours** 대략 3시간
- **because of the proximity to the airport** 공항과 가깝기 때문에

🔍 실전 예문

Approximately 100 people attended the inaugural meeting this morning.
대략 100명의 사람들이 오늘 아침 그 창립 총회에 참석했다.

UNIT
09

re-

뒤로, 다시

re + flect
reflect

접두사 re는 '뒤로(반대로), 계속, 다시'라는 뜻을 가지고 있다. resist는 re(반대로) + sist(서 있다)
구성으로, '반대로 서 있다'라는 어원적 의미에서 '저항하다, 반대하다'라는 뜻으로 굳어졌다.
뒤로 한다는 것은 다시 한다는 말을 포함하고 있다. recycle은 했던 것을 뒤돌아가 다시 한번
사용한다는 것을 말한다. 따라서 '재활용하다, 다시 이용하다'라는 뜻으로 사용한다.

WORD 01

reflect 图 반사하다, 반영하다, 곰곰이 생각하다

단어 어원 re(뒤로) + flect(구부리다)

flect는 flex와 마찬가지로 '구부리다'라는 뜻을 가지고 있다. reflect는 '뒤로 구부려서 비춰 보다'라는 어원적 의미에서 '반사하다, 반영하다'라는 뜻으로 굳어졌다. 자동사로 사용하면, '(무엇인가를 들여다 보며) 곰곰이 생각하다, 숙고하다'라는 뜻도 지닌다.

✎ 핵심 연관 단어

flection 명 굽는 부분, 굴곡
flexible 형 유연한
flexibility 명 유연성

reflection 명 반사, 반영
reflective 형 반사하는

응용 표현

- **a more flexible approach** 보다 유연한 접근 방법
- **be reflected in the mirror** 거울에 반사되다
- **reflect the views of** ~의 견해를 반영하다
- **need time to reflect** 곰곰이 생각할 시간이 필요하다

🔍 실전 예문

The lake **reflected** the bright afternoon sunlight.
호수가 밝은 오후의 햇살을 반사하고 있었다.

The article does not necessarily **reflect** the view of the newspaper.
그 기사가 신문사의 견해를 반드시 반영하는 것은 아니다.

WORD 02

refrain 图 삼가다, 자제하다

단어 어원 re(뒤로) + frain(잡아당기다)

refrain은 '뒤로 잡아당기다'라는 어원적 의미에서 '삼가다, 자제하다'라는 뜻으로 굳어졌다. 자동사로, 'refrain form Ving'의 형태로 사용한다. abstain도 비슷한 의미를 가지고 있다.

유의어 abstain = ab(떨어져서) + stain(잡고 있다) 图 자제하다, 절제하다, 삼가다, 기권하다

✎ 핵심 연관 단어

refrainment 명 자제

abstained 형 절제된, 기권한

응용 표현

- **refrain from smoking** 흡연을 삼가해 주세요
- **refrainment from criticizing government** 정부에 대한 비난을 삼가는 것

🔍 실전 예문

Please **refrain** from using any electronic devices during the performance.
공연 중에는 어떠한 전자 장비도 사용을 삼가해 주세요.

WORD 03 refund 명 환불 / 통 환불하다, 상환하다

단어 어원 re(뒤로) + fund(자금)

fund는 fuse(통 붓다)라는 어근에서 파생된 단어로, '기업체에 붓는 것'이라는 어원적 의미에서 '자금'이라는 뜻으로 굳어졌다. refund는 '돈을 뒤로 돌려 주다'라는 어원적 의미에서 '환불하다, 상환하다'라는 뜻으로 굳어졌다.

✏️ 핵심 연관 단어

refundable 형 환불이 가능한

📢 응용 표현

- **be entitled to a full refund** 전액 환불의 자격이 있다
- **insist on a refund of the full amount** 전액 환불을 주장하다
- **tax refund** 국세 환급
- **refundable ticket** 환불 가능한 티켓

🔍 실전 예문

The customer insisted on a **refund** of the full payment for his defective product.
그 고객은 그의 결함이 있는 제품에 대한 전액 환불을 주장했다.

WORD 04 refuse 통 거절하다

단어 어원 re(다시) + fuse(붓다)

3번에서 살펴본 봐와 같이 fuse는 '붓다'라는 뜻을 가진 어근이다. refuse는 어원적 의미에서 '상대방이 나에게 어떤 제안을 했을 때 다시 붓다' → '거절하다'라는 뜻으로 굳어졌다. 'refuse to 동사원형'의 형태로 사용한다.

유사 형태어 infuse = in(안에) + fuse(붓다) 통 불어넣다, 주입하다, 스미다, 영향을 미치다

✏️ 핵심 연관 단어

refusal 명 거절   **infusion** 명 주입, 투입

📢 응용 표현

- **refuse to accept the proposal** 그 안건을 수용할 것을 거절하다
- **with a flat refusal** 단호한 거절로
- **infuse fresh courage into a person** 사람에게 새로운 용기를 불어넣다
- **an infusion of new talent** 새로운 인재의 투입

🔍 실전 예문

We decided to **refuse** to accept their offer.
우리는 그들의 제안을 받아들이는 것을 거절하기로 결정하였다.

reject은 '사람이나 물건 등이 쓸모나 가치가 없어서 단호하게 거절하다'라는 뜻이다. refuse는 '요청이나 제안 등을 동의나 수락할 수 없음을 분명히 밝히다'라는 뜻이다. 뒤에 to 부정사가 목적어로 수반되는 것은 refuse이다.

You shouldn't simply <u>reject</u> an idea just because it is different from your own.
자기 생각과 다르다고 무조건 거부해서는 안 된다.

The labor union <u>refused</u> to compromise the principles.
그 노조는 원칙을 굽히는 것을 거절했다.

WORD 05 release 图 풀어 주다, 공개하다, 출시하다, 개봉하다, 발매하다 / 명 공개

단어 어원 re(뒤로) + lease(풀다)

lease라는 어근은 loose(형 느슨한)가 변형된 것이다. 그래서 lease가 명사로 사용되면 무엇인가를 빌려주는 '임대차 계약'을 뜻한다. release는 '묶었던 것을 뒤로 풀어서 느슨하게 해 주다'라는 어원적 의미에서 '(무엇인가를 밖으로 나가게) 풀어 주다'라는 뜻으로 굳어졌다. 여러 분야에서 사용하는데, '(정보를) 공개하다, (제품을) 출시하다, (영화를) 개봉하다, (책, 음반을) 발매하다' 등으로 많이 사용한다.

✐ 핵심 연관 단어

lease (동) 임대하다 / (명) 임대차 계약

☞ 응용 표현

- **take out a lease on a house** 주택에 대해 임대차 계약을 맺다
- **lease the land** 땅을 임대하다
- **officially release the product** 신제품을 공식적으로 공개하다
- **a press release** 보도 자료

🔍 실전 예문

They are about to release an album of their greatest hits.
그들은 최고 히트곡을 모은 앨범 출시를 앞두고 있다.

release는 '안에 있던 무엇인가를 밖으로 공개하다'라는 뜻이다. 비슷한 철자의 relieve는 '불행, 고통 등을 참을 수 있을 만큼 덜어 주다, 완화시키다'라는 뜻이다. relieve와 관련하여 alleviate는 '고통, 분노, 불행 등을 일시적으로 누그러뜨리다'라는 뜻인데, 이는 고통이나 불행의 원인은 남아 있음을 뜻한다.

They are about to <u>release</u> an album of their greatest hits.
그들은 최고 히트곡을 모은 앨범의 출시를 앞두고 있다.

The new secretary will <u>relieve</u> us of some of the paperwork.
새 비서가 우리의 문서 업무 중 일부를 덜어 줄 것이다.

The drug has long been thought to <u>alleviate</u> among sufferers of the disease.
오랫동안 그 약은 병을 앓고 있는 많은 사람들 사이에서 고통을 덜어 준다고 생각되어 왔다.

WORD 06

replace 통 교체하다, 대체하다

단어 어원 re(다시) + place(놓다)

replace는 '놓여 있던 곳에서 다른 것으로 다시 놓다'라는 어원적 의미에서 '새 것으로 교체하다'라는 뜻으로 굳어진 단어이다.

substitute와 종종 혼동하는데, replace는 고장이 났거나 못쓰게 된 것을 새 것으로 영구적으로 '교체하다, 대체하다'라는 뜻이 강하며, 'replace A with B(B로 A를 교체하다)'의 형태로 사용한다. 반면 substitute는 일시적으로 없는 것을 임시적으로 '대체하다'라는 뜻이 강하고 'substitute A for B(B로 A를 대체하다)'라는 형태로 사용한다.

🖉 핵심 연관 단어

replacement 명 교체, 대체품, 대체자, 후임자   **replaceable** 형 교체 가능한
substitute 명 대체물, 대리인 / 동 대신하다, 교체하다, 대체하다

응용 표현

• **replace A with B** B로 A를 교체하다
• **replace all existing models** 모든 기존 모델을 교체하다
• **find a replacement for the manager** 그 매니저의 후임자를 찾다
• **low-calorie meal replacements** 저칼로리 식사 대체품
• **a meal substitute** 식사 대용품

🔍 실전 예문

These guidelines effectively <u>replaced</u> the official procedure.
이 지침들은 원래의 절차를 효과적으로 대체했다.

WORD 07

recruit
동 모집하다 / 명 신병, 신입 사원

단어 어원 re(계속) + cruit(신병)

cruit는 '신병, 신인, 풋내기'라는 뜻을 가지고 있는 어근이다. 회사나 조직, 군대 등이 계속 성장하기 위해서는 새로운 멤버의 모집이 지속적으로 필요하다. 그래서 recruit는 동사로 사용하면 '모집하다', 명사로 사용하면 '신병, 신입 사원'이라는 뜻을 가진다.

✏️ 핵심 연관 단어

recruitment 명 신규 모집, 신규 채용   **recruiting** 명 구인 활동

📢 응용 표현

- **aggressively recruit a manager** 매니저를 적극적으로 채용하다
- **a fresh recruit** 신입 사원
- **the recruitment of new members** 신입 회원 모집
- **recruiting agency** 채용 기관

🔍 실전 예문

The mayor promised that most of the workers would be **recruited** locally.
시장은 대부분의 직원들은 지역에서 모집될 것이라고 약속했다.

WORD 08

recover
동 회복하다, 되찾다

단어 어원 re(다시) + cover(덮다)

cover는 '덮개'를 뜻한다. recover는 어원적 의미에서 '상처가 나을 때까지 약을 계속 덮다' → '회복하다, 되찾다'라는 뜻으로 굳어졌다.

✏️ 핵심 연관 단어

uncover 동 덮개를 벗기다   **recovery** 명 회복
discover 동 발견하다   **recoverable** 형 회복이 가능한

📢 응용 표현

- **recover from the operation** 수술에서 회복하다
- **recover the stolen paintings** 도난당한 그림을 되찾다
- **make a full recovery from** ~로부터 완전히 회복하다
- **discover evidence** 증거를 발견하다

🔍 실전 예문

He is still **recovering** from his injuries in the hospital.
그는 여전히 병원에서 부상으로부터 회복하고 있다.

회복하다, 되찾다 recover, restore, retrieve

recover는 '잃었던 것을 도로 찾다, 손실을 만회하다'라는 뜻으로 가장 일반적으로 사용한다. restore는 '파괴, 병, 분실 등으로부터 원래의 상태로 되돌리다, 복원하다'라는 뜻이다. 그리고 retrieve는 '열심히 노력해서 제자리가 아닌 곳에 있던 것을 되찾아오다, 회수하다'라는 뜻이다.

The economy is at last beginning to <u>recover</u>.
경제가 마침내 회복되기 시작하고 있다.

The measures are intended to <u>restore</u> public confidence in the economy.
그들의 조치는 경제에 대한 대중의 자신감을 회복시키려는 의도로 행한 것이다.

I should like to <u>retrieve</u> my umbrella left in the car.
내가 차 안에 두고 내린 우산을 되찾으면 된다.

WORD 09

reinforce 통 강화하다, 보강하다

단어 어원 re(계속) + in(안으로) + force(힘, 병력)

force는 '힘'이라는 뜻을 가지고 있는 어근이다. enforce는 en(만들다) + force(힘) 구성으로, '힘으로 만들다'라는 어원적 의미에서 '(법을) 시행하다'라는 뜻으로 굳어졌다. reinforce는 '계속 힘을 안으로 넣다'라는 어원적 의미에서 '강화하다, 보강하다'라는 뜻으로 굳어졌다.

✎ 핵심 연관 단어

counterforce 명 대립하는 힘, 반대 세력
reinforcement 명 강화, 증강, 원군
reinforced 형 강화된, 보강된

📢 응용 표현

• **enforce the law** 법을 집행하다
• **reinforce earlier views** 이전의 견해를 보강하다
• **send reinforcements** 원군을 보내다
• **reinforced glass** 강화 유리

🔍 실전 예문

The report strongly <u>reinforces</u> the view that the system must be improved.
그 보고서는 그 시스템이 개선되어야 한다는 견해를 강력하게 강화시킨다.

WORD 10

renowned 형 유명한

단어 어원 re(계속) + nown(이름) + ed[형접]

nown이라는 어근은 name이 변형된 어근이다. 그래서 known은 '이름이 알려진'이다. renowned는 '이름이 계속 언급되는'이라는 어원적 의미에서 '유명한'이라는 뜻으로 굳어졌다. 'be renowned for'와 같이 유명한 이유가 언급될 때는 전치사 for와 같이 사용한다.

✏️ 핵심 연관 단어

known 형 이름이 알려진   **unknown** 형 이름이 알려지지 않은   **renown** 명 명성

📢 응용 표현

- **be internationally known** 전 세계적으로 알려진
- **be previously unknown to the science** 과학계에 이전에는 알려지지 않은
- **win renown as** ~로서 명성을 얻다
- **a renowned author** 명성 있는 저자

🔍 실전 예문

It is **renowned** as one of the region's best restaurant.
이 레스토랑은 이 지역의 최고 레스토랑 중 하나로 유명하다.

WORD 11

relieve 동 덜어 주다, 완화시키다, 안도하게 하다

단어 어원 re(계속) + lieve(가볍게 하다)

lieve라는 어근은 light가 변형된 것이다. 따라서 relieve는 어원적 의미에서 '짐을 계속 가볍게 하다' → '덜어 주다'라는 뜻으로 굳어졌다. 짐을 덜어 주는 것이므로 '(고통이나 근심으로부터) 완화시키다, 안도하게 하다'라는 뜻도 있다.

✏️ 핵심 연관 단어

relief 명 안도, 안심   **reliever** 명 구제자, 덜어 주는 것   **relieved** 형 안도하는

📢 응용 표현

- **relieve the symptoms** 증상을 완화시키다
- **a sense of relief** 안도감
- **be relieved to 동사원형** ~하게 되어서 안심이다
- **be relieved that 주어 + 동사** ~하게 되어서 안심이다
- **a pain reliever** 진통제

🔍 실전 예문

The new medicine is intended to **relieve** the symptoms of a cold.
이 새로운 약은 감기 증상을 완화하도록 만들어졌다.

WORD 12

retrieve 동 되찾다, 회수하다

단어 어원 re(다시) + tri(찾다) + eve[동접]

tri라는 어근은 '찾다'라는 뜻을 가지고 있다. retrieve는 잃었거나 분실한 것을 다시 돌려 오는 것이므로 '되찾다, 회수하다'라는 뜻이다. 골든리트리버(Golden Retriever)라는 사냥개의 이름도 여기에서 나왔다. '사냥꾼이 사냥한 것을 찾아오다'라는 의미에서 만들어졌다.

✎ 핵심 연관 단어

tribute 명 헌사, 찬사   **attribute** 동 ~의 탓으로 돌리다   **contribute** 동 기여하다, 공헌하다

📢 응용 표현

- **tribute album** 헌정 앨범
- **pay tribute to** ~에게 경의를 표하다
- **attribute his success to hard work** 성공을 성실한 노력의 결과로 돌리다
- **contribute enormously to** ~에 엄청나게 기여하다
- **retrieve information** 정보를 검색하다, 정보를 불러오다

🔍 실전 예문

The police have managed to **retrieve** some of the stolen money.
경찰은 간신히 도난당한 그 돈의 일부를 되찾았다.

WORD 13

renew 동 갱신하다, 연장하다

단어 어원 re(다시) + new(새로운)

renew는 어원을 풀이하면 '다시 새롭게 만들다'이다. 어원적 의미에서 '갱신하다, 연장하다'라는 뜻으로 굳어졌다.

✎ 핵심 연관 단어

renewal 명 갱신, 재개   **renewable** 형 재생, 갱신 가능한   **expire** 동 만기가 되다, 죽다

📢 응용 표현

- **renew a license** 자격증을 갱신하다
- **renew a subscription** 구독을 갱신하다
- **come up for renewal** 갱신할 때가 되다
- **renewable energy** 재생 가능한 에너지
- **the contract expired** 그 계약이 만기가 지났다

🔍 실전 예문

Membership must be **renewed** annually.
멤버십은 매년 갱신되어야 한다.

reluctant 형 마지못해 하는, 내키지 않은

단어 어원 re(완전히) + luc(잠그다) + tant[형접]

luc은 lock(동 잠그다)이 변형된 어근이다. luc이 들어간 단어 중 reluctant는 '마음이 완전히 잠긴 상태에서 어떤 일을 하는', 즉 '마지못해 하는, 내키지 않은'이라는 뜻을 가지고 있다. 'be reluctant to 동사원형'의 형태로 사용한다. 반대말은 'be willing to 동사원형'(기꺼이 ~하다)이다.

🖊 핵심 연관 단어

reluctance 명 꺼림, 마지못해 함 　　　　　　**reluctantly** 부 마지못해서

📢 응용 표현

- **be willing to work nights** 기꺼이 야간 근무를 하다
- **with great reluctance** 마지못한 마음으로
- **reluctant agreement** 마지못해 하는 동의
- **be reluctant to 동사원형** ~하는 것을 꺼리다
- **reluctantly admit** 마지못해 인정하다

🔍 실전 예문

They are **reluctant** to invest due to the uncertain economic outlook.
그들은 불확실한 경제 전망 때문에 투자하기를 꺼린다.

UNIT 10

pro-

앞, 이전

pro + mis + e
promise

접두사 pro는 '앞, 이전'이라는 뜻을 가지고 있다. 위치를 나타내면 '앞'의 의미를 가져 '앞으로, 앞에' 등으로 사용되고, 시간을 나타내면 '이전'이다. 접두사 pro는 purpose와 같이 발음상 'pur'로 바뀌는 경우가 있다. pro가 들어간 대표 단어는 prolong이다. pro(앞으로) + long(긴) 구성이며, '앞으로 길게 만들다'라는 어원적 의미에서 '연장시키다'라는 뜻으로 굳어졌다.

promise 명 약속 / 동 약속하다

단어 어원 pro(앞으로) + mise(보내다)

mis라는 어근은 send(동 보내다)의 뜻을 가지고 있다. emit은 e(밖으로) + mit(보내다) 구성으로, '내뿜다, 방출하다, 발산하다'라는 뜻이다.
promise는 '~하려는 뜻을 미리 앞으로 내보내다'라는 어원적 의미에서 동사로는 '약속하다', 명사로는 '약속'이라는 뜻으로 굳어졌다.

유사 형태어 promising = pro(앞으로) + mis(보내다) + sing[형접] 형 유망한

✎ 핵심 연관 단어

missile 명 미사일   **mission** 명 임무, 사절   **promised** 형 약속된

📢 응용 표현

- **promise to 동사원형** ~할 것을 약속하다
- **make a promise** 약속을 하다
- **keep a promise** 약속을 지키다
- **as promised** 약속된 바와 같이
- **the most promising new actor** 가장 촉망받는 신인 배우

🔍 실전 예문

The mayor **promised** to look into the matter.
그 시장은 그 문제를 조사할 것을 약속했다.

promote 동 승진시키다, 홍보하다, 장려하다, 촉진시키다

단어 어원 pro(앞으로) + mote(움직이다)

mote는 move(동 움직이다)가 변형된 것이다. mobile은 '움직일 수 있는'이라는 어원적 의미에서 '휴대용의'라는 뜻으로 굳어졌다.
promote의 어원적 의미는 '무엇인가를 앞으로 나아가게 하다'이다. 그래서 사람이 목적어로 나오면 '승진시키다', 제품이나 서비스가 목적어로 나오면 '홍보하다, 장려하다', 성장(growth)이나 판매량(sales) 등이 목적어로 나오면 '촉진시키다'라는 뜻을 가진다.

✎ 핵심 연관 단어

promotion 명 승진, 홍보   **remove** 동 치우다, 제거하다
promotional 형 홍보용의   **automobile** 명 자동차

📢 응용 표현

- **be promoted to** ~로 승진되다
- **promote the new product** 새로운 제품을 홍보하다
- **promotional materials** 홍보 자료
- **promote economic growth** 경제 성장을 촉진시키다
- **receive a promotion** 승진하다
- **promotional materials** 홍보 자료

🔍 실전 예문

The new products have been heavily **promoted**.
새로운 제품들은 홍보가 엄청 되었다.

WORD 03

purpose 명 목적, 의도

단어 어원 pur(앞으로) + pose(놓다)

pose라는 어근은 put(통 놓다)이라는 뜻을 가지고 있다. purpose는 '무엇인가를 앞에 놓다'라는 어원적 의미에서 '목적, 의도'라는 뜻으로 굳어졌다. pose가 들어간 대표 단어들을 같이 외우면 편리하다.

유사 형태어 compose = com(함께) + pose(놓다) 통 구성하다, 작문하다, 작곡하다
expose = ex(밖으로) + pose(놓다) 통 노출하다
impose = im(안에) + pose(놓다) 통 도입하다, 시행하다

✏️ 핵심 연관 단어

purposely 부 고의적으로

📢 응용 표현

• **compose the committee** 위원회를 구성하다
• **The purpose of the meeting is to 동사원형** 회의의 목적은 ~하기 위한 것이다
• **on purpose** 일부러, 고의로
• **purposely avoid her gaze** 그녀의 시선을 고의적으로 피하다

🔍 실전 예문

The campaign's main **purpose** is to raise money.
그 캠페인의 주 목적은 돈을 모금하는 것이다.

WORD 04

prosper 통 번영하다, 번창하다

단어 어원 pro(앞으로) + sper(번창하다)

sper라는 어근은 '번창하다'라는 뜻을 가지고 있다. 그래서 자손을 번창하게 해 주는 것이 sperm(명 정자, 정액)이다. prosper는 '앞으로 번창하게 하다'라는 어원적 의미에서 '번영하다, 번창하다'라는 뜻으로 굳어졌다.

✏️ 핵심 연관 단어

prosperity 명 번영, 번창   **prosperous** 형 번영하는   **prosperously** 부 번영하게

📢 응용 표현

• **a climate in which business can prosper** 사업이 번창할 수 있는 분위기
• **become prosperous** 번창하게 되다
• **a time of economic prosperity** 경제 번창의 시기
• **operate prosperously** 번창하게 운영되다

🔍 실전 예문

The local government wants to create a climate in which business can **prosper**.
그 지방정부는 사업이 번창할 수 있는 분위기를 조성하기를 원한다.

pursue 图 ~을 추구하다

단어 어원 **pur**(앞으로) + **sue**(쫓다)

sue는 '쫓다'라는 뜻을 가지고 있는 어근이다. 그래서 ensue는 '뒤따르다'라는 뜻을 가진다. pursue에서 pur는 pro가 변형된 것이다. '쫓아서 앞으로 나아가다'라는 어원적 의미에서 '(경력이나 관심 사항을) 추구하다'라는 뜻으로 굳어졌다.

🖉 핵심 연관 단어

pursuit 명 추구
ensue 동 뒤따르다

sequel 명 후편, 속편
persecute 동 괴롭히다, 학대하다

응용 표현

- **pursue a goal** 목표를 추구하다
- **pursue a career in** 어떤 경력을 추구하다
- **in pursuit of** ~을 추구하여
- **an argument ensued** 언쟁이 뒤따랐다
- **a sequel to the hit movie** 히트한 영화의 속편

🔍 실전 예문

They decided not to **pursue** the matter further.
그들은 그 문제를 더 이상 논의하지 않기로 결정했다.

proficient 혭 능숙한, 숙련된

단어 어원 **pro**(앞으로) + **fic**(만들다) + **ient**[형접]

fic라는 어근은 '만들다'라는 뜻을 가지고 있다. 그래서 실화가 아니라 만들어진 이야기를 fiction(명 소설, 허구)'이라고 하고 '공장'을 factory라고 한다.
proficient는 '무엇인가를 앞으로 만들어서 내놓은'이라는 어원적 의미에서 '능숙한, 숙련된'이라는 뜻으로 굳어졌다.

🖉 핵심 연관 단어

artifact 명 인공물, 가공물   **proficiency** 명 숙달, 능숙   **proficiently** 부 능숙하게

응용 표현

- **display interesting artifacts** 흥미로운 인공물을 전시하다
- **be proficient at/in Sth** ~에 능숙한
- **proficiency test** 숙달도 테스트
- **a certificate of language proficiency** 언어 능력 인증서
- **proficiently use Sth** ~을 숙련되게 사용하다

🔍 실전 예문

She is fairly **proficient** in several languages.
그녀는 여러 언어에 상당히 능숙하다.

progress 명 진보, 진전 / 통 진전하다, 진보하다

단어 어원 pro(앞으로) + gress(가다)

gress라는 어근은 go(통 가다)라는 뜻을 가지고 있다. progress는 '앞으로 더 나아가다'라는 어원적 의미에서 '진전하다, 진보하다'라는 뜻으로 굳어졌다.

유사 형태어 ▶ **digress** = di(벗어나서) + gress(가다) 통 주제에서 벗어나다
congress = con(함께) + gress(가다) 명 회의, 의회
aggress = ag(~쪽으로) + gress(가다) 통 침략하다

✎ 핵심 연관 단어

progression 명 진행, 연속   **progressive** 형 진보적인, 점진적인   **progressively** 부 계속해서, 점점

📢 응용 표현

• **progress at their own speed** 자신의 속도로 나아가다   • **progressive ideas** 진보적인 생각들
• **make progress** 진전을 보이다   • **a progressive reduction in the size** 규모의 점진적인 감소
• **in progress** 진행 중인   • **become progressively more difficult** 점점 더 힘들어지다

🔍 실전 예문

The line of traffic **progressed** slowly through the town.
일렬로 늘어선 차량이 그 도시를 천천히 빠져나갔다.

prolong 통 늘리다, 연장하다

단어 어원 pro(앞으로) + long(긴)

long은 '긴'이라는 뜻이다. prolong은 '(무엇인가를 앞으로 길게 뽑아서) 늘리다'라는 어원적 의미에서, '연장하다'라는 뜻으로 굳어졌다.

✎ 핵심 연관 단어

longevity 명 장수   **long-lasting** 형 오래가는   **prolonged** 형 연장된, 장기적인

📢 응용 표현

• **wish you both health and longevity** 건강하게 장수하길 바란다
• **a long-lasting agreement** 오래가는 합의
• **prolong the life of Sth** ~의 수명을 늘리다
• **prolong the meeting unnecessarily** 불필요하게 회의를 연장하다
• **a prolonged illness** 오래 계속되는 병

🔍 실전 예문

Health authorities commented that some patients deliberately **prolong** the treatment.
보건 당국은 일부의 환자들이 치료를 의도적으로 연장한다고 언급했다.

profound 형 깊은, 심오한

단어 어원 pro(앞에) + found(바닥)

found라는 어근은 base나 bottom과 같은 뜻인 '바닥'이라는 뜻이다. 그래서 found가 동사로 사용되면, '조직을 바닥부터 만들다'라는 뜻의 '설립하다'가 되는 것이다. profound는 '깊은 바닥 앞에 있는'이라는 어원적 의미에서 '깊은, 심오한'이라는 뜻으로 굳어졌다.

✎ 핵심 연관 단어

foundation 명 토대, 기초, 재단, 설립   **profoundly** 부 깊게, 완전히

📢 응용 표현

- **found a company** 회사를 설립하다
- **lay the foundations of** ~의 토대를 놓다
- **profound insights** 깊은 통찰력
- **make a profound impact on** ~에 엄청난 영향을 미치다
- **be profoundly affected by** ~에 의해 깊게 영향을 받다

🔍 실전 예문

His speech made a **profound** impact on everyone.
그의 연설은 모든 사람들에게 엄청난 영향을 주었다.

prohibit 동 금지시키다

단어 어원 pro(앞으로) + hibit(가지다)

hibit은 have가 변형된 것이다. prohibit은 '가지고 있는 무기 등을 앞으로 내놓게 하다' 또는 학교에서 '가지고 있는 휴대폰이나 전자장비를 앞으로 내놓게 하다'라는 어원적 의미에서 '금지시키다'라는 뜻으로 굳어졌다.

유사 형태어 ▶ exhibit = ex(밖에) + hibit(붙잡고 있다) 동 전시하다 / 명 전시회

✎ 핵심 연관 단어

prohibition 명 금지   **prohibited** 형 금지된

📢 응용 표현

- **exhibit new line of products** 새로운 제품들을 전시하다
- **prohibit Sby from Ving** ~가 ~하는 것을 금지시키다
- **the prohibition of smoking in public areas** 공공장소에서의 흡연 금지
- **prohibited zone** 금지 구역
- **forbid Sby to 동사원형** 금지시키다

🔍 실전 예문

Smoking in public areas is strictly **prohibited**.
공공장소에서 흡연은 엄격히 금지된다.

WORD 11

prompt 형 즉각적인, 지체 없는, 신속한 / 동 유도하다, 상기시키다

단어 어원 pro(앞에) + mpt(취하다)

prompt는 '바로 앞에서 행동이나 조치를 취하는'이라는 어원적 의미에서 '즉각적인, 지체 없는, 신속한'이라는 뜻으로 굳어졌다. prompt는 동사로 사용하는 경우 '힌트 등을 주어서 말을 하도록 유도하다, 대사를 상기시키다'라는 뜻이 있다.

✐ 핵심 연관 단어

promptly 부 정확히, 신속하게, 즉시

📢 응용 표현

- **prompt action** 즉각적인 조치
- **respond promptly to** ~에 즉시 반응하다
- **promptly after** 직후에

🔍 실전 예문

Prompt payment of the invoice would be appreciated.
청구 대금을 즉시 지불해 주시면 감사드리겠습니다.

He left the office **promptly** at 3. P.M.
그는 정확히 오후 3시에 사무실을 떠났다.

WORD 12

prominent 형 눈에 띄는, 현저한, 중요한

단어 어원 pro(앞으로) + min(튀어나오다) + ent[형접]

min은 '튀어나오다'라는 뜻을 가진 어근이다. minent 형태의 단어가 몇 개 있다. 그중 prominent는 어원적으로 '앞으로 튀어 나온'이라는 의미로, '눈에 띄는, 현저한', '중요한'이라는 뜻으로 굳어졌다.

유사 형태어 ▶ eminent = e(밖으로) + min(튀어나오다) + ent[형접] 형 저명한, 걸출한
imminent = im(안으로) + min(튀어나오다) + ent[형접] 형 임박한, 절박한

✐ 핵심 연관 단어

prominence 명 중요성, 명성

prominently 부 두드러지게, 현저하게

📢 응용 표현

- **the imminent threat of invasion** 임박한 침략 위험
- **a prominent nose** 돌출된 코
- **play a prominent part in** ~에서 중요한 역할을 하다
- **be prominently displayed** 눈에 잘 띄게 놓여 있다
- **rise to prominence** 유명해지다

🔍 실전 예문

He played a **prominent** role in the campaign.
그는 그 캠페인에서 중요한 역할을 했다.

property 명 재산, 건물, 부동산

단어 어원 **proper**(자신의 것) **+ ty**[명접]

proper라는 어근은 '자기 자신의 것'이라는 뜻이다. property는 '자기 자신에게 속하는 것'이라는 어원적 의미에서 '재산, 건물, 부동산'이라는 뜻으로 굳어졌다.

✎ 핵심 연관 단어

proper 형 고유의, 적절한
appropriate 동 도용하다, 횡령하다 / 형 적절한

📢 응용 표현

• **be considered proper** 적절하다고 여겨지다
• **an appropriate response** 적절한 반응
• **property tax** 재산세
• **protect the intellectual property** 지적 재산을 보호하다
• **the physical properties of the substance** 물질의 물리적인 특성, 속성

🔍 실전 예문

It was not considered **proper** for young adult to move out after graduating.
젊은 성인들이 졸업 후에 독립하는 것이 적절하다고 여겨지지 않았다.

재산 property, assets, estate

property는 '사람이 합법적으로 소유하는 재산'으로 동산과 부동산을 모두 포함하는 개념이다. assets는 복수형으로 사용하는데, '회사의 자산'을 의미한다. estate는 '법적으로 유산의 대상이 되는 전 재산'을 가리킨다.

The building is government **property**.
이 건물은 정부 재산이다.

Current **assets** are less than current liabilities.
유동 자산이 유동 부채보다 적다.

The residue of the **estate** was divided equally among his children.
재산의 잔여 유산은 그의 자녀들에게 공평하게 분배되었다.

proportion 명 비율, 부분

단어 어원 pro(앞에) + portion(부분)

portion은 '나누어진 몫', '부분'을 뜻한다. apportion은 ap(~쪽으로) + portion(부분) 구성으로, '~쪽으로 각자의 부분을 나누다'라는 어원적 의미에서 '분배하다, 할당하다'라는 뜻으로 굳어졌다. proportion은 전체 중에서 자신 앞에 놓여 있는 부분, 즉 '비율'을 의미한다.

반의어 disproportion = dis(아닌) + proportion(비율) 명 불균형

✎ 핵심 연관 단어

portion 명 부분, 몫
proportional 형 비례하는
proportionally 부 비례해서

🔊 응용 표현

• **a substantial portion of the population** 그 인구의 상당 부분
• **a large proportion of** ~의 많은 부분
• **the proportion of men to women** 남성과 여성의 비율
• **in proportion to** ~에 비례하여
• **be directly proportional to** ~에 정비례하다

🔍 실전 예문

The **proportion** of small cars in the road is increasing.
도로에서 소형 승용차의 비율이 증가하고 있다.

A large **proportion** of profits of the company stem from export.
그 회사 수익의 상당 부분은 수출에서 비롯된다.

UNIT 11

pre-

이전

pre + view
preview

접두사 pre는 시간적으로 '이전'이라는 뜻이다. pro는 공간적으로 '앞에'를 뜻하지만, pre는 시간적으로 '이전'이라는 뜻을 가진다. preschool은 어원에서 파악할 수 있듯이 학교를 가기 전에 가는 곳이므로 '보육원, 유치원'이라는 뜻이다. prehistoric은 '역사가 기록되기 전의'라는 의미이므로 '선사 시대의, 유사 이전의'라는 뜻이다.

WORD 01

precaution 명 예방책

단어 어원 pre(이전) + caution(주의, 조심)

caution은 '주의, 조심, 경계'라는 뜻의 명사이다. precaution은 caution에 접두사 pre가 붙어서 '이전에 조심하는 것'이라는 뜻을 가지게 되었다. 이 뜻이 '예방책'이라는 뜻으로 굳어진 것이다.

🖉 핵심 연관 단어

caution 명 주의, 조심, 경계　　**cautious** 형 조심하는　　**precautionary** 형 조심하는, 신중한

📢 응용 표현

• **proceed with caution** 조심해서 하다
• **be cautious about** ~에 관해 조심하는
• **take every precaution possible to 동사원형** 가능한 한 모든 예방 조치를 취하다
• **safety precaution** 안전 예방 조치
• **as a precautionary measure** 예방 조치로

🔍 실전 예문

We take every **precaution** to ensure your safety.
우리는 당신의 안전을 보장하기 위해서 모든 예방책을 취하고 있습니다.

WORD 02

preliminary 형 예비의, 준비의 / 명 지역 예선(전)

단어 어원 pre(이전) + limin(한계, 경계) + ary[형접]

limin은 limit이 변형된 어근이다. preliminary는 limit 이전에 하는 것인데, 육상을 할 때 출발선 경계 이전에서 하는 준비 운동을 떠올리면 된다. 따라서 '예비의, 준비의'라는 뜻을 가진다. 명사로 사용되면 '지역 예선(전)'이라는 뜻이다.
limit과 limitation은 둘 다 명사인데 limit은 '그것까지는 허용하다'라는 '허용 한계'를 의미한다. 따라서 speed limits는 '그 속도까지는 허용하다'라는 뜻이다. 반면 limitation은 어떤 행위나 과정에서 못하게 하는 '제약, 규제'를 의미한다.

🖉 핵심 연관 단어

limit 명 경계, 한도, 한계　　**limitation** 명 제약, 규제　　**preliminarily** 부 예비적으로, 미리

📢 응용 표현

• **age limits** 연령 제한
• **impose limitations on imports** 수입에 제약을 가하다
• **preliminary studies** 예비 조사
• **preliminary round** 예선전

🔍 실전 예문

Exhaustive research will be needed as a **preliminary** to taking a decision.
결정을 내리기 위한 예비 단계로 철저한 연구 조사가 필요하다.

WORD 03 prelude 圐 서곡, 서막, 서두, 전주

단어 어원 pre(이전) + lude(연주)

lude는 play(동) 놀다, 연주하다)라는 뜻을 가지고 있다. interlude는 inter(사이) + lude(연주) 구성으로, 연주와 연주 사이에 가지는 '막간, 중간, 휴식'이라는 뜻이다. prelude는 연주를 하기 전에 하는 것이라는 뜻으로, '서곡, 서막, 서두, 전주'라는 뜻이다.

유사 형태어 ▶ delude = de(분리) + lude(놀다) 동 현혹하다, 속이다
elude = e(밖으로) + lude(놀다) 동 피하다, 교묘히 빠져나가다

✐ 핵심 연관 단어

interlude 명 막간, 중간, 휴식   **preluder** 명 전주곡을 연주하는 사람

◁›· 응용 표현

• **delude him into believing it** 그것을 믿게끔 하여 그를 속이다
• **manage to elude the police** 경찰을 용케 피하다
• **the opening orchestra prelude** 오케스트라 전주
• **there will be a short interlude** 잠깐 막간 시간이 있겠습니다

◉ 실전 예문

The incident was just the **prelude** to tragedy.
그 사건은 비극의 서막에 불과했다.

WORD 04 prestige 圐 명성, 위엄

단어 어원 pre(이전) + stig(붙다) + e[동접]

stige라는 어근은 '붙다'라는 뜻이다. prestige는 원래 '사람의 이름 앞에 붙다'라는 뜻이다. '농구 황제' 마이클 조던, '바람의 아들' 이종범과 같이 이름 앞에 수식어가 붙는 사람들은 그 분야에서 최고의 명성과 위엄을 지닌 사람들이다. 여기에서 유래되어 prestige는 '명성, 위엄'이라는 뜻을 가지게 되었다.

✐ 핵심 연관 단어

vestige 명 자취, 흔적   **prestigious** 형 명망 있는, 일류의   **prestigiously** 부 유명하게, 일류로

◁›· 응용 표현

• **the last vestige of the old colonial regime** 옛 식민지 통치의 마지막 흔적
• **gain prestige** 명성을 얻다   • **prestigious school** 명문 학교
• **prestigious award** 명망 있는 상, 권위 있는 상

◉ 실전 예문

The school is one of the most **prestigious** ones in the country.
그 학교는 이 나라에서 최고의 명문 학교 중 하나이다.

previous 혱 이전의

단어 어원 pre(이전) + vi(보다) + ous[형접]

via는 '보다'라는 뜻을 가지고 있는 어근이다. visible은 어원적 의미 그대로 '보이는'이라는 뜻이다. previous는 '이전에 본 것'이라는 어원적 의미에서 '이전의'라는 뜻으로 굳어졌다.

✎ 핵심 연관 단어

revise 툉 수정하다, 변경하다, 개정하다   **supervise** 툉 관리하다, 감독하다

previously 붜 이전에, 미리

🗣 응용 표현

• **a revised edition** 개정판   • **need previous experience** 이전 경험이 필요하다
• **supervise his department** 그의 부서를 감독하다   • **previously-owned car** 중고차

🔍 실전 예문

Those applying for the open position need **previous** experience.
그 공석에 지원하는 사람들은 이전의 경력이 필요하다.

?? 단어들의 알쏭달쏭 차이   이전의 previous, former, preceding

previous는 '시간이나 순서에 있어서 앞서는'이라는 뜻이다. former는 '시간상으로 앞서는' 및 '2개 중 전자의'라는 뜻이다. 그리고 preceding은 '직전의'라는 의미이다. the와 같이 사용한다.

Previous applicants for the positions need not to reapply.
그 직책에 이미 지원했던 사람들은 다시 지원할 필요가 없다.

The **former** president paid an unofficial visit to Russia.
전 대통령이 러시아를 비공식 방문했다.

It shows a decrease as compared with the **preceding** year.
지난해에 비해 감소되어 있다.

WORD 06

preview 명 시사회 / 동 시사평을 쓰다

단어 어원 pre(이전) + view(보다)

view는 via처럼 '보다'라는 뜻을 가지고 있는 어근이다. 그 자체가 '시각, 견해'라는 뜻의 명사이다. preview는 '영화가 상영되기 전에 특정 관계자에게 미리 보여 주는 것'인 '시사회'라는 뜻을 가지고 있다. view가 들어간 단어는 보는 것과 관련이 있으니 외우고 가자.

유사 형태어 review = re(다시) + view(보다) 명 검토
overview = over(전체) + view(보다) 명 개요, 개관
interview = inter(사이에서) + view(보다) 명 면담, 회담 / 동 인터뷰하다

📢 응용 표현

• **not necessarily reflect the view of the station** 방송국의 견해를 반드시 반영하는 것은 아니다
• **a book review** 서평　　　　　• **a job interview** 취업 면접
• **a press preview** 기자 시사회

🔍 실전 예문

The **preview** offers a unique opportunity to see the show without the crowds.
그 시사회는 그 쇼를 대중들 없이 볼 수 있는 특별한 기회를 제공한다.

WORD 07

premature 형 미숙한, 이른, 시기상조의

단어 어원 pre(이전) + mature(성숙한)

mature는 '성숙한, 익은'이라는 뜻이다. 그래서 amateur는 a(아니다) + mateur(성숙한) 구성이기 때문에 '초보자, 비전문가'라는 뜻을 가진다. premature는 '성숙하기 이전의'라는 어원적 의미를 가졌으며, '미숙한, 이른, 시기상조의'라는 뜻으로 사용한다.

✏️ 핵심 연관 단어

mature 형 성숙한, 익은　　　　　　　　**prematurely** 부 이르게, 시기상조로

📢 응용 표현

• **clothes for the mature woman** 성숙한 여인을 위한 의류
• **be open to amateurs and professionals** 아마추어와 프로 선수 모두에게 열려 있다
• **premature conclusion** 시기상조의 결론
• **premature judgement** 시기상조의 판단

🔍 실전 예문

The baby was four weeks **premature**.
그 아기는 예정보다 4주 일찍 태어났다.

prejudice 명 편견, 선입관

단어 어원 pre(이전) + jud(판단하다) + ice[명접]

jud는 judge(판단하다, 판사)에서 변형된 어근이다. prejudice는 어원적으로는 무엇인가를 제대로 살펴보기 전에 미리 판단하는 것이므로 '편견, 선입관'이라는 뜻으로 사용한다.

🖉 핵심 연관 단어

judicial 형 사법의
justice 명 정의, 정당성
justify 동 정당화시키다

📢 응용 표현

• **judicial powers** 사법권
• **a sense of justice** 정의감
• **a victim of racial prejudice** 인종 편견의 희생자
• **challenge popular prejudices** 일반적인 편견에 도전하다

🔍 실전 예문

She did not disclose evidence that was likely to **prejudice** her client's case.
그녀는 자기 의뢰인에게 해가 될 것 같은 증거를 밝히지 않았다.

UNIT
12

sub-
아래에

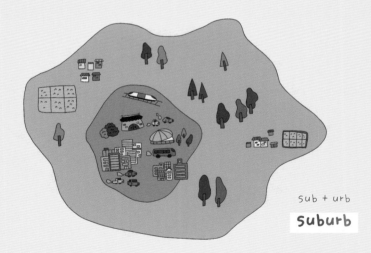

sub + urb
suburb

접두사 sub는 '아래에'라는 뜻을 가지고 있다. subway는 '아래에 있는 길'이므로 영국에서는 '지하도', 미국에서는 '지하철'을 의미한다. submarine은 '바다 아래에 있는 것'이므로 명사로는 '잠수함'을, 형용사로는 '바닷속의'를 의미한다.

WORD 01

subtle 형 차이가 크지 않은, 미묘한, 감지하기 힘든, 교묘한, 영리한

단어 어원 sub(아래에) + tle(천)

subtle은 '얇은 천 아래'라는 어원적 의미를 가지고 있는데, 여기에서 '그 차이가 크지 않은, 미묘한, 감지하기 힘든' 및 '(사람의 행동이) 교묘한, 영리한'이라는 뜻으로 굳어졌다.

📢 응용 표현

- **subtle smells** 감지하기 힘든 냄새
- **try a more subtle approach** 더 교묘한 방법을 쓰다
- **subtle difference** 미묘한 차이

🔍 실전 예문

There are only **subtle** differences between two models of the television of the rival companies.

그 라이벌 회사의 두 TV 모델에는 미묘한 차이가 있다.

WORD 02

subtitle 명 부제, 자막

단어 어원 sub(아래에) + title(제목, 직함)

title은 '제목, 직함'이라는 뜻을 가지고 있는 명사이다. entitle은 '표지 안에 제목을 붙이다'라는 어원적 의미에서 '자격을 부여하다'로 뜻이 굳어졌다.

subtitle은 제목 아래에 부연 설명을 하기 위해서 달아 놓는 것이라는 뜻에서 '부제'라는 뜻으로 굳어졌다. 이와 더불어, 영상을 제대로 이해하기 위한 '부차적인 글자'를 의미하기도 하므로 '자막'이라는 뜻으로도 사용한다. '자막'으로 사용할 경우 뒤에 s가 붙는다.

✏️ 핵심 연관 단어

title 명 제목, 직함
entitle 동 제목을 붙이다, 자격을 부여하다
subtitles 명 자막

📢 응용 표현

- **the official title of the job** 그 자리의 공식 직함
- **be entitled to 동사원형/N** ~의 자격이 되다
- **a Korean film with English subtitles** 영어 자막이 붙은 한국 영화

🔍 실전 예문

The film is presented in English with Korean **subtitles**.

이 영화는 한국어 자막 처리가 된 영어 영화이다.

suburb 명 근교, 교외

단어 어원 sub(아래에) + urb(도시)

urb라는 어근은 '도시'를 뜻한다. urban(형 도시의), urbanization(명 도시화)이 대표적 단어이다. suburb 는 '도시 아래의'라는 어원적 의미에서 '근교, 교외'로 뜻이 굳어진 단어이다.

✐ 핵심 연관 단어

urban 형 도시의   **urbanization** 명 도시화   **suburban** 형 근교의

📣 응용 표현

- **urban environment** 도시 환경
- **rapid urbanization** 빠른 도시화
- **a suburb of London** 런던 교외
- **in the surrounding suburbs** 주변의 근교에
- **suburban areas** 교외 지역

🔍 실전 예문

The company bought a property to build a new warehouse in the surrounding **suburb**.
그 회사는 새로운 창고를 짓기 위해서 근교에 부동산을 구입했다.

suggest 동 제안하다, 암시하다

단어 어원 su(아래에) + gest(가져오다)

gest는 '가져오다'라는 뜻을 가진 어근이다. suggest는 어원적 의미에서 '생각이나 안건을 마음 속 아래에 가져와서 상대방에게 꺼내다' → '제안하다, 암시하다'라는 뜻으로 굳어졌다. suggest는 목적어로 뒤에 to 부정사가 아니라 동명사가 온다는 사실을 꼭 명심해야 한다. 그리고 suggest 뒤에 that절이 목적어로 오는 경우, that절의 동사는 '(should) + 동사원형'의 형태를 취한다.

유사 형태어 ▶ **congest = con**(함께) + **gest**(가져오다) 동 넘치게 하다, 붐비게 하다
ingest = in(안으로) + **gest**(가져오다) 동 섭취하다

✐ 핵심 연관 단어

suggestion 명 제안, 암시   **suggestive** 형 암시하는, 연상시키는

📣 응용 표현

- **congested city streets** 붐비는 도시의 거리들
- **strongly suggest Ving** ~할 것을 강력하게 제안하다
- **suggest that S (should) V** ~할 것을 제안하다
- **make a suggestion about** ~에 관해 제안하다
- **be suggestive of warm summer** 따뜻한 여름을 연상시키는

🔍 실전 예문

We strongly **suggest** keeping personal and business accounts separate.
저희는 개인 계좌와 비즈니스 계좌를 따로 관리할 것을 강력히 제안합니다.

WORD 05

suspend 통 매달다, 중단하다, 유예하다

단어 어원 sus(아래에) + pend(매달다)

pend라는 어근은 '매달다'라는 뜻을 가지고 있다. 그래서 pending은 '매달려 있는'이라는 어원적 의미에서 '미결의, 미정의'라는 뜻으로 굳어진 것이다. suspend는 어원적 의미 그대로 '아래에 매달다'라는 뜻인데, '(어떤 일을 일시적으로) 중단하다'라는 뜻으로도 많이 사용한다.

유사 형태어 depend = de(아래에) + pend(매달다) 통 의존하다, ~에 달려 있다

✐ 핵심 연관 단어

suspension 명 보류, 정직, 정학   **suspended** 형 집행 유예의

📣 응용 표현

- **depend on** ~에 의존하다, 달려 있다   • **suspend production** 생산을 중단하다
- **be temporarily suspended** 일시적으로 중단된다
- **be suspended until further notice** 추후 통보가 있을 때까지 중단되다

🔍 실전 예문

A lamp was **suspended** from the ceiling.
천장에 램프가 매달려 있다.

The factory will be temporarily **suspended** during the safety inspection.
그 공장은 안전 검사 동안에 운영이 일시적으로 중단될 것이다.

WORD 06

summon 통 소집하다, 소환하다, 호출하다

단어 어원 su(아래에) + mon(감시하다)

mon이라는 어근은 '감시하다'라는 뜻을 가지고 있다. monitor가 '감시하다, 관찰하다'라는 뜻인 것이다. summon은 '감시하고 있다가 아래로 불러들이다'라는 어원적 의미에서 '소집하다, 소환하다, 호출하다'라는 뜻으로 굳어졌다.

✐ 핵심 연관 단어

monitor 통 감시하다, 관찰하다   **summons** 명 소환장, 호출
summonable 형 호출할 수 있는, 소환할 수 있는

📣 응용 표현

- **be closely monitored** 면밀히 관찰되다
- **summon a meeting** 회의를 소집하다
- **issue a summons against** 소환장을 발부하다

🔍 실전 예문

He was urgently **summoned** to the headquarters.
그는 급히 본사로 소환되었다.

WORD 07 **suspect** 통 의심하다 / 명 용의자

단어 어원 su(아래에) + spect(보다)

spect는 '보다'라는 뜻을 가지고 있는 어근이다. suspect는 '무엇인가를 바로 보지 않고 아래로 보다'라는 어원적 의미를 가지고 있다. 이 의미로 인해 '의심하다'라는 뜻으로 굳어졌다. 명사로 사용할 경우 강세가 앞에 가며, '용의자'라는 뜻이 된다.

🖉 핵심 연관 단어

spectator 명 관중　　　　　　　　　**suspected** 형 의심되는, 미심쩍은
spectacular 형 장관을 이루는, 볼만한, 극적인　　**circumspect** 형 신중한, 주의 깊은

📣 응용 표현

• **suspect a gas leak** 가스 누출을 의심하다　　• **a murder suspect** 살인 용의자
• **suspect his motives** 그의 동기를 의심하다
• **be conservative and circumspect** 조심스럽고 신중한

🔍 실전 예문

She had no reason to **suspect** that he had not been telling the truth.
그녀에게는 그가 사실을 이야기하지 않는다고 의심할 이유가 없었다.

WORD 08 **sustain** 통 계속하다, 지속하다, 피해를 입다

단어 어원 sus(아래에) + tain(잡고 있다)

어근 tain은 '붙잡다'라는 뜻을 가지고 있다. sustain의 어원적 의미는 '아래에 붙잡다'이다. 여기에서 '아래에 필요한 것을 제공해서 계속 살아가도록 붙잡다' → '(성장, 발전 등을) 지속하다'라는 뜻으로 굳어졌다. 최근에 sustainable development라는 말을 많이 사용하는데, 이는 지금의 성장을 앞으로도 '지속 가능하게 유지하는 개발'이라는 뜻으로, 환경을 고려하는 '친환경적인 개발'을 의미한다. sustain 뒤에 피해 등이 목적어로 오면 '피해 등을 입다'라는 뜻도 된다.

유사 형태어 ▶ **contain** = con(함께) + tain(잡고 있다) 통 담고 있다, 수용하다, 함유하다, 억누르다
obtain = ob(위에) + tain(잡고 있다) 통 획득하다
maintain = main(손) + tain(잡고 있다) 통 유지하다, 주장하다

🖉 핵심 연관 단어

sustainability 명 지속 가능성　　**sustainable** 형 지속 가능한　　**sustainably** 부 지속 가능하게

📣 응용 표현

• **sustain economic growth** 경제 성장을 지속하다　　• **sustain an injury** 부상을 입다
• **sustain damage** 손상을 입다　　• **sustainable building material** 친환경적인 건축 재료

🔍 실전 예문

The relationship would be very difficult to **sustain**.
그 관계는 지속하기가 매우 어렵다.

Most donor lungs may **sustain** damage during the intensive care treatments.
대부분의 기증자 폐는 집중 치료 중에 손상을 입을 수 있다.

WORD 09

susceptible 형 ~에 걸리기 쉬운, 민감한, 예민한

단어 어원 sub(아래에) + cept(잡다) + ible[형접]

어근 cept는 '잡다'라는 뜻을 가지고 있다. susceptible은 '~의 아래에 붙잡힐 수 있는'이라는 어원적 의미를 가지고 있다. 이 의미에서 '~에 걸리기 쉬운, 민감한, 예민한'이라는 뜻으로 굳어졌다. 뒤에는 전치사 to를 수반해서 'be susceptible to + N'의 형태로 사용한다.

🖉 핵심 연관 단어

accept 동 받아들이다, 수락하다
except 전 ~을 제외한

perceive 동 인지하다, 인식하다
susceptibly 부 영향 받기 쉬워서

📢 응용 표현

• **accept the proposal** 안건을 수용하다
• **perceive a change in his behavior** 그의 태도 변화를 인지하다
• **be susceptible to a disease** 질병에 걸리기 쉬운
• **be susceptible to colds** 감기에 걸리기 쉬운

🔍 실전 예문

Some of those plants are more **susceptible** to precipitation damage than others.
이들 식물 중 일부는 다른 것들보다 강수 피해에 더 민감하다.

WORD 10

submarine 명 잠수함 / 형 바닷속의

단어 어원 sub(아래에) + marine(바다)

marine은 '바다의'라는 뜻을 가지고 있다. submarine은 '바다 아래에 있는 것'이라는 어원적 의미에서 '잠수함' 및 '바닷속의'라는 뜻으로 굳어졌다.

🖉 핵심 연관 단어

maritime 형 바다의, 해양의

📢 응용 표현

• **marine life** 해양 생물
• **a maritime museum** 해양 박물관
• **a nuclear submarine** 핵 잠수함
• **submarine plant life** 해양 식물

🔍 실전 예문

The new **submarine** claims to be invulnerable to attack while at sea.
그 잠수함은 바닷속에 있을 때는 무적이라고 주장하고 있다.

subtotal 명 소계, 부분합

단어 어원 sub(아래에) + total(합계)

total은 '총, 전체의' 및 '합계'라는 뜻의 단어이다. subtotal은 어원적으로는 '아래에 합한 것'이라는 의미로, '소계, 부분합'라는 뜻으로 사용한다. 출장비에서 교통비, 접대비, 숙박비의 합을 총합이라고 하면, 교통비 그 아래의 항목인 지하철, 버스, 택시 요금을 먼저 합해야 교통비 항목이 나온다. 이처럼 소계는 전체가 아닌 어느 한 부분만을 합한 합계를 의미한다.

✎ 핵심 연관 단어

total 형 총, 전체의 / 명 합계　　　　　　**totally** 부 완전히

📢 응용 표현

- **the total profit** 총 수익
- **sum total** 총계
- **make a total of 75** 총점이 75점이 되다
- **a subtotal of $1000** 1000달러의 소계
- **come from totally different cultures** 완전히 다른 문화 출신이다

🔍 실전 예문

Please enter only numeric values for the **Subtotal**.
소계는 숫자 값만 입력하십시오.

subtract 통 빼다, 공제하다

단어 어원 sub(아래에) + tract(끌다)

어근 tract은 '끌다'라는 뜻을 가지고 있다. subtract은 '전체 항목이나 위에 있는 숫자에서 아래로 끌어내리다'라는 어원적 의미를 가지고 있다. 이 의미에서 '빼다, 공제하다'라는 뜻으로 굳어졌다.

유사 형태어 ▶ **attract** = at(~쪽으로) + tract(끌다) 통 마음을 끌다, 유혹하다
extract = ex(밖으로) + tract(끌다) 통 뽑다, 추출하다, 발췌하다
protract = pro(앞으로) + tract(끌다) 통 질질 끌다, 연기하다, 늘리다

✎ 핵심 연관 단어

subtraction 명 빼냄, 삭감, 공제

📢 응용 표현

- **subtract all the expenses** 비용을 다 빼다
- **addition and subtraction** 덧셈과 뺄셈
- **extract excess moisture from the air** 공기 중에서 과도한 수분을 추출하다
- **protract one's stay** 체류 기간을 늘리다

🔍 실전 예문

I have nothing to add or **subtract** from what he said.
나는 그가 말한 것에 더하거나 뺄 것이 없다.

빼다, 공제하다 subtract, deduct

subtract은 '수나 양을 빼다'라는 뜻이다. 반면 deduct은 '돈이나 점수를 제하다, 감하다'라는 뜻으로 사용한다.

Subtract small number from the lager number.
큰 숫자에서 작은 숫자를 빼라.

Some of the tax will be automatically <u>deducted</u> from your salary.
세금의 일부가 월급에서 자동으로 공제될 것이다.

UNIT 13

trans-
가로질러

trans + form
transform

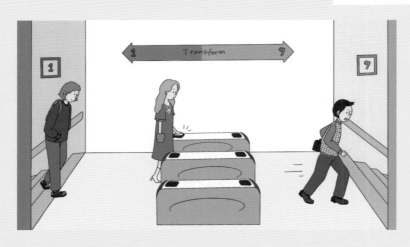

접두사 trans는 '가로질러'라고 해석한다. '이동'과 '변화'를 의미하는 접두사다. 한곳에서 다른 곳으로 이동 또는 하나의 형태에서 다른 형태로 변화를 할 때 사용한다. transgender는 자신의 타고난 성을 바꾸는 것을 말하고, 영화 '트렌스포머(transformer)'는 형태가 자유자재로 변화되는 로봇을 다루는 영화이다.

WORD 01

transfer 图 옮기다, 이동하다, 전학 가다, 전근 가다, 환승하다 / 명 이동, 환승

단어 어원 trans(가로질러) + fer(나르다)

어근 fer는 '나르다'라는 뜻을 가지고 있다. offer는 of(~에게) + fer(나르다) 구성으로, '누군가에게 자기가 가지고 있던 것을 나르다'라는 어원적 의미에서 '제안하다'라는 뜻으로 굳어졌다.

transfer는 어원적으로 '여기에서 저기로 옮기다'라는 의미를 가지고 있다. 이 의미가 회사에서는 '전근 가다', 교통 수단을 이용할 시에는 '환승하다', 티켓과 관련해서는 '양도하다'의 뜻으로 굳어졌다. 중요한 것은 장소를 한곳에서 다른 곳으로 이동할 때 사용한다는 것이다.

✏️ 핵심 연관 단어

confer 图 수여하다, 상의하다   **fertile** 형 비옥한, 번식 능력이 있는   **transferable** 형 양도 가능한

📢 응용 표현

- **transfer A to B** A를 B로 옮기다
- **data transfer** 자료 전송
- **transfer station** 환승역
- **put in for a transfer to** ~로의 전근을 지원하다
- **non-transferrable ticket** 양도할 수 없는 티켓

🔍 실전 예문

Let me transfer your call to the person in charge.
담당자에게 전화를 돌려 드리겠습니다.

They have purchased a non-transferrable ticket good for one year.
그들은 1년간 유효한 양도할 수 없는 티켓을 구입했다.

WORD 02

transform 图 변형하다

단어 어원 trans(가로질러) + form(형태)

어근 form은 '형태'라는 뜻을 가지고 있다. transform은 '형태를 가로질러 바꾸다'라는 어원적 의미에서 '변형하다'라는 뜻으로 굳어졌다.

유사 형태어 ▶ **conform** = con(함께) + form(형태) 图 따르다, 일치하다
perform = per(철저하게) + form(형태) 图 성취하다, 수행하다, 공연하다

✏️ 핵심 연관 단어

transformation 명 변형, 변화

📢 응용 표현

- **transform the light into electrical impulses** 빛을 전기 충격으로 변형시키다
- **a complete transformation** 완전한 변화   • **perform an experiment** 실험을 실행하다
- **conform to the regulations** 규정을 따르다

🔍 실전 예문

Things cannot be transformed overnight.
하룻밤 만에 바뀌는 것은 없다.

변형하다 transform, alter, modify

transform은 '모양이나 외관 또는 내면적인 성질을 완전히 변형시키다'라는 뜻이다. alter는 '모양이나 성질 등을 부분적으로 변경하다, 개조하다'라는 뜻이다. 그리고 modify는 '더 알맞도록 수정하다, 변경하다'라는 뜻이다.

She attempted to <u>transform</u> herself from a singer into an actress.
그녀는 가수에서 영화배우로 변신을 꾀했다.

The CEO is going to <u>alter</u> the schedule for today.
그 최고 경영자는 오늘의 일정을 변경할 것이다.

I'd like to <u>modify</u> the terms and conditions of this contract.
저는 계약 조건을 변경하고 싶어요.

WORD 03

transfuse 통 주입하다, 수혈하다

단어 어원 trans(이동) + fuse(붓다)

fuse는 pour(통 붓다)가 변형된 어근이다. transfuse는 어원적 의미에서 '관을 통해 한곳에서 다른 곳으로 옮겨 붓다' → '주입하다, 수혈하다'라는 뜻으로 굳어졌다.

유사 형태어 confuse = con(함께) + fuse(붓다) 통 혼란시키다, 혼동시키다
infuse = in(안에) + fuse(붓다) 통 불어넣다, 주입하다, 스미다, 영향을 미치다

🖋 핵심 연관 단어

futile 형 헛된, 소용없는

📢 응용 표현

• **transfuse blood** 수혈하다
• **totally confused us** 우리를 완전히 혼동시켰다
• **be infused with sadness** 슬픔이 스며들었다

🔍 실전 예문

There is no blood in the bank to <u>transfuse</u> the economy.
경제에 수혈할 어떤 혈세도 남아 있지 않다.

WORD 04

translate 통 번역하다

단어 어원 trans(가로질러) + late(가져다 놓다)

어근 late는 '가져다 놓다'라는 뜻을 가지고 있다. translate는 '이쪽에서 저쪽으로 옮겨서 가져다 놓다'라는 어원적 의미에서 '번역하다'라는 뜻으로 굳어졌다.

유사 형태어 collate = co(함께) + late(가져다 놓다) 통 수집하다
relate = re(다시) + late(가져다 놓다) 통 관련시키다, 진술하다

✎ 핵심 연관 단어

translation 명 번역   mistranslate 통 오역하다

📢 응용 표현

• collate data 자료를 수집하다   • translate the contract into English 그 계약서를 영어로 번역하다
• be related to ~와 관련되다   • an error in translation 번역의 오류

🔍 실전 예문

The novel has been widely **translated**.
그 소설은 여러 언어로 번역되었다.

WORD 05

transmit 통 보내다, 전송하다, 전염시키다, 보급하다

단어 어원 trans(가로질러) + mit(보내다)

어근 mit은 '보내다'라는 뜻을 가지고 있다. transmit은 '이쪽에서 저쪽으로 보내다'라는 어원적 의미에서 '(전파를) 보내다, 전송하다, 전염시키다, 보급하다'라는 뜻으로 굳어졌다. 운전하는 분들은 주기적으로 미션 오일이라는 것을 교체하는데 이것은 원래 automatic transmission oil을 일본인이 줄여서 미션 오일이라 부르던 것이 정형화된 표현이다.

유사 형태어 intermit = inter(사이에) + mit(보내다) 통 중단하다
remit = re(다시) + mit(보내다) 통 송금하다, 면제해 주다 / 명 소관

✎ 핵심 연관 단어

submit 통 제출하다, 항복하다, 굴복하다, 복종하다

📢 응용 표현

• be intermitted and restarted 중단되고 다시 시작되다
• submit your application to ~에게 신청서를 제출하세요
• genetically transmitted diseases 유전병

🔍 실전 예문

Movies can be **transmitted** through internet.
영화는 인터넷으로 전송될 수 있다.

WORD 06

transcend 툉 초월하다

단어 어원 trans(이동) + scend(오르다)

어근 scend는 '오르다'라는 의미를 가지고 있다. transcend는 '이쪽에서 저쪽으로 이동해서 올라가다'라
는 어원적 의미에서 '초월하다'라는 뜻으로 굳어졌다.

🖉 핵심 연관 단어

transcendence 몡 초월

📢 응용 표현

- **the road ascends steeply** 그 길은 가파르게 올라간다
- **the plane began to descend** 비행기가 하강하기 시작했다
- **transcend age** 나이를 초월하다
- **transcend regionalism and factionalism** 지역과 정파를 초월하다

🔍 실전 예문

He believes the strength of love that **transcends** all of things.
그는 모든 것을 초월하는 사랑의 힘을 믿는다.

WORD 07

transparent 혱 투명한

단어 어원 trans(가로질러) + par(보이다) + ent[형접]

parent는 '보이다'라는 뜻을 가지고 있다. 따라서 apparent는 ap(밖으로) + parent(보이다) 구성으로, '밖
으로 확연하게 보이는'이라는 어원적 의미에서 '분명한, 누가 봐도 알 수 있는'이라는 뜻으로 굳어졌다.
transparent는 '유리나 비닐 같은 것을 통해 한쪽에 있는 물체가 반대쪽에서 보이는'이라는 어원적 의미
에서 '투명한'이라는 뜻으로 굳어졌다.

🖉 핵심 연관 단어

apparent 혱 분명한, 명백한   **apparently** 뷔 분명하게, 명백하게   **transparently** 뷔 투명하게

📢 응용 표현

- **apparent lack of enthusiasm** 열의의 명백한 부족
- **an apparently motiveless murder** 언뜻 보기에는 동기가 없는 것 같은 살인
- **a man of transparent honesty** 투명한 정직성을 지닌 남자
- **transparently obvious** 뻔할 정도로 분명한

🔍 실전 예문

We launched a campaign to make official documents more **transparent**.
우리는 공문서의 투명성을 높이기 위한 운동을 시작했다.

WORD 08

transplant 동 이식하다

단어 어원 trans(가로질러) + plant(심다)

어근 plant는 '심다'라는 뜻을 가지고 있다. 명사 plant는 '심는 것'이라는 어원적 의미에서 '식물'이라는 뜻으로 굳어졌다. transplant는 '한곳에 있던 것을 뽑아서 다른 곳으로 옮겨 심다'라는 어원적 의미에서 '이식하다'라는 뜻으로 굳어졌다. '(생체의 조직 등을) 이식하다', 또는 (식물을) 이식하다'라는 뜻으로 사용한다. 반면에 새로운 것을 만들어서 심을 때는 implant를 사용한다.

유의어 implant = im(안에) + plant(심다) 동 심어 넣다
유사 형태어 supplant = sup(아래에) + plant(심다) 동 대신하다, 바꾸다

🔊 응용 표현

- **all plants need light and water** 모든 식물은 빛과 물이 필요하다
- **become implanted in the mind** 마음속에 뿌리 내리다
- **supplant streetcar service with buses** 버스로 전차를 대신하다
- **have a heart transplant** 심장 이식을 받다

🔍 실전 예문

Organs are **transplanted** from donors into patients who need them.
장기는 기증자로부터 필요한 환자에게 이식된다.

WORD 09

transaction 명 거래, 매매

단어 어원 trans(가로질러) + action(일, 행동)

act는 '하다'라는 뜻을 가지고 있는 어근이다. transact는 trans(가로질러) + act(행동하다) 구성으로, '왔다 갔다 하면서 행동하다'라는 어원적 의미에서 '거래하다'라는 뜻으로 굳어졌다. transact의 명사형인 transaction이 '거래'라는 뜻이 된 이유이다.

✏️ 핵심 연관 단어

interact 동 상호작용하다, 소통하다   transact 동 거래하다

🔊 응용 표현

- **interact with customers** 고객들과 소통하다
- **transact business** 사업상 거래하다
- **financial transactions** 금융 거래
- **enter into a transaction** 거래를 체결하다

🔍 실전 예문

They need his signature to finalize the **transaction**.
그들은 그 거래를 마무리하기 위해서 그의 사인이 필요했다.

transit 명 운송, 수송, 교통 체계

단어 어원 trans(가로질러) + it(가다)

어근 it은 '가다'라는 뜻을 가지고 있다. transit은 '가로질러 가는 것'이라는 어원적 의미에서 '운송, 수송, 교통 체계'라는 뜻으로 굳어졌다.

✎ 핵심 연관 단어

exit 명 출구   **transition** 명 변환, 과도기   **transitional** 형 변천하는, 과도기의

📢 응용 표현

• **leave through the south exit** 남쪽 출구로 나가다
• **mass transit** 대중 교통
• **public transit system** 대중교통 체계
• **in transit** 운송 중
• **a smooth transition from paper to computer** 종이에서 컴퓨터로 부드러운 전환
• **transitional period** 과도기

🔍 실전 예문

Public should not be allowed to consume anything while taking public transit.
사람들이 대중교통을 타는 동안에는, 어떤 것도 먹는 것이 허용되어서는 안 된다.

운송, 수송 transit, transportation

transit은 '운송, 수송에 이용되는 차량이나 시스템'을 의미한다. 반면 transportation은 '운송, 수송, 교통'이라는 개념 그 자체이다.

The city's goal is to get people to use mass transit to get to work.
그 도시의 목표는 사람들이 출근할 때 대중교통을 이용하게 하는 것이다.

The landslip blocked all the transportation facilities.
산사태가 교통 시설을 마비시켰다.

UNIT 14

en-
만들다

en + dow
endow

접두사 en은 '만들다'라는 뜻을 가지고 있다. em으로 사용하기도 한다. in이 변형된 형태인 en 및 em과 헷갈리지 말자. enlarge는 large라는 형용사에 접두사 en이 붙어서 '확대하다'라는 뜻이 되었다. enable은 en(만들다) + able(할 수 있는)이 결합되어 '~을 할 수 있게 하다'이다. 반면 enclose에서 en은 in이 변형된 것으로 en(안에) + close(닫다)가 결합되어 '동봉하다'이다.

WORD 01

enable 图 가능하게 만들다

단어 어원 en(만들다) + able(가능한)

enable은 어원적 의미 그대로 '가능하게 만들다'이다. 여기서의 able은 형용사형 접미사가 아닌 형용사로, 'be able to 동사원형'의 형태로 사용하고 '~할 수 있는'이라는 뜻이다. 반면 접두사 en을 붙인 enable은 동사가 되어서 'enable Sby to 동사원형'의 형태로 사용한다. 구체적인 뜻은 '~에게 ~할 수 있도록 만들다'이다.

유의어 ensure = en(만들다) + sure(확실한) 图 보장하다, 반드시 ~하게 만들다

✏️ 핵심 연관 단어

able 혱 할 수 있는   **sure** 혱 확실한

📢 응용 표현

- **be able to 동사원형** ~할 수 있다
- **be sure of** ~을 확신하다
- **enable Sth** ~을 가능하게 만들다
- **ensure Sth/that 주어 + 동사** ~을 확실하게 하다
- **enable Sby to 동사원형** ~에게 ~하는 것을 가능하게 만들다

🔍 실전 예문

The software **enables** you to access the database.
이 소프트웨어는 데이터 베이스에 접속할 수 있게 만든다.

WORD 02

endanger 图 위험한 상황을 만들다, 위험에 빠뜨리다

단어 어원 en(만들다) + danger(위험)

danger가 '위험'이므로 endanger는 '위험한 상황을 만들다' 또는 '위험에 빠뜨리다'라는 뜻이다.

✏️ 핵심 연관 단어

dangerous 혱 위험한
endangered 혱 멸종 위기에 처한

📢 응용 표현

- **a serious danger to** ~에 심각한 위험
- **a dangerous disease** 위험한 질병
- **endanger wildlife** 야생동물을 위험에 빠뜨리다
- **an endangered species** 멸종 위기에 처한 종

🔍 실전 예문

The health of our children is being **endangered** by trans-fat food.
우리 아이들의 건강은 트랜스 지방 음식에 의해서 위태로워지고 있다.

endeavor 통 노력하다 / 명 노력

단어 어원 en(만들다) + deavor(빚)

어근 deavor는 debt이 변형된 것으로 '빚'이라는 뜻을 가지고 있다. endeavor는 '빚을 갚을 돈을 만들다'라는 어원적 의미에서 '노력하다'라는 뜻으로 굳어졌다. 'endeavor to 동사원형'의 형태로 사용한다. 유사어로 'try to 동사원형', 'strive to 동사원형'이 있다. try 뒤에는 동명사와 to 부정사가 다 올 수 있는데, 동명사가 목적어로 오면 '시도하다'이고 to 부정사가 목적어로 오면 '노력하다'이다. strive는 'strive for Sth' 또는 'strive to 동사원형'의 형태로 사용한다.

🖉 핵심 연관 단어

try 동 시도하다, 노력하다

strive 동 분투하다

📢 응용 표현

- **endeavor to help** 도우려고 노력하다
- **make every endeavor to 동사원형** ~하기 위해서 모든 노력을 다하다
- **try putting it on** 입어 봐라
- **try to learn more about it** 그것에 관해 더 많이 배우려고 노력하다
- **strive for the highest standards** 최고 수준을 위해 분투하다

🔍 실전 예문

Please make every **endeavor** to arrive on time.
제발 시간에 맞춰 도착하도록 노력해 주세요.

endow 통 기부하다

단어 어원 en(만들다) + dow(지참금)

어근 dow는 dowery(명 지참금)가 변형된 것이다. endow의 어원적 의미는 '결혼할 때 신랑 또는 신부에게 지참금을 줘서 결혼할 능력을 부여하다'이다. 지참금은 사실상 상대방 부모님에게 주는 것이므로 endow는 '기부하다'라는 뜻으로 굳어졌다.

🖉 핵심 연관 단어

endowment 명 기부, 자질, 재능

endower 명 기부자

📢 응용 표현

- **prepare the dowry** 지참금을 준비하다
- **be endowed with** ~을 타고나다
- **endow Sby with a responsibility** ~에게 책임을 맡기다

🔍 실전 예문

The remaining $ 1.5 million is to be used to **endow** the school.
남은 150만 달러는 그 학교에 기부될 것이다.

WORD 05

enforce 통 집행하다, 시행하다, 강제하다

단어 어원 en(만들다) + force(힘)

어근 force가 '힘'이므로 enforce는 '힘으로 만들다'라는 어원적 의미에서 '(법이나 규칙 등을 강제적으로) 집행하다, 시행하다'라는 뜻으로 굳어졌다.

🖊 핵심 연관 단어

enforcement 명 시행, 집행

enforceable 형 집행 가능한

📢 응용 표현

- **without the use of force** 힘의 사용 없이
- **law enforcement authorities** 법 집행 당국
- **enforce the law** 법을 집행하다
- **enforce compliance with the new measures** 새로운 조치를 준수할 것을 강요하다

🔍 실전 예문

The city will **enforce** laws against littering to clean up the city.
그 도시는 도시를 깨끗하게 하기 위해 쓰레기 투기 규제법을 집행할 것이다.

WORD 06

enhance 통 높이다, 향상시키다

단어 어원 en(만들다) + hance(높은)

어근 hance는 high가 변형된 것이다. enhance는 '낮은 곳을 높은 곳으로 만들다'라는 어원적 의미에서 '높이다, 향상시키다'라는 뜻으로 굳어졌다.

🖊 핵심 연관 단어

enhancement 명 향상, 증대

enhanced 형 증대된, 강화한

📢 응용 표현

- **enhance the reputation** 명성을 높이다
- **significantly enhance the quality of the life** 삶의 수준을 상당히 향상시키다
- **enhance the efficiency** 효율성을 높이다

🔍 실전 예문

The policy of shortened workweek significantly **enhances** the quality of the life.
근무시간 단축 방침은 삶의 수준을 상당히 향상시킨다.

단어들의 알쏭달쏭 차이 ?? 향상시키다 enhance, improve

enhance는 '어떤 상황을 더 좋게 만들다'라는 뜻으로, 전의 상황이 안 좋은 상태는 아니었던 것이다. 반면, improve 는 '좋지 않았던 상황을 좋은 상태로 개선시키다'라는 뜻이다.

The company has launched a corporate advertisement to enhance its image.
그 기업은 이미지 향상을 위해 기업 광고를 실시했다.

The situation is not good but we live in hope that it will improve.
상황이 좋지는 않지만 우리는 나아지리라는 희망을 안고 산다.

WORD 07 engage 통 약혼시키다, 고용하다, 관심을 사로잡다

단어 어원 en(만들다) + gage(약속, 서약)

어근 gage는 '서약, 약속'이라는 뜻을 가지고 있다. engage는 어원적 의미에서 '서로 만나서 앞으로 결혼할 것이라고 서약을 하다' → '약혼시키다'라는 뜻으로 굳어졌다. 한편 '회사에서 직원을 뽑아서 열심히 일하겠다고 서약을 하다'라는 의미의 '고용하다'로도 사용한다. 이 외에도 '주의나 관심을 사로잡다'라는 뜻도 있다. engage in의 형태로 사용하면 '~에 참여하다, 종사하다'라는 뜻이 된다.

✎ 핵심 연관 단어

engagement 명 약혼, 약속
engaged 형 약혼한
engaging 형 매력적인

📢 응용 표현

• **be currently engaged as a consultant** 현재 고문으로 고용되어 있다
• **engage both mind and eye** 눈과 귀를 모두 사로잡다
• **engage in** ~에 참여하다, 관여하다
• **engage in a criminal activities** 범죄 활동에 관여하다

🔍 실전 예문

It is the movie that engages both the mind and eye.
이것은 마음과 눈을 모두 사로잡은 영화이다.

John had been engaging in a conversation with a client when I visited his office.
내가 사무실을 방문했을 때, John은 고객과의 대화에 참여하고 있었다.

enlarge 동 확대하다, 확장하다, 증대하다

단어 어원 en(만들다) + large(큰)

enlarge는 '크게 만들다'라는 어원적 의미에서 '확대하다, 확장하다, 증대하다'로 뜻이 넓어진 단어이다. '사진을 확대하다, 건물을 확장하다, 소득을 증대하다, 어휘를 넓히다'라는 뜻으로 많이 사용한다.

✎ 핵심 연관 단어

enlargement 명 확대
enlargeable 형 확대할 수 있는

📢 응용 표현

- **enlarge pictures** 사진을 확대하다
- **enlarge the waiting areas** 대기실을 확장하다
- **enlarge your vocabulary** 어휘를 증대하다

🔍 실전 예문

The gallery is seeking to **enlarge** its holdings of Danish art.
그 화랑은 덴마크 미술의 소장품을 증대하려고 모색하고 있다.

확대하다 enlarge, magnify

enlarge는 '규모를 확대하다'뿐만 아니라 '사진 문서 등을 확대하다' 등의 뜻도 있다. magnify는 '현미경 등으로 크게 보이게 확대하다' 또는 '크기, 소리, 강도를 확대하다'라는 뜻으로 사용한다.

The main goal of the opposition has been to **enlarge** its political power.
그 야당의 주 목적은 자신들의 정치적 권력을 확대하는 것이었다.

Optical-glass lenses **magnify** small objects and form images on film.
광학 렌즈는 작은 물체를 확대시키고 필름에 이미지를 생성시킨다.

WORD 09 · enrich 통 풍요롭게 만들다, 질을 높이다

단어 어원 en(만들다) + rich(풍부한)

어근 rich가 형용사로 '풍부한'이라는 뜻을 가지고 있다. 따라서 enrich는 '풍요롭게 만들다, 질을 높이다'라는 뜻이다. 비슷한 뜻을 가진 abound는 자동사이며 '아주 많다, 풍부하다'라는 뜻이다.

유의어 ▶ abound 통 아주 많다, 풍부하다

🖉 핵심 연관 단어

enrichment 명 풍부하게 함, 농축, 강화   enriched 형 풍부한, 강화된

📢 응용 표현

- enrich our lives 우리의 삶을 풍요롭게 만들다
- enriched facial cream 농축 에센스
- be enriched with minerals and vitamins 미네랄과 비타민이 풍부한
- protein enriched 단백질 강화
- abound in raw materials 원자재가 풍부하다

🔍 실전 예문

The study of science has **enriched** all our lives.
과학 연구는 우리 모두의 삶을 풍요롭게 만들어 왔다.

WORD 10 · ensure 통 보장하다, 반드시 ~하게 만들다

단어 어원 en(만들다) + sure(확실한)

어근 sure는 '확실한'이라는 뜻을 가진 형용사이다. ensure는 '확실하게 만들다'라는 어원적 의미에서 '보장하다, 반드시 ~하게 하다'라는 뜻으로 굳어졌다. make sure와 같은 뜻이다. assure와 헷갈리지 말자.

주의 단어 ▶ assure = as(~쪽으로) + sure(확실한) 통 약속하다, 확언하다

★ ensure 뒤에는 대상이, assure 뒤에는 사람이 목적어로 나온다.

🖉 핵심 연관 단어

assurance 명 약속, 확언, 자신감

📢 응용 표현

- ensure Sth/that 주어 + 동사 ~을 확실하게 하다
- ensure to 동사원형 ~하는 것을 확실하게 하다
- assure Sby of Sth ~에게 ~을 보장하다
- assure Sby that 주어 + 동사 ~에게 ~을 보장하다
- ensure safety 안전을 보장하다
- assure you of our full support 우리의 완전한 지지를 약속하다

🔍 실전 예문

Please **ensure** that all appliances are switched off.
반드시 모든 가전제품을 끄도록 하세요.

The company has made an effort to **ensure** the consistency of the service.
그 회사는 일관된 서비스를 보장하려고 노력해 왔다.

WORD 11

embark 통 승선하다

단어 어원 em(만들다) + bark(갑판)

어근 bark는 board(명 갑판)가 변형된 것이다. embark는 '갑판 위에 올라가게 만들다'라는 어원적 의미에서 '배에 타게 만들다, 승선하다'라는 뜻으로 굳어졌다. 주의할 점이 있는데, embark를 자동사로 'embark on Sth'의 형태로 사용하면 '새로운 사업이나 일을 착수하다'라는 뜻이 된다.

반의어 disembark = dis(반대) + embark(승선하다) 통 하선하다

✍ 핵심 연관 단어

embarkation 명 승선   **disembarkation** 명 하선

📢 응용 표현

- **embark on a new business** 새로운 사업에 착수하다
- **it is safe to disembark** 하선하기에 안전하다

🔍 실전 예문

Airport authorities refused to allow them to embark on the same plane.
공항 당국은 그들이 똑같은 비행기에 탑승하는 것을 거절했다.

Meticulous preparations should be made before embarking a new business.
새로운 사업을 착수하기 전에 꼼꼼한 준비가 이루어져야 한다.

WORD 12

embody 통 구체화하다, 형상화하다, 실현하다

단어 어원 em(만들다) + body(몸, 본체, 뼈대)

어근 body는 '몸체'라는 뜻을 가지고 있다. embody는 '뼈대를 만들어 무엇인가를 구체화하다'라는 어원적 의미를 가진다. 이 의미에서 '구체화하다, 형상화하다, 실현하다'라는 뜻으로 굳어졌다.

📢 응용 표현

- **embody thoughts** 생각을 구체화하다
- **embody the main themes** 주요 테마를 형상화하다

🔍 실전 예문

The manager needs to embody that message in a new team.
그 매니저는 새로운 팀에서 그 메시지를 구체화해야 한다.

con-

함께, 강조

coo + per + ate
cooperate

접두사 con은 '함께'라는 뜻을 가지고 있다. combination pizza는 여러 가지 토핑을 '함께' 얹어서 만든 피자이다. 또한 con은 '매우, 확실히, 완전히'와 같이 강조의 뜻으로도 사용한다. con은 뒤에 나오는 자음에 따라서 com, col, cor 등으로 변형되기도 한다.

condense는 con(완전히) + dense(짙다)가 결합되어 '완전히 짙게 하다, 농축하다'이다.

WORD 01 collaborate 통 협력하다, 협동하다

단어 어원 co(함께) + labor(일, 노동) + ate[동접]

collaborate는 cooperate와 같은 뜻으로, '여러 명이 함께 일하다'이므로 '협력하다, 협동하다'라는 뜻을 가진다. collaborate는 자동사로 뒤에 전치사가 수반된다.

동의어 cooperate = co(함께) + oper(일하다) + ate[동접] 통 협력하다, 협동하다

🖉 핵심 연관 단어

labor 명 노동   **laborious** 형 힘든   **collaboration** 명 협력

📢 응용 표현

- **labor force** 노동력
- **a laborious affair** 고된 일
- **collaborate with Sby** ~와 협동하다
- **collaborate on Sth** ~에 대해 협동하다
- **in collaboration with** ~와 협동해서, 제휴해서

🔍 실전 예문

They have **collaborated** on many projects over the years.
그들은 여러 해 동안 많은 프로젝트를 협력해 왔다.

WORD 02 cooperate 통 협력하다, 협동하다

단어 어원 co(함께) + oper(일하다) + ate[동접]

어근 oper는 operate(통 일하다, 작동하다)에서 볼 수 있는 어근이다. cooperate는 '함께 일하다'라는 뜻이므로 '협동하다, 협력하다'라는 뜻이다.

🖉 핵심 연관 단어

operate 통 일하다, 작동하다   **cooperation** 명 협력, 협동

📢 응용 표현

- **be operating properly** 제대로 작동하다
- **in operation** 작동 중인
- **cooperate with each other** 서로 협력하다
- **in cooperation with** ~와 협동하여

🔍 실전 예문

The two groups agreed to **cooperate** with each other.
그 두 그룹은 서로 협력하기로 합의했다.

WORD 03 constrain 통 강요하다, 억제하다

단어 어원 con(함께) + strain(잡아당기다)

어근 strain은 명사로는 '부담, 압력'이고 동사로는 '잡아당기다'라는 뜻이다. constrain은 '함께 잡아당기다'라는 어원적 의미에서 '강요하다, 억제하다'라는 뜻으로 굳어졌다.

유의어 restrain = re(뒤로) + strain(잡아당기다) 통 저지하다, 억제하다

✏️ 핵심 연관 단어

strain 통 잡아당기다 / 명 부담, 압력   **restrain** 통 저지하다, 억제하다   **constraint** 명 제약

📢 응용 표현

- **feel constrained to accept Sth** ~을 받아들여야만 할 것 같은 기분이 들다
- **constrain oneself** 자제하다   • **impose constraints on** ~에 제약을 부과하다
- **budget constraint** 예산 제약
- **take steps to restrain inflation** 인플레이션을 억제하기 위해 조치를 취하다

🔍 실전 예문

Research has been **constrained** by a lack of funds.
연구 활동은 자금의 부족으로 제약을 받아 왔다.

WORD 04 confront 통 직면하다, 맞서다

단어 어원 con(함께) + front(정면, 얼굴)

어근 front는 '앞면, 정면, 얼굴'이라는 뜻을 가지고 있다. affront는 af(~쪽으로) + front(앞면) 구성으로, '~을 향해 면전에 맞서다'라는 어원적 의미에서 '모욕하다'라는 뜻으로 굳어졌다.
confront는 '서로 얼굴을 보다'라는 어원적 의미에서 '직면하다, 맞서다'라는 뜻으로 굳어졌다.

✏️ 핵심 연관 단어

front 명 앞면, 정면, 얼굴   **confrontation** 명 대립, 대치

📢 응용 표현

- **at the front of the building** 건물 앞에   • **be confronted with** ~에 직면되다
- **feel affronted** 모욕감을 느끼다   • **military confrontation** 군사 대치
- **confront serious threat of** ~의 심각한 위협에 직면하다
- **problems confronting the city** 그 도시가 직면한 문제

🔍 실전 예문

They struggled to overcome the problems **confronting** the country.
그들은 그 나라가 직면하고 있는 문제를 극복하기 위해서 분투하고 있다.

compensate 통 보상하다, 변상하다

단어 어원 com(완전히) + pens(무게를 달다) + ate[동접]

어근 pense는 '무게를 달다'라는 뜻을 가지고 있다. compensate는 어원적 의미에서 '손실이 난 부분만큼 보상해 주어 완전히 균형을 맞추다' → '보상하다, 변상하다'라는 뜻으로 굳어졌다.

✏ 핵심 연관 단어

dispense 통 나누어 주다, 분배하다   **dispense with** 통 ~없이 지내다
compensation 명 보상

📢 응용 표현

- **dispense a range of drinks** 다양한 음료를 나눠 주다
- **dispense with the need for cash** 현금의 필요성 없이 지내다
- **compensate them for the trouble** 문제가 발생한 것에 대해 보상하다
- **be compensated in full** 전액 보상받다

🔍 실전 예문

The company will **compensate** you for the losses you have suffered.
그 회사는 당신이 겪었던 손실을 보상해 줄 것이다.

compete 통 경쟁하다

단어 어원 com(함께) + pete(애쓰다)

compete는 '무엇인가를 얻기 위해 함께 애쓰다'라는 어원적 의미에서 '경쟁하다'라는 뜻으로 굳어졌다. 자동사인데 '무엇인가를 위해 경쟁하다'일 때는 뒤에 전치사 for가 수반되고, '~와 경쟁하다'일 때는 전치사 with나 against가 수반된다.

✏ 핵심 연관 단어

competition 명 경쟁, 대회   **competitive** 형 경쟁을 하는, 경쟁력 있는
competitively 부 경쟁적으로

📢 응용 표현

- **compete for** ~을 위해 경쟁하다
- **compete with/against** ~와 경쟁하다
- **competitively-priced products** 경쟁력 있게 가격이 책정된 제품
- **competitive edge** 경쟁 우위
- **beat the competition** 경쟁자들을 이기다

🔍 실전 예문

Several companies are **competing** for the contract.
여러 회사가 그 계약을 두고 경쟁하고 있다.

WORD 07 compile 图 자료를 수집하다, 편집하다, 편찬하다

단어 어원 com(함께) + pile(쌓아 올리다)

어근 pile은 동사로, '쌓아 올리다'라는 뜻이다. 명사로는 '쌓아 올린 더미' 또는 '(모아 둔) 파일'이라는 뜻이다. compile은 '자료를 함께 쌓아 올리다'라는 어원적 의미에서 '수집하다, 편집하다, 편찬하다'라는 뜻으로 굳어졌다.

✎ 핵심 연관 단어

pile 图 쌓아 올리다 / 명 쌓아 올린 더미, 파일   **stockpile** 명 비축량

compilation 명 편찬, 모음집

응용 표현

- **pile the boxes one on top of the other** 그 상자들을 하나씩 쌓아 올리다
- **the stockpile of nuclear weapons** 핵무기 비축량
- **compile a list of suitable people** 적합한 사람들의 명단을 모으다
- **compile the data** 자료를 편집하다

실전 예문

We are trying to **compile** a list of suitable people for the job.
우리는 그 일에 적합한 사람들의 명단을 작성해 보려고 하고 있다.

WORD 08 complain 图 불평하다, 하소연하다

단어 어원 com(함께) + pla(전염병) + in[동접]

어근 pla는 plague가 축약된 것이다. complain은 어원적 의미에서 '함께 사는 가족들이나 주변 사람들을 괴롭히다' → '불평하다'라는 뜻으로 굳어졌다.

✎ 핵심 연관 단어

plague 图 괴롭히다 / 명 전염병   **complaint** 명 불만, 불평

응용 표현

- **be plagued by doubt** 의심으로 괴로워하다
- **an outbreak of plague** 전염병의 발발
- **bitterly complain about Sth** ~에 관해 심하게 불평하다
- **file a complaint** 불만을 접수하다
- **complaint department** 고객 불만 처리 부서
- **customer complaints** 고객 불만

실전 예문

I am going to **complain** to the boss about this.
나는 사장에게 이것에 대해 항의할 것이다.

WORD 09 comprehend 图 이해하다, 파악하다, 포괄하다, 포함하다

단어 어원 com(완전히) + prehend(잡다)

어근 prehend는 '잡다'라는 뜻을 가지고 있다. comprehend는 '~의 의미를 완전히 붙잡다'라는 어원적 의미에서 '이해하다, 파악하다'라는 뜻으로 굳어졌다. 무엇인가를 완전히 붙잡는 것이므로 '포괄하다, 포함하다'라는 뜻도 있다. 그래서 comprehensive가 '종합적인, 포괄적인'이라는 뜻이 되는 것이다.

✏️ 핵심 연관 단어

apprehend 图 붙잡다, 체포하다   **comprehension** 명 이해

comprehensive 형 종합적인, 포괄적인

📢 응용 표현

• **fail to apprehend the suspect** 그 혐의자를 체포하는 데 실패하다
• **comprehend the significance of Sth** ~의 중요도를 파악하다
• **don't comprehend the instructions** 사용 설명서가 이해되지 않는다
• **comprehensive physical examination** 종합 검진

🔍 실전 예문

Many parts of what the executive said were hard to **comprehend**.
그 임원이 이야기한 것 중 많은 부분은 납득하기 어려웠다.

WORD 10 commerce 명 상업, 무역

단어 어원 com(함께) + merc(상인) + e[명접]

어근 merc는 merchant(명 상인)의 축약형이다. commerce는 '상인들이 함께 모여서 하는 것'이라는 어원적 의미에서 '상업, 무역'이라는 뜻으로 굳어졌다.

✏️ 핵심 연관 단어

merchandise 명 상품   **commercial** 형 상업적인

📢 응용 표현

• **a wealthy merchant** 부유한 상인   • **a commercial success** 상업적인 성공
• **a wide selection of merchandise** 다양하게 엄선해 놓은 상품
• **Chamber of Commerce** 상공회의소   • **the commercial heart of the city** 도시의 상업 심장부

🔍 실전 예문

The total value of global **commerce** is predicted to exceed the expectations.
전 세계 무역의 총 가치는 기대치를 초과할 것으로 예상된다.

WORD 11

compromise 통 타협하다, 절충하다, 굽히다, 양보하다 / 명 타협

단어 어원 com(함께) + promise(약속하다)

compromise는 '함께 모여서 함께 어떻게 하자고 약속하다'라는 어원적 의미를 가지고 있다. 여기에서 '타협하다, 절충하다'라는 뜻으로 굳어졌다. 문맥상 애초에 세웠던 원칙에 대해 타협하는 것이기도 하므로 '굽히다, 양보하다'라는 뜻도 가진다.

✐ 핵심 연관 단어

promise 동 약속하다 / 명 약속

reach an agreement 동 합의하다

🕵 응용 표현

- **make a promise** 약속을 하다
- **reach a compromise** 타협에 이르다
- **reach an agreement** 합의에 이르다
- **come to an agreement** 합의하다

🔍 실전 예문

Neither side of the negotiation refused to **compromise**.
협상의 양쪽 모두 타협하기를 거절했다.

WORD 12

correspond 통 서신을 주고받다, 일치하다, 부합하다

단어 어원 co(함께) + respond(응답하다)

correspond의 '서신을 주고받다'라는 현재 뜻은 '연락을 서로 주고받아서 응답하다'라는 어원적 의미에서 파생되었다. 어원적 의미에서 '하나의 질문에 함께 똑같이 대답하다' → '일치하다, 부합하다'라는 뜻도 생겼다.

주의 단어 correspondent = co(함께) + respond(응답하다) + ent(사람) 명 통신원, 특파원
★ 형용사 같지만 명사이다.

✐ 핵심 연관 단어

respond 동 응답하다

correspondence 명 서신, 편지

🕵 응용 표현

- **correspond regularly with** ~와 정기적으로 소식을 주고받다
- **bring a corresponding change in** 그에 상응하는 변화를 가져오다
- **send correspondence to** ~에게 서신을 보내다
- **dispatch a correspondent to** ~에 특파원을 파견하다

🔍 실전 예문

She **corresponds** regularly with her former teacher.
그녀는 이전의 선생님과 정기적으로 소식을 주고받는다.

His expenditures do not **correspond** to his income.
그의 지출은 그의 수입에 부합하지 않는다.

contemporary 형 동시대의, 현대의

단어 어원 con(함께) + tempor(시간) + ary[형접]

어근 tempor는 '시간'이라는 뜻을 가지고 있다. temporary는 '일시적인'이라는 뜻이다. contemporary 는 '내가 살고 있는 시점에서 같은 시간을 함께 보내고 있는'이라는 어원적 의미에서 '동시대의, 현대의' 라는 뜻으로 굳어졌다.

🖉 핵심 연관 단어

temporarily 부 일시적으로
contemporaries 명 동시대인들

📢 응용 표현

- **a temporary position** 임시직
- **be temporarily out of stock** 일시적으로 재고가 없다
- **life in contemporary Seoul** 현대 서울에서의 삶
- **contemporary accounts of Sth** ~의 동시대인들의 설명
- **contemporaries of Mozart** 모차르트와 동시대인들

🔍 실전 예문

Jane stands out among the **contemporary** musicians.
Jane은 현대 음악가 중에서 두드러진다.

단어들의 알쏭달쏭 차이 ▶ 동시대의 contemporary, concurrent, simultaneous

contemporary는 '사람, 작품, 물건이 같은 시대에 속하는' 또는 '현대의'라는 뜻이다. concurrent는 '동시에 발생하 는' 또는 '동시에 공존하는'이라는 뜻이다. 그리고 simultaneous는 '같은 순간에 일어나거나 행해지는'이라는 뜻이다.

He stands out among **contemporary** musicians.
그는 현대의 음악가 중 뛰어난 사람이다.

This provides **concurrent** online update and availability of data.
이는 온라인 업데이트와 데이터 이용성을 동시에 제공합니다.

The conference delegates were provided with **simultaneous** interpretation.
회담 대표들에게 동시 통역이 지원되었다.

memo

뿌리 깊은
어원 영단어

spectacular

preside

depend

Part **02**

어근

root

expel

sense

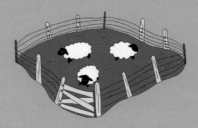

seclude

spect, vid

보다

Spect + acule + ar

Spectacular

'보다'라는 뜻을 가지고 있는 어근으로는 spect와 vid가 있다. spectator는 '보는 사람'이므로 '관중'을 뜻하고 specimen은 '실물로 볼 수 있는 것'이므로 '견본, 표본, 샘플'을 뜻한다. 그리고, video는 '녹화', visible은 '보이는', vivid는 '(눈에 잘 보이듯이) 생생한, 선명한'이라는 뜻이다. vid 는 시간이 흐르면서 vis, view, wit 등으로 변형되기도 했다.

spectacular 형 장관을 이루는, 볼만한, 극적인

단어 어원 spect(보다) + tacular[형접]

접미사 ar는 '~한 성질의'라는 뜻을 가지고 있는 형용사형 접미사이다. familiar는 family(가족) + ar(~한 성질의) 구성으로, '친밀한'이라는 뜻이다.

spect라는 어근에 acle이라는 명사형 접미사가 붙어서 spectacle(명 장관, 볼만한 것)이 되었고, 여기에 형용사형 접미사 ar이 붙어서 spectacular(형 장관을 이루는, 볼만한, 극적인)이 된 것이다.

🖋 핵심 연관 단어

spectate (동) 지켜보다   **spectacularly** (부) 볼만하게

📣 응용 표현

- **the opportunity to spectate** 볼 수 있는 기회
- **spectacular scenery** 장관을 이루는 풍경
- **score a spectacular goal** 극적인 골을 넣다

🔍 실전 예문

You can enjoy **spectacular** views of the sunset from the resort.
당신은 우리 리조트에서 멋진 일몰을 보실 수 있습니다.

aspect 명 측면, 양상

단어 어원 a(~쪽으로) + spect(보다)

접두사 a는 '~쪽으로'라는 뜻을 가지고 있다. affect는 af(~쪽으로) + fact(만들다) 구성으로 '~로 작용하다, 영향을 미치다'라는 뜻이다. aspect는 어원적인 의미로는 '~을 향해 바라보다'라는 뜻이다. 여기에서 '측면, 양상'이라는 뜻으로 굳어졌다.

🖋 핵심 연관 단어

affect (동) ~로 작용하다, 영향을 미치다   **attract** (동) 마음을 끌다, 유혹하다

📣 응용 표현

- **affect one in three women** 여성 3명 중 1명에게 영향을 미치다
- **attract visitors** 방문객들을 끌어들이다
- **cover all aspects of city life** 도시 생활의 모든 측면을 다루다
- **in every aspect** 모든 측면에서
- **a widely acclaimed performance** 널리 환호받는 공연

🔍 실전 예문

The tech support team will provide assistance on various **aspects** throughout the company.
기술 지원팀은 회사 전체의 여러 가지 측면에서 지원을 제공할 것이다.

WORD 03 circumspect 형 신중한, 주의 깊은

단어 어원 circum(주변) + spect(보다)

circum은 '주변'이라는 뜻을 가지고 있는 접두사이다. circle(명 주변)이 변형된 것이다. circumscribe는 circum(주변) + scribe(쓰다) 구성으로, '주변에 선을 긋다'라는 어원적 의미에서 '제한하다, 한정하다'라는 뜻으로 굳어졌다. circumstance는 주변에 서 있는 것들이므로 '환경, 상황'이라는 뜻이다.

✏️ 핵심 연관 단어

circumstance 명 상황   **circumvent** 동 피하다, 면하다

📢 응용 표현

- **circumscribe the power** 권력을 제한하다
- **in certain circumstances** 특정한 상황에서
- **be circumspect in behavior** 행동을 신중히 하다
- **circumvent the real issues** 실질적인 문제를 회피하다

🔍 실전 예문

The management left an impression that the company strives to **circumvent** the real issues.
경영진은 회사가 실질적인 문제를 피하려고 노력한다는 인상을 주었다.

신중한, 주의 깊은 circumspect, careful, cautious

circumspect는 '어떤 일을 하기 전에 모든 과정을 세밀하게 고려하여 대처하는'이라는 뜻이다. 한편 careful은 '행동하고 말하는 데 있어서 조심하는, 주의 깊은'이라는 뜻이다. 그리고 cautious는 '일어날지도 모를 위험에 대비하여 조심하는, 신중한'이라는 뜻이다.

You should be **circumspect** before taking the first step.
당신은 첫 단계를 취하기 전에 신중해야 한다.

Be **careful** crossing the main road.
큰 도로를 건널 때는 조심해라.

You should be **cautious** when you enter the construction zone.
공사 현장에 들어갈 때는 매우 조심해야 한다.

expect 통 기대하다

단어 어원 ex(밖으로) + (s)pect(보다)

expect는 '밖으로 보다'라는 어원적 의미에서 '기대하다'라는 뜻으로 굳어졌다. 'expect to 동사원형'의 형태나 'expect that 주어 + 동사'의 형태로 많이 사용한다.

✎ 핵심 연관 단어

expectation 명 기대   **expecting** 형 임신한   **expected** 형 기대되는

📢 응용 표현

- **expect to 동사원형** ~할 것으로 기대하다
- **expect Sby to 동사원형** ~가 ~할 것으로 기대하다
- **be expected to 동사원형** ~할 것으로 기대되다
- **meet one's expectations** ~의 기대치를 충족시키다

🔍 실전 예문

We **expect** to see further improvement over the coming year.
다가오는 해에는 더 많은 향상을 보게 되기를 기대합니다.

prospect 명 전망, 예상, 가능성

단어 어원 pro(앞으로) + spect(보다)

접두사 pro는 '앞으로'라는 뜻을 가지고 있다. prospect는 '앞을 내다보다'라는 어원적 의미에서 '(어떤 일이 있을) 가망, 가능성' 및 '(성공할) 전망, 예상'이라는 뜻으로 굳어졌다. prospective는 '다가오는, 곧 있을'이라는 뜻도 있지만, '(장래가) 유망한'이라는 뜻으로 많이 사용한다는 점을 알아두자.

✎ 핵심 연관 단어

propel 동 추진하다   **provide** 동 제공하다, 준비하다   **prospective** 형 다가오는, 곧 있을, 유망한

📢 응용 표현

- **mechanically propelled vehicles** 기계적으로 나아가게 만든 수송수단
- **good employment prospects** 좋은 취직 전망
- **prospective buyer** 장래의 구매자   • **prospective lawyer** 유망한 변호사

🔍 실전 예문

There is little **prospect** of any improvement in the weather.
날씨가 호전될 전망이 거의 없다.

Prospective lawyers are eager to change the current system.
유망한 변호사들은 현재 시스템을 바꾸기를 열망하고 있다.

WORD 06

respect 통 존경하다, 존중하다 / 명 존경, 측면, 고려

단어 어원 re(다시) + spect(보다)

접두사 re는 '뒤로, 계속, 다시'라는 뜻을 가지고 있다. respect는 '봤던 것을 다시 보다'라는 어원적 의미에서 '존경하다, 존중하다'라는 뜻으로 굳어졌다. 그리고 계속해서 다시 보는 것은 여러 측면을 고려하는 것이므로 '측면, 고려'라는 뜻도 있다. 형용사형으로는 respectful과 respectable이 있다.

✎ 핵심 연관 단어

respectful 형 공손한, 정중한

respectable 형 존경할 만한, 훌륭한

📢 응용 표현

• **be widely respected as** ~로 널리 존경받다
• **respect your opinion** 당신의 의견을 존중하다
• **show a lack of respect for** ~을 존중하지 않다
• **as a token of respect** 존경의 표시로
• **respectfully decline offer** 제안을 공손히 거절하다

🔍 실전 예문

I have the greatest respect for the president.
나는 사장님을 존경한다.

They respectfully declined the invitation to the awards ceremony.
그들은 시상식 초대를 정중하게 거절했다.

WORD 07

irrespective 형 관계없는, 상관없는, 무관심한

단어 어원 ir(아닌) + re(다시) + spect(보다) + ive[형접]

접두사 ir은 in이 변형된 것으로, '아닌'이라는 뜻이다. irrespective는 '한 번 보고 다시 보지 않는'이라는 어원적 의미에서 '관계없는, 상관없는, 무관심한'이라는 뜻으로 굳어졌다. 'irrespective of'와 같이 전치사구로 많이 사용한다.

✎ 핵심 연관 단어

irrespectively 부 관계없이, 상관없이

📢 응용 표현

• **be ruled illegal** 불법적이라고 판결이 나다
• **give impartial advice** 공정한 충고를 하다
• **irrespective of whether** 주어 +동사 ~할지 말지와는 상관없이
• **irrespective of income** 소득과 관계없이
• **irrespective of** ~와 관계없이(= regardless of)

🔍 실전 예문

Everyone is treated equally, irrespective of race.
인종과 상관없이 모든 사람들이 동등한 대우를 받는다.

specimen 명 견본, 표본, 샘플

단어 어원 spec(보다) + imen[명접]

specimen은 '실물로 볼 수 있는 것'이라는 어원적 의미에서 '견본, 샘플'이라는 뜻으로 굳어졌다.

📢 응용 표현

- **take a specimen** 견본을 채취하다
- **provide a specimen** 견본을 제공하다

🔍 실전 예문

Stain the **specimen** before looking at it under the microscope.
표본을 현미경 밑에 대고 보기 전에 그것을 착색하세요.

species 명 종류, 종

단어 어원 spec(보다) + ies[명접]

species는 '눈으로 보고 분류하는 것'이라는 어원적 의미에서 '종, 종류'라는 뜻으로 굳어졌다.

📢 응용 표현

- **a rare species of** ~의 희귀종
- **an endangered species** 멸종 위기에 처한 종

🔍 실전 예문

Many **species** have diverged from a singly ancestor.
많은 종들이 단 하나의 조상에서 갈라져 나왔다.

WORD 10

specific 형 구체적인, 명확한, 특정한

단어 어원 spec(보다) + ific[형접]

fy라는 접미사는 동사형 접미사로 '~로 만들다'라는 뜻이다. specify는 '눈에 보이도록 만들다'라는 어원적 의미에서 '(구체적으로) 명시하다'라는 뜻으로 굳어졌다. 그 형용사형인 specific은 '구체적인, 명확한, 특정한'이라는 뜻이다.

유사 형태어 ▶ intensify = in(안으로) + tenst(뻗다) + ify(~로 만들다) 동 강하게 하다

📏 핵심 연관 단어

specify 동 명시하다   specification 명 사양, 설명서   specifically 부 구체적으로, 명확하게

📢 응용 표현

- specify the size 사이즈를 명시하다
- specific models 특정한 모델
- the technical specifications of the new model 새로운 모델의 기술 설명서
- be designed specifically for ~을 위해서 구체적으로 디자인되었다

🔍 실전 예문

The company will give you more **specific** installation instructions.
회사는 당신에게 보다 명확한 설치 지침을 줄 것이다.

WORD 11

conspicuous 형 눈에 잘 띄는, 뚜렷한

단어 어원 con(강조) + spic(보다) + uous[형접]

여기서 con은 강조의 접두사이다. conspicuous는 '눈에 확실하게 잘 보이는'에서 '뚜렷한'이라는 뜻이 파생되었다.

📏 핵심 연관 단어

conspicuously 부 눈에 띄게   inconspicuous 형 이목을 끌지 못하는

📢 응용 표현

- a conspicuous success 뚜렷한 성공작
- conspicuous consumption 과시적 소비
- be conspicuously obvious 너무나 두드러진

🔍 실전 예문

There was no **conspicuous** road sign in that highway.
그 도로에는 눈에 띄는 도로 표지가 없었다.

vision 명 시력, 시야, 광경

단어 어원 vis(보다) + ion[명접]

ion은 명사형 접미사로, '~하는 행위, 성질, 상태'를 뜻한다. hesitate(통 주저하다)의 명사형이 hesitation 이고 temp(통 유혹하다)의 명사형은 temptation임을 기억하자.

vision은 '보는 것'이라는 어원적 의미에서 '시력, 시야'라는 뜻으로, '보이는 것'이라는 어원적 의미에서 '광경'이라는 뜻으로 굳어진 것이다.

✏️ 핵심 연관 단어

hesitation 명 주저함   **temptation** 명 유혹   **visible** 형 보이는

📢 응용 표현

• **with hesitation** 주저하면서
• **the temptation of easy profits** 쉽게 얻는 이익이라는 유혹
• **have blurred vision** 시야가 흐리다
• **be clearly visible** 또렷이 보이는

🔍 실전 예문

Her **vision** is restricted in one eye.
그녀는 시력이 한쪽 눈에만 제한되어 있다.

devise 통 고안하다, 만들다

단어 어원 de(분리) + vise(보다)

접두사 de는 '아래로, 분리, 이탈, 강조'의 뜻을 가지고 있다. 그중 '분리'와 관련해서 devise는 어원적 의미에서 '새로운 것을 만들기 위해 물건을 부품별로 분리해서 들여다보다' → '고안하다, 만들다'라는 뜻으로 굳어졌다. 명사형인 device는 '(특정 작업을 위해 고안된) 장치, 기구'라는 뜻이다.

✏️ 핵심 연관 단어

detain 통 억류하다, 구금하다, 붙들다, 지체하다   **dispose** 통 처분하다   **device** 명 장치, 기구

📢 응용 표현

• **be detained for questioning** 심문을 받기 위해 구금되다
• **dispose of nuclear waste** 핵 폐기물을 처분하다
• **devise an alternative plan** 대안을 고안하다
• **safety device** 안전 장치
• **electronic device** 전기 기구

🔍 실전 예문

A new system has been **devised** to control traffic in the city.
도시 내 교통 통제를 위해 새로운 체제가 고안되었다.

WORD 14

improvise 통 즉석에서 하다, 준비 없이 즉흥적으로 하다

단어 어원 im(아닌) + pro(앞으로) + vise(보다)

접두사 pro는 '앞으로, 이전'이라는 뜻을 가지고 있다. improvise는 '연설이나 공연 등을 할 때 원고를 앞에 두지 않고 진행하다'라는 어원적 의미에서 '즉석에서 ~하다'라는 뜻으로 굳어졌다. 명사형인 improvisation은 '준비 없이 바로 하는 즉흥 연주'를 의미한다.

✒ 핵심 연관 단어

propose 통 청혼하다, 제안하다　　　　　　**produce** 통 만들다, 생산하다, 제작하다 / 명 농산물
improvisation 명 즉흥 연주

📣 응용 표현

- **propose changes to** ~의 변화를 제안하다
- **produce microchips** 마이크로칩을 생산하다
- **musicians who are good at improvising** 즉흥 연주에 능한 음악가들
- **a masterpiece of improvisation** 즉흥시의 걸작

🔍 실전 예문

The performers often **improvise** their own melodies.
연주자들은 종종 자신들의 멜로디를 즉석에서 만든다.

WORD 15

viewpoint 명 견해, 관점

단어 어원 view(보다) + point(점)

어근 view는 vid에서 변형된 것으로 '보다'라는 뜻을 가지고 있다. viewpoint는 어원적 의미로 '보는 점'이다. 이 뜻에서 '사물이나 현상을 바라보는 점'으로 뜻이 확대되어 '관점, 견해'라는 뜻으로 굳어졌다. point of view와 perspective와 같은 뜻이다.

✒ 핵심 연관 단어

review 명 검토　　　　　**overview** 명 개요, 개관　　　　　**perspective** 명 관점

📣 응용 표현

- **the review of the education policy** 교육 정책의 검토
- **give an overview of** ~을 개략적으로 설명하다
- **from a different viewpoint** 다른 관점에서
- **opposing viewpoint** 반대하는 견해

🔍 실전 예문

They tried to look at things from a different **viewpoint**.
그들은 사태를 다른 관점에서 바라보려고 했다.

WORD 16

divide 통 나누다

단어 어원 di(분리) + vid(보다) + e[동접]

접두사 di는 dis에서 변형된 것으로 '분리, 이탈, 반대'라는 뜻을 가지고 있다. divide는 '무엇인가를 눈으로 보고 분리시키다'라는 어원적 의미에서 '나누다'라는 뜻으로 굳어졌다. 명사형인 division은 '분리', 업무별로 나눈 '부서', dividend는 '배당금'을 의미한다.

✏️ 핵심 연관 단어

distract 통 흩뜨리다, 산만하게 하다   **divisor** 명 나눗수

📣 응용 표현

• **momentarily distracted them** 순간적으로 그들을 산만하게 만들었다
• **subdivide** 세분하다
• **sales division** 영업부
• **dividend payment** 배당금 지불

🔍 실전 예문

Let's **divide** up the bill equally.
비용은 똑같이 나누어 부담하는 걸로 하자.

WORD 17

obvious 형 분명한, 명백한, 확실한

단어 어원 ob(강조) + vi(보다) + ous[형접]

접두사 ob는 '반대, 저항'의 뜻과 '강조'의 뜻을 가지고 있다. obstacle은 ob(반대) + sta(서 있다) + cle[명접] 구성으로, '반대편에 서 있는 것'이라는 어원적 의미에서 '장애, 방해(물)'이라는 뜻으로 굳어졌다. obvious는 어원적으로 '전체가 완전히 다 보이는'이라는 의미이다. 여기에서 '(눈으로 보거나 이해하기에) 분명한, 명백한' 및 '(누가 생각해도) 확실한'이라는 뜻으로 굳어졌다.

✏️ 핵심 연관 단어

object 명 물건, 물체 / 통 반대하다   **obviously** 부 확실히, 분명히, 분명하게

📣 응용 표현

• **a major obstacle to** ~의 주요 장애(물)
• **object to the proposal** 그 제안에 반대하다
• **It is obvious that** 주어 + 동사 ~가 분명하다
• **It became obvious that** 주어 +동사 ~가 분명해졌다
• **the obvious choice** 분명한 선택

🔍 실전 예문

It is **obvious** to me that you're unhappy in your job.
당신이 직업에 만족하지 않는다는 것이 저에게는 명확하게 보여요.

WORD 18

revise 통 수정하다, 변경하다, 개정하다

단어 어원 re(다시) + vise(보다)

접두사 re는 '뒤로, 계속, 다시'라는 뜻을 가지고 있다. revise는 '다시 보다'라는 어원적 의미에서 '(의견, 계획을) 수정하다, 변경하다' 및 '(책이나 견적서 등의 내용을) 개정하다'라는 뜻으로 굳어졌다. 그래서 the revised edition은 책의 '개정판'을 의미한다.

🖉 핵심 연관 단어

remain 동 여전히 ~인 상태이다   **revision** 명 수정, 변경, 개정

📢 응용 표현

- **It remains to be seen whether 주어 + 동사** ~할지는 여전히 두고 봐야 한다
- **revise the figures upwards** 수치를 상향으로 수정하다
- **a revised edition** 개정판
- **make some minor revisions to~** 에 약간의 사소한 수정을 하다

🔍 실전 예문

Sales forecasts will have to be **revised** downward.
매출액 예상치는 하향해서 수정되어야 할 것이다.

수정하다 revise, correct, adjust

revise는 '새롭게 개정하다'라는 뜻이다. correct는 '틀린 것을 고치다'라는 뜻이다. 그리고 adjust는 '조정하다, 적응하다'라는 뜻이다.

The proposal to **revise** the regulations strikes us as too early.
규정을 개정하자는 제안은 너무 이른 감이 있다.

We would like to thank you for giving us an opportunity to **correct** the situation.
상황을 바로 잡을 기회를 주셔서 감사합니다.

It took a while for his eyes to **adjust** to the dimness.
그의 눈이 어둑한 것에 적응하는 데 시간이 한참 걸렸다.

supervise 통 관리하다, 감독하다

단어 어원 super(위에서) + vise(보다)

접두사 super는 '위에서'라는 뜻을 가지고 있다. supervise는 '이리저리 돌아다니면서 위에서 내려다보다'라는 어원적 의미에서 '관리하다, 감독하다'라는 뜻으로 굳어졌다.

✏️ 핵심 연관 단어

superficial 형 표면상의, 피상적인, 가벼운　　　　**supervision** 명 감독

📢 응용 표현

- **superficial differences** 피상적인 차이
- **supervise building work** 건설 공사를 감독하다
- **supervise the work personally** 직접 감독하다
- **an immediate supervisor** 직속 상관
- **under the supervision of** ~의 감독하에서

🔍 실전 예문

The public pool is fully **supervised** by trained staff.
그 공용 수영장은 훈련된 직원들에 의해서 완전히 관리되고 있다.

관리하다, 감독하다 supervise, control, manage

supervise는 '직접적으로 관리하고 감독하다'라는 뜻이다. control은 '제어하고 통제하다'라는 뜻이다. 그리고 manage는 '무엇인가를 관리하다'라는 뜻이다. manage와 supervise는 둘 다 '관리하다'라는 뜻이지만, manage는 일반적으로 '관리하다'를 뜻할 때 사용하고 supervise는 '감시나 감독을 하다'라는 뜻이다.

It is important for a manager to **supervise** the work of his staff.
지배인이 직원들의 일을 감독하는 것은 중요하다.

Please keep your dog under **control**.
개를 통제해 주세요.

It's just not feasible to **manage** the business on a part-time basis.
파트타임 방식으로는 그 사업을 관리할 수 없다.

UNIT 02

sit / sid

서다   앉다

pre + side
preSide

sta와 sist는 stand(통 서다)에서 변형된 어근으로 '서다'라는 뜻을 가지고 있다. assist는 as(~쪽으로) + sist(서다) 구성으로, '돕다, 어시스트하다'라는 뜻이다.

sid는 sit(통 앉다)에서 변형된 어근으로 '앉다'라는 뜻을 가지고 있다. subside는 sub(아래로) + side(앉다) 구성으로, '가라앉다, 진정하다'라는 뜻이다.

WORD 01

assist 图 돕다, 어시스트하다

단어 어원 as(~쪽으로) + sist(서다)

접두사 as는 ad가 변형된 것으로 '~쪽으로'라는 뜻을 가지고 있다. aspire는 a(~쪽으로) + spire(호흡하다) 구성으로 '열망하다, 염원하다'라는 뜻이다. assist는 어원적 의미에서 '누군가의 쪽으로 서서 그 사람이 하는 일을 거들다' → '돕다, (스포츠에서) 어시스트하다'라는 뜻으로 굳어졌다.

✎ 핵심 연관 단어

assistance 图 도움, 지원

assistant 图 조수, 보조원

응용 표현

- **aspire to a scientific career** 과학계에 진출하기를 열망하다
- **designed to assist people with disabilities** 장애가 있는 사람들을 돕도록 설계되다
- **technical assistance** 기술 지원
- **be of assistance** 도움이 되다

실전 예문

The charitable organization has been greatly **assisted** by individuals and organizations.
그 자선단체는 개인들과 조직들로부터 많은 도움을 받아 왔다.

WORD 02

consist 图 구성되다

단어 어원 con(함께) + sist(서다)

consist는 '여러 명이 함께 서다'라는 어원적 의미에서 '~로 구성되다'라는 뜻으로 굳어졌다. 자동사로 반드시 'consist of'의 형태로 사용한다.

주의 단어 compose = com(함께) + pose(두다) 图 구성하다, 작문하다, 작곡하다
★ 타동사여서 단독으로 사용하거나 'be composed of'의 형태로 수동태 형태로 사용한다.

✎ 핵심 연관 단어

consistency 图 일관성   **consistent** 图 일관성이 있는   **consistently** 图 일관되게

응용 표현

- **consist of** ~로 구성되다
- **be composed of** ~로 구성되다
- **consistent argument** 일관된 주장
- **be consistent the way** 주어 + 동사 ~하는 방식이 일관되다

실전 예문

The lesson will **consist** of 5 classes.
수업은 5교시로 구성될 것이다.

We must be **consistent** in applying rules.
우리는 규칙을 적용할 때 일관성이 있어야 한다.

WORD 03

destination 명 목적지, 도착지, 행선지

단어 어원 de(분리) + sti(세우다) + nation[명접]

destination은 '집에서 몸을 분리시켜 나왔을 때 마음속에 세워 놓은 도착 장소'라는 어원적 의미를 가지고 있다. 여기에서 '목적지, 행선지, (물품의) 도착지'라는 뜻으로 굳어졌다. tourist destinations는 '관광지'라는 뜻으로 많이 사용한다. 이와 동일한 표현으로는 tourist attractions, tourist spots 등이 있다.

유사 형태어 destiny = de(강조) + stiny(서 있다) 명 운명

응용 표현

- **holiday destinations** 휴가지
- **the intended destination** 의도된 목적지
- **tourist destinations** 관광지
- **reach our final destination** 최종 목적지에 도착하다

실전 예문

The amusement park is being promoted as a tourist **destination**.
그 놀이공원은 관광지로 홍보되고 있다.

WORD 04

insist 통 주장하다, 고집하다

단어 어원 in(안에) + sist(서다)

접두사 in은 '안'이라는 뜻을 가지고 있다. insist는 '자기의 요구나 주장을 자기 안에서 세워 놓고 있다'라는 어원적 의미에서 '주장하다, 고집하다'라는 뜻으로 굳어졌다. insist는 자동사와 타동사 둘 다 사용이 가능한데, 자동사인 경우 'insist on'의 형태로, 타동사인 경우 'insist that 주어 (should) 동사원형'의 형태로 사용한다.

핵심 연관 단어

income 명 소득, 수입　　　**input** 명 투입, 입력, 자료, 조언 / 통 입력하다　　　**insistence** 명 주장, 고집

응용 표현

- **income and spending** 소득과 지출
- **make some adjustments based on user input** 사용자들의 조언을 근거로 약간의 수정을 하다
- **insist on his innocence** 자신의 결백을 주장하다
- **insist on a refund of the full amount** 전액 환불을 고집하다

실전 예문

You should exercise flexibility and not **insist** on one thing.
한 가지만 고집하지 말고 유연성을 발휘해야 한다.

WORD 05

institute 명 기관, 학회, 협회, 연구소 / 동 도입하다, 시작하다

단어 어원 in(안에) + sti(서다) + tute[명접]

institute는 명사로는 '정부나 대학교, 기업 안에 세워 놓은 곳'이라는 어원적 의미에서 '기관, 학회, 협회, 연구소' 등의 뜻으로 사용한다. institute와 institution은 뜻이 언뜻 보기에 비슷한데, 한국말로는 둘 다 '기관, 학회'이다. institute는 어떤 특정한 주제나 목적을 가지고 연구나 공부를 위한 모임, 예를 들어 영어학원이나 연구소 등을 말한다. 한편 institution은 도움이 필요한 사람에게 도움을 주고 보살핌을 주는 모임이나 단체를 말한다.

✎ 핵심 연관 단어

institution 명 기관, 협회　　　　**institutional** 형 기관의, 보호 시설의

📢 응용 표현

• **institute criminal proceedings** 형사 소송 절차를 시작하다
• **language institute** 어학원　　　　　　• **research institute** 연구소
• **institute a number of changes** 많은 변화를 도입하다　　• **financial institutions** 금융 기관

🔍 실전 예문

They founded a non-profit institute dedicated to research in the public interest.
그들은 대중들의 관심이 있는 연구에 전념하는 비영리 기관을 설립했다.

WORD 06

constant 형 끊임없는, 지속적인, 변함없는

단어 어원 con(강조) + sta(서 있다) + ant[형접]

접두사 con은 com이 변형된 것으로 기본적으로 '함께'라는 뜻과 '강조'의 뜻을 가지고 있다. constant는 어원적 의미에서 '항상 같은 자리에서 계속해서 서 있는' → '끊임없는, 지속적인, 변함없는'이라는 뜻으로 굳어졌다.

✎ 핵심 연관 단어

commemorate 동 기념하다　　**compatible** 형 호환성이 있는　　**constantly** 부 끊임없이

📢 응용 표현

• **commemorate the anniversary** 기념일을 기념하다　• **constantly change** 끊임없이 변하다
• **be compatible with** ~와 호환성이 있는　　• **constantly evolving** 끊임없이 진화하고 있는
• **constant interruptions** 거듭되는 방해

🔍 실전 예문

Prices have remained fairly constant over the last three years.
물가는 지난 3년간 상당히 일정했다.

persist 통 집요하게 계속하다, 지속하다

단어 어원 per(완전히) + sist(서다)

per는 '완전히'라는 뜻을 가지고 있는 접두사다. persist는 '처음부터 끝까지 완전히 서다'라는 어원적 의미에서 '집요하게 ~을 계속하다, 지속하다'라는 뜻으로 굳어졌다. 자동사로 뒤에 전치사 in과 동명사를 수반해서 'persist in Ving'의 형태로 사용한다.

✎ 핵심 연관 단어

persistence 명 고집, 끈기   **persistent** 형 집요한, 끈질긴   **persistently** 부 집요하게

📢 응용 표현

- **persist in blaming oneself** 고집스럽게 자책하다
- **the symptoms persist** 증상이 지속되다
- **stubbornly persist with his questions** 고집스럽게 질문을 계속하다
- **persistent rain** 끊임없는 비
- **persistent stain** 아무리 해도 지워지지 않는 얼룩

🔍 실전 예문

The trade network **persisted** in spite of the political chaos.
정치적인 혼란에도 불구하고, 그 무역망은 계속되었다.

obstacle 명 장애(물), 방해(물)

단어 어원 ob(반대로) + sta(서 있다) + cle[명접]

접두사 ob는 '저항, 반대'라는 뜻을 가지고 있다. obstruct는 ob(저항) + struct(쌓다) 구성으로, '저항해서 쌓아 올리다'라는 어원적 의미에서 '방해하다, 가로막다'라는 뜻으로 굳어졌다.
obstacle은 '반대편에 서 있는 것'이라는 어원적 의미에서 '장애(물), 방해(물)'이라는 뜻으로 굳어졌다.

📢 응용 표현

- **obstruct my driveway** 나의 진입로를 가로막다
- **be buried in oblivion** 세상에서 잊히다
- **obstacle to growth** 성장의 저해 요소
- **become oblivious to** ~을 의식하지 못하게 되다

🔍 실전 예문

A lack of qualifications can be a major **obstacle** to finding a decent job.
자격 부족은 좋은 직장을 구하는 데 주요 장애가 될 수 있다.

WORD 09

resist 图 저항하다

단어 어원 re(반대로) + sist(서다)

resist는 assist의 반대말로 '반대편의 입장에 서다'라는 어원적 의미에서 '저항하다'라는 뜻으로 굳어진 단어이다. 2차 세계대전 때 나치에 저항한 독일 군인을 레지스탕스(resistant)라고 부르는데 이 단어에서 유래한 것이다.

반의어 assist = as(~쪽으로) + sist(서다) 图 돕다, 어시스트하다

✏️ 핵심 연관 단어

resistance 명 저항   **resistant** 형 저항력이 있는

📢 응용 표현

• **resist changes** 변화에 저항하다   • **be resistant to disease** 질병에 저항력이 강하다
• **couldn't resist it** 참을 수 없다   • **be resistant to wear and distortion**
• **meet with resistance** 저항에 부딪히다   마모와 뒤틀림에 강하다

🔍 실전 예문

They successfully **resisted** pressure from their competitors to increase prices.
그들은 가격을 인상하라는 경쟁자들로부터의 압력에 성공적으로 저항했다.

WORD 10

stationary 형 움직이지 않는, 정지된

단어 어원 station(역) + ary[형접]

접미사 ary는 '~의, ~하는'이라는 뜻을 가지고 있다. 어근 뒤에 붙어서 형용사나 명사로 만들어 준다. stationary는 역이나 정거장과 같이 '한 곳에 계속 서 있는'이라는 어원적 의미에서 '움직이지 않는, 정지된'이라는 뜻으로 굳어졌다.

유사 형태어 stationery = station(역) + ery(류) 명 문구류(물건을 팔 때 이동할 필요 없이 역이나 정거장처럼 학교 근처에 자리 잡고 파는 것에서 유래되었다)

✏️ 핵심 연관 단어

boundary 명 경계, 한계   **elementary** 형 기본의, 초등의   **station** 명 역, 정거장

📢 응용 표현

• **the boundaries of a country** 국경선   • **a stationary population** 고정 인구
• **elementary school** 초등학교   • **collided with a stationary vehicle** 정지된 차량과 충돌하다

🔍 실전 예문

Traffic during rush hour is so heavy that many cars are **stationary** on the streets.
출퇴근 시간에는 교통량이 워낙 많아서 많은 차들이 길에서 움직이지 않고 있다.

WORD 11

# substitute 	명 대체품, 대리인 / 통 대신하다, 대체하다, 교체하다

단어 어원 sub(아래에) + sti(서 있다) + tute[명접]

substitute는 '바로 아래에 서 있는 것을 사용하다'라는 어원적 의미에서 '대신하다, 대체하다, 교체하다'라는 뜻으로 굳어졌다. 비슷한 뜻을 가진 단어인 replace는 '교체하다'라는 뜻이다.

✍ 핵심 연관 단어

replacement 	명 교체, 대체품, 대체자, 후임자

📢 응용 표현

• **substitute A for B** A로 B를 대신하다
• **be brought on as a substitute** 교체 선수로 투입되다
• **replace A with B** A를 B로 교체하다
• **find a replacement for** ~의 대체자를 찾다

🔍 실전 예문

Nothing can **substitute** for the advice your teacher is able to give you.
선생님이 해 줄 수 있는 조언을 대신할 수 있는 것은 아무것도 없다.

WORD 12

# standstill 	명 정지, 멈춤

단어 어원 stand(서 있다) + still(여전히)

원래 standstill은 stand(서다) + still(가만히) 구성으로, 동사와 부사가 결합되어서 하나의 명사가 된 단어이다. '여전히 계속해서 서 있다'라는 어원적 의미에서 '정지, 멈춤'이라는 뜻으로 굳어졌다. takeover도 마찬가지로 take over라는 두 단어가 분리되어서 사용되면 동사인데, 결합된 단어이다. 그 외 이런 표현들로 takeoff(명 이륙), giveaway(명 사은품, 증정품) 등이 있다.

✍ 핵심 연관 단어

takeover 	명 인수	takeoff 	명 이륙	giveaway 	명 사은품, 증정품

📢 응용 표현

• **come to a standstill** 정지되다
• **bring Sth to a standstill** 정지시키다
• **a takeover bid** 인수 시도
• **during takeoff and landing** 이륙과 착륙 동안에
• **at giveaway prices** 헐값으로

🔍 실전 예문

Traffic in the southbound lane is at a complete **standstill**.
하행하는 교통은 완전히 정지된 상태이다.

stance 명 입장, 태도, 자세

단어 어원 sta(서 있다) + nce[명접]

접미사 nce는 동사나 형용사를 명사로 바꾸어 주는 접미사다. appear의 명사형은 appearance, ignore 의 명사형은 ignorance인 것이 대표적이다. stance도 stand(동 서다)라는 동사의 명사형으로 보면 된다. '서 있는 상태'이므로 '입장, 태도, 자세'라는 뜻이다.

✎ 핵심 연관 단어

appearance 명 외모, 모양, 출현
ignorance 명 무시, 무지

importance 명 중요성
stand 동 서다

📢 응용 표현

• **external appearance** 외관
• **widespread ignorance about the disease** 그 병에 대한 만연한 무지
• **stress the importance of Sth** ~의 중요성을 강조하다
• **adjust his stance** 그의 입장을 조정하다
• **maintain a neutral stance** 중립적인 입장을 유지하다

🔍 실전 예문

His public **stance** was much tougher than his private feelings on the subject.
그 문제에 관한 그의 공식적인 입장은 그의 개인적인 느낌보다는 훨씬 더 강했다.

stagnant 형 정체된, 침체된, 고여 있는

단어 어원 sta(서다) + gnant[형접]

접미사 ant는 '~하는'이라는 뜻을 가졌으며, 형용사로 만들어 주는 접미사다. 예를 들어 significant는 동 사 signify의 형용사형이다. stagnant는 stagnate의 형용사형으로, '움직이지 않고 한 자리에 계속 서 있 다'라는 어원적 의미에서 '정체된, 침체된, 고여 있는'이라는 뜻으로 굳어졌다.

✎ 핵심 연관 단어

stagnate 동 부진하다, 침체되다   **stagnation** 명 경기 침체   **significant** 형 중요한, 상당한

📢 응용 표현

• **profits have stagnated** 수익이 부진해졌다
• **the stagnation of the steel industry** 철강 산업의 부진
• **a significant increase in sales** 매출액의 상당한 증가
• **a stagnant economy** 침체된 경제
• **in the stagnant water** 고인 물에

🔍 실전 예문

The domestic economy has been **stagnant** for quite a while.
국내 경제는 상당 기간 동안 침체되어 왔다.

withstand 동견디다, 저항하다

단어 어원 with(대항해서, 뒤로) + stand(서다)

with가 접두사로 사용되는 경우 '대항해서, 뒤로'라는 뜻을 가진다. withstand는 '~에 대항해서 서다'라는 어원적 의미에서 '견디다, 저항하다'라는 뜻으로 굳어졌다.

유사 형태어 ▶ withdraw = with(뒤로) + draw(당기다) 동물러나다, 철수하다, 인출하다
withhold = with(뒤로) + hold(쥐다) 동보류하다, 유보하다

✏️ 핵심 연관 단어

withdrawal 명철수, 철회

📢 응용 표현

- **withdraw the troops** 군대를 철수시키다
- **the withdrawal of support** 지지 철회
- **withhold information** 정보를 주지 않다
- **withstand high temperatures** 고온에 견디다
- **withstand an earthquake** 지진에 견디다

🔍 실전 예문

All buildings are now reinforced to **withstand** earthquakes.
모든 건물들은 이제 지진에 견디도록 보강되어 있다.

preside 동주재하다, 진행하다, 사회를 보다

단어 어원 pre(앞에) + sid(앉다) + e[동접]

preside는 '주재하다, 진행하다, 사회를 보다'라는 뜻이다. 주의해야 할 점은 자동사로 사용하기 때문에 뒤에 전치사 at이나 over를 수반한다는 점이다. 반면 '(토론 같은 것을 앞에서) 이끌다'라는 뜻을 가진 타동사로는 lead를 사용한다.

유의어 ▶ moderate = moder(방식) + ate[동접] 동조정하다, 사회를 보다

✏️ 핵심 연관 단어

presider 명주재자, 사회자

📢 응용 표현

- **lead a discussion** 토론을 이끌다
- **moderate the debate** 토론회에서 사회를 보다
- **preside at the meeting** 모임을 주재하다

🔍 실전 예문

The chairman will **preside** over the meeting tonight.
의장이 오늘 저녁 회의를 주재할 것이다.

reside 통 살다, 거주하다

단어 어원 re(계속) + sid(앉아 있다) + e[동접]

reside는 어원적 의미상 어떤 장소에 계속 눌러 앉아 있는 것이므로 '거주하다'라는 뜻이다. 병원에서 전문의 수련 과정에 있는 의사를 레지던트(resident)라고 하는데, 병원에서 먹고 자는 시간이 많아서 병원에서의 거주자와 같다는 의미에서 나온 말이다. '거주하다'라는 뜻을 가진 단어로 reside와 inhabit이 있는데, reside는 자동사로 reside in과 같이 뒤에 전치사가 수반되어 '사람이 ~에 거주하다'라는 뜻이 된다. 반면 inhabit은 타동사로 뒤에 목적어가 바로 오고 '동물이나 식물이 서식하다, 살다'라는 뜻으로 사용한다.

🖊 핵심 연관 단어

residence 명 주택, 거주지
resident 명 주민

residential 형 주거용의
habitat 명 서식지

📣 응용 표현

- **reside abroad** 해외에 거주하다
- **reside in the border areas** 국경 지역에 거주하다
- **a desirable family residence for sale** 가족이 살기 좋은 주택 판매
- **a residential complex** 주거 단지
- **residential areas** 주거 지역

🔍 실전 예문

Please select the country you **reside** in.
당신이 거주하는 나라를 선택하세요.

session 명 회기, 수업, 기간

단어 어원 sess(앉아 있다) + ion[명접]

접미사 ion은 '행위, 성질, 상태, 동작' 등을 뜻하는 명사이다. correct(통 수정하다)의 명사형은 correction 이다. session은 '사람이 특정 목적을 위해 앉아 있는 시간'이므로 '회기, 수업' 등의 뜻으로 사용한다. 특정 활동이 시작되는 시점에서 끝날 때까지의 시점, 즉 '(특정 활동을 위한) 시간 및 기간'을 뜻하기도 한다.

🖊 핵심 연관 단어

correction 명 수정

sessional 형 개회의, 회기마다의

📣 응용 표현

- **make some corrections to** ~을 약간 수정하다
- **a deep economic recession** 극심한 경기 침체
- **a training session** 훈련 기간
- **the plenary session** 총회

🔍 실전 예문

Each **session** lasted approximately 45 minutes.
각각의 수업은 대략 45분간 지속되었다.

subsidy 명 보조금

단어 어원 sub(아래에) + sid(앉다) + y[명접]

접두사 sub은 '아래에'라는 뜻을 가지고 있다. subway(명 지하철)를 생각하면 쉽다. subcontractor는 '하청업자'이다. subsidy는 '바로 아래에 앉아 도와주는 것'이라는 어원적 의미에서 '보조금'이라는 뜻으로 굳어졌다.

🖉 핵심 연관 단어

subconscious 형 잠재의식의　　**subway** 명 지하철　　**subcontractor** 명 하청업자

📢 응용 표현

• **subconscious desires** 잠재의식적인 욕망　• **is handled by subcontractor** 하청업자에 의해 처리되다
• **a downtown subway stop** 시내 지하철 역　• **low income subsidy** 저소득 보조금

🔍 실전 예문

A government **subsidy** was given to the farmers.
농부들에게 정부 보조금이 지급되었다.

supersede 통 대신하다, 대체하다

단어 어원 super(위에) + sede(앉다)

접두사 super는 '위에'라는 뜻을 가지고 있다. supersede는 '기존의 위에 다른 것이 앉다'라는 어원적 의미를 가지고 있다. 여기에서 '대신하다, 대체하다'라는 뜻으로 굳어졌다.

📢 응용 표현

• **be superseded by** ~로 대체되다

🔍 실전 예문

Traditional extended families have been **superseded** by nuclear families.
전통적인 대가족은 핵가족으로 대체되었다.

대신하다 supersede, replace

supersede는 '구식이 되고 못쓰게 된 것을 대신하다, 교체하다'라는 뜻이다. replace는 '이유 여하나 규모와 관계없이 대신하다, 뒤를 잇다'라는 뜻이다.

The bill would **supersede** state law.
이 법안은 주의 법을 대신할 것이다.

The new design will eventually **replace** all existing models.
그 새 디자인은 결국 모든 기존 모델들을 대신할 것이다.

UNIT 03

ven / cede
오다   가다

circum + vent

circumvent

ven은 '오다'라는 뜻을 가지고 있다. VENI VIDI VICI는 그 유명한 율리우스 카이사르 시저가 폼페이우스를 상대적으로 소규모의 병력으로 무찌르고 원로원에 보낸 편지 구절이다. 우리말로는 '왔노라, 보았노라, 이겼노라'라는 뜻인데, 여기에서의 VENI도 ven의 활용형이다. 이와 반대의 어근인 cede는 '가다'라는 뜻을 가지고 있다.

advent 명 출현, 도래

단어 어원 ad(~쪽으로) + vent(오다)

advent는 어원적 의미에서 '기존에 존재하지 않던 것이 처음으로 눈앞에 오다' → '출현, 도래'라는 뜻으로 굳어졌다.

✎ 핵심 연관 단어

adventure 명 모험　　　**adventurous** 형 모험심이 강한　　　**adventurer** 명 모험가

📢 응용 표현

- **the advent of the new technology** 신기술의 출현
- **the adventures travelling in Africa** 아프리카를 여행하는 모험
- **adventurous tourists** 모험심이 강한 여행자들
- **a lucky adventurer** 행운의 모험가

🔍 실전 예문

Nobody denied that since the **advent** of the Internet, the world has become much closer.

인터넷의 출현으로 세계가 훨씬 가까워졌다는 사실에 아무도 부인하지 않는다.

circumvent 동 피하다, 면하다

단어 어원 circum(주변) + vent(오다)

접두사 circum은 circle(명 주변)이 변형된 것이다. circumvent는 '장애나 위험으로부터 빙 돌아가다'라는 어원적 의미에서 '(어려움이나 법 등을) 피하다, 면하다'라는 뜻으로 굳어졌다.

✎ 핵심 연관 단어

circumstance 명 상황　　　　　　　　**circumvention** 명 모함, 속임수

📢 응용 표현

- **circumscribe the power of the monarchy** 군주제의 힘에 한계를 긋다
- **face the adverse circumstances** 불리한 상황에 직면하다
- **a way of circumventing the law** 법을 피하는 법
- **circumvent the restrictions** 규제를 피하다

🔍 실전 예문

Many international clothing retailers can find ways to **circumvent** the restrictions.

많은 국제 의류 소매업자들은 이 규제를 피할 방도를 찾을 수 있다.

WORD 03

contravene 图 위반하다, 무시하다, 어기다

단어 어원 contra(반대하여) + vene(오다)

접두사 contra는 '반대, 대항'이라는 뜻을 가지고 있다. contraception은 cotra(반대) + ception(임신) 구성으로, '피임, 피임법'이라는 뜻이다. contravene는 '법, 규칙, 규정 등과 반대로 오다(가다)'라는 어원적 의미에서 '위반하다, 무시하다, 어기다'라는 뜻으로 굳어졌다. contravention of contract는 '계약의 위약'을 의미한다.

✎ 핵심 연관 단어

contradict 图 반박하다, 모순되다   **contravention** 명 위반

📢 응용 표현

- **give advice about contraception** 피임에 대한 조언을 하다
- **contradict everything she said** 그녀가 말한 모든 것을 반박하다
- **contravene safety regulations** 안전 규정을 위반하다
- **in contravention of** ~을 위반해서

🔍 실전 예문

A lot of domestic companies were found guilty of **contravening** safety regulations.
많은 국내 기업들이 안전 규정 위반죄를 범한 것으로 밝혀졌다.

WORD 04

evade 图 피하다, 회피하다, 모면하다

단어 어원 e(밖으로) + vade(오다)

어근 vade는 ven이 변형된 것이다. evade는 '부딪히지 않으려고 밖으로 오다'라는 어원적 의미에서 '(어떤 일이나 사람을) 피하다, 모면하다' 및 (법적, 도덕적 의무를) 회피하다'라는 뜻으로 굳어졌다. tax evasion은 '탈세'를 의미한다.

반의어 invade = in(안으로) + vade(오다) 图 침입하다

✎ 핵심 연관 단어

evasion 명 회피, 모면   **pervade** 图 고루 퍼지다, 전파되다, 만연하다

📢 응용 표현

- **evade payment of taxes** 세금 납부를 피하다   • **tax evasion** 탈세
- **evade the problem altogether** 문제를 완전히 피하다
- **invade the government buildings** 정부 건물로 침입하다
- **a pervading mood of fear** 만연하고 있는 공포 분위기

🔍 실전 예문

It was dirty trick to try to **evade** all responsibility for your behavior.
자기 행동에 대한 모든 책임을 회피하려고 하는 것은 비겁한 짓이다.

WORD 05

souvenir 명 기념품

단어 어원 sou(떠오르게) + ven(오다) + ir[명접]

souvenir는 '마음속에서 떠오르게 하고자 만든 것'이라는 어원적 의미에서 '기념품'이라는 뜻으로 굳어졌다. 여행을 가서 기념품을 사는 것은 그때의 좋은 기억을 떠오르게 하려는 것이다.

📢 응용 표현

• **a souvenir shop** 기념품 가게

🔍 실전 예문

We were given complimentary **souvenir** at the end of the international trade fair.
우리는 그 국제 무역 박람회가 끝나고 나서 무료 기념품을 받았다.

WORD 06

intervene 통 개입하다, 끼어들다, 중재하다

단어 어원 inter(중간, 사이) + vene(오다)

접두사 inter는 '중간, 사이'라는 뜻을 가지고 있다 우리가 아는 교차로 intersection은 inter(중간, 사이) + sect(자르다) + ion[명접] 구성이다. 길의 중간을 잘랐다는 뜻에서 교차로라고 부른다.
intervene은 어원적 의미에서 '어려운 상황에서 그 상황을 개선하기 위해서 중간에 들어오다' → '(상황 개선을 돕기 위해) 개입하다' 및 '(다른 사람이 말하는 중간에) 끼어들다, 중재하다'라는 뜻으로 굳어졌다.

✏️ 핵심 연관 단어

interlude 명 막간, 중간, 휴식   **intervention** 명 중재, 개입

📢 응용 표현

• **a musical interlude** 간주곡
• **at the intersection of** ~의 교차로에서
• **intervene personally in the crisis** 위기에서 직접 개입하다
• **military intervention** 군사적 개입
• **foreign intervention** 외국의 개입

🔍 실전 예문

It is mutually beneficial to **intervene** militarily in the area.
그 지역에 대한 무력 개입을 하는 것이 상호 이익이 된다.

prevent 통 막다, 예방하다

단어 어원 pre(이전) + vent(오다)

prevent는 '나쁜 일이나 부정적인 사건이 올 것에 대비해 이전에 하다'라는 어원적 의미에서 '막다, 예방하다'라는 뜻으로 굳어졌다. 'prevent Sth'이나 'prevent Sby from Ving' 구성으로 사용해서 '~가 ~하는 것을 막다'라는 뜻으로 사용한다. 비슷한 뜻의 단어로 preclude와 prohibit이 있다.

유의어 preclude = pre(이전) + clude(닫다) 통 제외하다, 막다, 방해하다
prohibit = pro(앞에) + hibit(가지다) 통 금지시키다

✐ 핵심 연관 단어

prevention 명 예방, 방지

◔: 응용 표현

- **preclude any further discussion** 더 이상의 논의를 막다
- **prohibit the sales of alcohol** 주류 판매를 금지시키다
- **prevent accidents** 사고를 예방하다
- **prevent others from entering the area** 다른 사람들이 그 지역에 들어가는 것을 막다
- **preventive measures** 예방 조치

◎ 실전 예문

The manager said no one can **prevent** you from attending this meeting.
그 매니저는 아무도 당신이 이 회의에 참석하는 것을 막을 수 없다고 했다.

WORD
08

invent 통 발명하다, 지어내다

단어 어원 in(안에) + vent(오다)

invent는 '머릿속에 생각이 오다'라는 어원적 의미에서 '발명하다' 및 '(사실이 아닌 것을) 지어내다'라는 뜻으로 굳어졌다.

✐ 핵심 연관 단어

invention 명 발명, 발명품, 지어낸 이야기

◔: 응용 표현

- **prevent knee injuries** 무릎 부상을 예방하다
- **invent the steam engine** 증기 기관을 발명하다
- **a wonderful invention** 기가 막힌 발명품

◎ 실전 예문

The best way to predict the future is to **invent** it.
미래를 예측하는 최선의 방법은 미래를 창조하는 것이다.

inventory 명 재고 목록, 물품 목록

단어 어원 in(안에) + vent(오다) + ory[명접]

inventory는 '창고에 들어오는 물품'이라는 어원적 의미에서 '재고(품)' 및 '(특정 건물 내의) 물품 목록'이라는 뜻으로 굳어졌다. inventory turnover는 '재고 자산 회전율'이라는 뜻이다.

응용 표현

- **compile an inventory of** ~의 물품 목록을 만들다
- **take an inventory of** ~의 재고 목록을 만들다
- **slash inventories** 재고품을 줄이다

실전 예문

The store manager is cautiously optimistic the **inventory** will be disposed of over the new four weeks.
그 가게 매니저는 재고품이 다음 4주에 걸쳐 처분될 것이라고 조심스럽게 낙관하고 있다.

재고, 재고품 inventory, stock

일반적으로 inventory는 '판매자가 소유한 모든 상품'을 뜻하고 stock은 '즉각적으로 판매 가능한 상품'을 의미하는데, inventory가 stock보다는 상위 개념이다. stock과 관련해서는 in stock(재고가 있는), out of stock(재고가 없는)이라는 표현을 기억하자.

We need to overhaul our entire **inventory** tracking system.
재고 추적 시스템을 전반적으로 점검할 필요가 있다.

That particular model is not currently in <u>stock</u>.
특정 모델은 현재 재고가 없습니다.

WORD 10

venue 명 장소, 개최지, 행사장

단어 어원 ven(오다) + ue[명접]

venue는 '사람들이 오는 곳'이라는 어원적 의미에서 '장소, 행사장, 개최지'라는 뜻으로 굳어졌다. 주로 콘서트나 스포츠 경기, 회담 장소 등을 나타낼 때 사용한다.

주의 단어 location 명 장소

★ '~이 일어나거나 존재하는 장소'라는 뜻이다. 주로 '그 장소가 이름이 없거나 알려지지 않았을 때' 사용한다.

📢 응용 표현

- **find an alternative venue** 대체 장소를 찾다
- **provide the venue for** ~을 위한 장소를 제공하다
- **a popular venue for wedding** 결혼하기에 인기 있는 장소
- **a change of venue** 개최지의 변경

🔍 실전 예문

The Holiday Inn provided the venue for this year's conference.
Holiday Inn이 올해의 컨퍼런스 장소를 제공하였다.

WORD 11

revenue 명 수익, 세수

단어 어원 re(다시) + ven(오다) + ue[명접]

revenue는 '돈이 다시 돌아오는 것'이라는 어원적 의미에서 '수익'이라는 뜻으로 굳어졌다. 정부의 입장에서는 세금으로 돌아오는 돈이므로 '세수'라는 뜻도 된다. 일반 가계에서는 income(명 소득, 수입)과 spending(명 소비)이라는 단어를 사용한다. to make both ends meet이라는 표현을 기억하자. 이는 '수익과 지출의 양끝을 만나게 하다'라는 뜻으로, 즉 '수지 균형을 이루다'라는 표현이다.

반의어 expenditure = ex(밖에) + pend(매달다) + iture[명접] 명 소비, 지출, 비용

📢 응용 표현

- **a shortfall in tax revenue** 세수상의 적자
- **advertising revenue** 광고 수익
- **do not generate any revenue** 어떠한 수익도 창출하지 않다
- **the main source of revenue** 주요 수입원
- **to make both ends meet** 수지 균형을 이루기 위해서

🔍 실전 예문

Many of the media enterprise rely on advertising revenue for their funds.
많은 언론 기업들은 그들의 자금을 광고 수익에 의존한다.

WORD 12

convene 통 모이다, 소집하다

단어 어원 con(함께) + vene(오다)

convene은 '활동을 위해서 함께 오다'라는 어원적 의미에서 '모이다, 소집하다'라는 뜻으로 굳어졌다. convention은 '집회'를 의미하지만 conventional은 '재래적인'이라는 뜻으로, 전혀 다른 뜻을 가진다는 점에 주의하자.

주의 단어 summon = su(아래에) + mmon(감시하다) 통 소집하다

★ convene은 목적어로 '회의' 같은 것이 오고, summon은 목적어로 '사람'이 바로 올 수 있다.

✏️ 핵심 연관 단어

convention 명 집회   **conventional** 형 재래적인

📢 응용 표현

- **convene a meeting** 회의를 소집하다   • **conventional market** 재래시장
- **hold a convention** 집회를 열다   • **he was summoned to appear** 그는 출두하도록 소환되었다

🔍 실전 예문

The committee will **convene** at 9 A.M Friday.
위원회는 금요일 오전 9시에 소집할 것이다.

WORD 13

access 명 접근, 출입, 이용 / 통 접근하다

단어 어원 ac(~쪽으로) + cess(가다)

access는 '~쪽으로 가다'라는 어원적 의미에서 '접근, 출입, 이용'이라는 뜻으로 굳어졌다. 주로 명사로 사용하는데, 뒤에 전치사 to를 수반한다. 'have access to'와 같이 사용한다. 반면 access를 동사로 사용할 때는 타동사가 되기에 뒤에 to가 오면 안 된다. 'could access the data'와 같이 사용한다.

유사 형태어 assess = as(~쪽으로) + sess(앉다) 통 평가하다

✏️ 핵심 연관 단어

accessible 형 접근이 가능한

📢 응용 표현

- **have access to** ~에 접근하다, ~을 이용하다   • **be easily accessible to** ~에게 쉽게 이용이 가능한
- **be accessible only by ferry** 배로만 접근이 가능한   • **be denied access to** ~에 대한 접근이 거절되다
- **assess the effects of the changes** 그 변화의 영향을 평가하다

🔍 실전 예문

Access to this information is strictly restricted.
이 정보에 대한 접근은 엄격히 금지된다.

concede 통 인정하다, 양보하다
단어 어원 con(함께) + cede(가다)

concede는 어원적 의미에서 '납득이 갈 만한 증거나 자료를 함께 가지고 가다' → '인정하다'라는 뜻으로 굳어졌고, 어원적 의미에서 '같이 더불어서 가다' → '양보하다'라는 뜻으로도 굳어졌다. con이 쓰인 비슷한 형태의 단어로 concession이 있다. '인정, 양보, 양도'라는 뜻을 가지고 있는데 '극장이나 미술관 같은 곳에서 영업권을 양도하다'라는 의미에서 '구내매점'이라는 뜻으로도 사용한다.

✍ 핵심 연관 단어

concession 명 인정, 양보, 양도, 구내매점

📢 응용 표현

- **concede that** 주어 + 동사 ~을 인정하다
- **concede power to** ~에게 권력을 넘겨 주다
- **the burger concessions at the stadium** 경기장의 햄버거 구내매점
- **concede defeat** 패배를 인정하다
- **make concessions** 양보하다

🔍 실전 예문

The pressure group has finally won several **concessions** on environment policy.
그 압력 단체는 마침내 환경 정책에 대해 여러 양보를 얻어 냈다.

incessant 형 끊임없는
단어 어원 in(계속) + cess(가다) + ant[형접]

incessant는 '멈추거나 쉬지 않고 계속 가는'이라는 어원적 의미에서 '끊임없는'이라는 뜻으로 굳어졌다. cease는 '가다'에서 '끝나다'로 뜻이 확대되었다. 그래서 ceaseless(형 중단 없는), cease-fire(명 휴전, 정전) 등이 중단과 관련된 뜻이 있는 것이다.

✍ 핵심 연관 단어

cease 동 끝나다   **decease** 명 사망

📢 응용 표현

- **the noise ceased altogether** 소음이 완전히 끝났다
- **make a ceaseless effort** 끊임없는 노력을 하다
- **upon my decease** 내가 사망하자마자
- **incessant noise** 끊임없는 소음
- **be tired of incessant activity** 끊임없는 활동으로 지쳤다

🔍 실전 예문

Most of the members were tired of **incessant** activity.
대부분의 멤버들은 끊임없는 활동에 지쳐 있었다.

recede 툥 후퇴하다, 침체하다

단어 어원 re(뒤로) + cede(가다)

recede는 '뒤로 가다'라는 어원적 의미에서 '후퇴하다, 침체하다'라는 뜻으로 굳어졌다. '경기 침체'라고 하면 recession과 depression이 있는데, 둘의 차이는 recession은 '경제가 성장하다가 성장률이 멈추거나 마이너스로 떨어지는 상태'를 말하고, depression은 recession이 2분기 이상 지속될 때를 말한다.

유사 형태어 proceed = pro(앞으로) + ceed(가다) 툥 앞으로 가다, 진행하다, 나아가다

✐ 핵심 연관 단어

recession 몡 물러남, 경기 후퇴

☞ 응용 표현

• **recede into distance** 차츰 멀어지다
• **recede from a contract** 계약을 철회하다
• **a deep economic recession** 극심한 경기 침체
• **the Great Depression** (1930년대의) 세계 대공황

⚲ 실전 예문

The doctor is pleased to inform the patient that the pain will be gradually **receding**.
그 의사는 환자에게 고통이 점진적으로 줄어들 것이라는 것을 알리게 되어서 기뻤다.

proceed 툥 앞으로 가다, 진행하다, 나아가다

단어 어원 pro(앞으로) + ceed(가다)

proceed는 '앞으로 가다, 나아가다, 진행하다'라는 뜻이다. 자동사로 사용하며, proceeds와 같이 복수형이 되면 명사로 '수익금'이라는 의미를 가진다.

유사 형태어 precede = pre(전에) + cede(가다) 툥 앞서가다, 선행하다

✐ 핵심 연관 단어

procession 몡 행렬, 진행   **proceeds** 몡 수익금   **procedure** 몡 절차

☞ 응용 표현

• **proceed as planned** 계획대로 진행하다
• **proceed to Gate 10** 10번 게이트로 나아가다
• **proceed with the plan** 계획을 진행하다
• **a funeral procession** 장례 행렬

⚲ 실전 예문

Passengers waiting to board should **proceed** to Gate 10.
탑승을 기다리고 있는 승객들은 10번 게이트로 나아가야 한다.

proceed는 '이미 시작된 일을 계속 진행하다'라는 뜻이고 progress는 '진전을 보이다'라는 뜻이다.

Please **proceed** in accordance with the previous arrangements.
앞서 결정한 대로 진행해 주시기 바랍니다.

Students do not always **progress** in a linear fashion.
학생들이 반드시 직선형으로 발달해 나가는 것은 아니다.

WORD 18

succeed 통 성공하다, 계승하다

단어 어원 suc(아래에) + ceed(가다)

succeed는 어원적 의미에서 '왕위나 자리가 그 다음 아래 사람에게 넘어가다' → '계승하다'라는 뜻으로 굳어졌고, '순조롭게 아래로 가다' → '성공하다'라는 뜻으로 굳어졌다. succeed in은 '성공하다'이고 succeed to는 '계승하다'이다.

✎ 핵심 연관 단어

success 명 성공
succession 명 연속, 계승
successful 형 성공적인

📢 응용 표현

- **be successful in Ving** ~하는 데 성공적이다
- **a highly successful business** 매우 성공적인 사업
- **in succession** 연속으로
- **for three days in succession** 3일 연속으로

🔍 실전 예문

The plan implemented last year **succeeded** pretty well.
작년에 실행된 그 계획은 매우 성공했다.

WORD 19

exceed 동 초과하다

단어 어원 ex(밖으로) + ceed(가다)

exceed는 '정해진 범위 밖으로 넘어가다'라는 어원적 의미에서 '초과하다'라는 뜻으로 굳어졌다. 형용사 형에는 excessive와 excess가 있다. excessive는 '정도가 과도한'이라는 뜻이고 excess는 '특정 기준을 초과한'이라는 뜻이다. '과도한 소비'는 excessive spending이라고 하지만, 비행기를 탈 때 기준을 초과 하는 '초과 수화물'은 excess baggage라고 한다.

🖉 핵심 연관 단어

excess 명 과잉 / 형 초과한   **excessive** 형 과도한, 지나친   **excessively** 부 과도하게

📢 응용 표현

- **exceed the speed limit** 제한 속도를 초과하다   • **excessive competition** 과다 경쟁
- **exceed the sales quota** 영업 할당량을 초과하다   • **in excess of** ~을 초과하여
- **excessive spending** 과도한 소비

🔍 실전 예문

Due to the exceptional performance, this year's profits will **exceed** our expectations.
뛰어난 성과 때문에, 올해의 수익은 우리의 기대치를 초과할 것이다.

WORD 20

precede 동 앞서가다, 선행하다

단어 어원 pre(전에) + cede(가다)

'시간적으로 하나의 사건이 다른 사건보다 먼저 일어나다'라는 어원적 의미에서 '앞서가다, 선행하다'라 는 뜻으로 굳어졌다.

🖉 핵심 연관 단어

precedent 명 선례, 전례   **predecessor** 명 전임자
unprecedented 형 전례에 없던, 선례가 없던

📢 응용 표현

- **the years preceding the wars** 그 전쟁보다 앞선 시절
- **reverse the policies of the predecessor** 전임자의 정책을 뒤집다

🔍 실전 예문

Marked improvements was made during the years **preceding** the First World War.
1차 세계대전보다 앞선 시절 동안에 눈에 띄는 개선이 있었다.

mit / ject / fer
보내다 　　 던지다 　　 운반하다

e + mit
emit

어근 mit은 '보내다'라는 뜻을 가지고 있다. mission은 어원적으로는 '보냄'이라는 의미로, '임무, 사절'이라는 뜻이다. missile은 어원적으로는 '보낼 수 있는 것'이라는 의미로, '미사일'이라는 뜻이다. ject은 '던지다'라는 뜻을 가지고 있다. project는 pro(앞으로) + ject(던지다) 구성으로, '앞에 던지다'라는 어원적 의미에서 '프로젝트, 연구 과제'라는 뜻으로 굳어졌다.

fer는 '운반하다'라는 뜻을 가지고 있다. ferry는 '운반하는 것'이라는 어원적 의미에서 '나룻배'라는 뜻으로 굳어졌다. differ는 de(분리해서) + fer(운반하다) 구성으로, '떨어져 분리되어 나르다'라는 어원적 의미에서 '다르다'라는 뜻으로 굳어졌다.

admit 통 인정하다, 허락하다

단어 어원 ad(~쪽으로) + mit(보내다)

admit은 '~쪽으로 사람을 보내다'라는 어원적 의미에서 '(입학, 입원, 입장 등을) 허락하다'라는 뜻으로 굳어졌다. 목적어로 범행, 잘못이나 that이 오는 경우 '~을 인정하다'라는 뜻이 된다. admit은 '사람이 어떤 단체에 들어가는 것을 허락하다'라는 뜻으로 사용한다. allow와 사용법을 헷갈리지 말자.

주의 단어 allow = al(~쪽으로) + low(두다) 통 허락하다

★ 'sby to 동사원형'의 형태로 사용해서 '~에게 ~하도록 허락하다'라는 뜻이 된다.

✎ 핵심 연관 단어

admission 명 입장, 입학, 가입, 인정　　**admitted** 형 공인된　　**admittedly** 부 인정하건대

📢 응용 표현

- **admit a mistake** 실수를 인정하다
- **an admission of guilt** 유죄 인정
- **hospital admission** 병원 입원
- **admission charges** 입장료
- **apply for admission** 입학을 지원하다

🔍 실전 예문

Each ticket **admits** one adult unless otherwise indicated.
별도의 표시가 없는 한, 표 한 장으로 어른 한 명이 입장할 수 있다.

인정하다 admit, concede, confess

admit는 뒤에 목적어로 사람이 수반되면 '~에 입장을 허가하다'라는 뜻이다. 그리고 뒤에 목적어로 that이 수반되면 '어떤 일이 사실이라는 것을 인정하다'라는 뜻이다. 한편 concede는 '내키지 않지만 어떤 것을 사실로 인정하지 않을 수 없다'라는 어감이 강하다. confess는 자신의 잘못을 고백하거나 부정적인 사실을 인정하지 않을 수 없을 때 사용한다.

I must **admit** that you have done an excellent work.
훌륭하게 일을 했음을 인정한다

She had to **confess** that their story was true.
그녀는 그들의 이야기가 사실임을 인정하지 않을 수 없었다.

I have to **confess** that I didn't like that movie.
그 영화를 좋아하지 않았다는 것을 고백해야겠다.

commit 图 저지르다, 전념하다, 맡기다

단어 어원 **com**(함께) **+ mit**(보내다)

commit의 어원적 의미는 '함께 보내다'이다. 여기에서 '내 머릿속의 나쁜 생각을 행동으로 보내다' → '(범죄를) 저지르다'라는 뜻이 생겼다. 그리고 함께 보낸 사람에게 일을 맡긴다는 의미에서 '전념하다, 맡기다'라는 뜻도 파생되었다. '~에 전념하다'라는 뜻으로 사용할 경우 수동태로 사용해야 한다. be committed to N/Ving와 같은 식으로 사용한다. 이때 to는 부정사가 아니라 전치사이므로 뒤에는 목적어로 명사나 동명사가 수반되어야 한다.

🖉 핵심 연관 단어

commitment 图 전념, 몰두   **committed** 阁 ~에 헌신하는, 몰두하는
dedicated 阁 ~에 전념하는, 헌신하는

📢 응용 표현

• **commit murder** 살인을 저지르다   • **be committed to N/Ving** ~에 몰두하다, 전념하다
• **commit a suicide** 자살을 하다   • **a dedicated teacher** 헌신적인 교사
• **make a long-standing commitment to top quality** 최고 품질을 위해 오랫동안 전념하다

🔍 실전 예문

The government is **committed** to housing the refugees.
정부는 난민들의 거처 마련에 전념하고 있다.

?? 단어들의 알쏭달쏭 차이

맡기다 commit, entrust, consign

commit은 '사람이나 일 등을 남의 책임이나 관리 하에 맡기다'라는 뜻이다. entrust는 '상대방을 믿고 물건, 임무, 사건 등을 맡기다, 위임하다'라는 뜻이 강하다. 그리고 consign은 '어떤 것을 포기하고 남의 손에 넘겨 주다, 인도하다'라는 뜻이다.

The patient was **committed** to the state hospital.
그 환자는 주 병원에 맡겨졌다.

Airline passengers **entrust** their safety to the pilot.
비행기 승객들은 그들의 안전을 조종사에게 맡긴다.

We will **consign** the goods to him by express.
물품을 그에게 속달로 보낼 것이다.

dismiss 통 일축하다, 무시하다, 해고하다

단어 어원 dis(분리) + miss(보내다)

어근 miss는 mit가 변형된 것이다. dismiss는 '누군가의 제안을 분리해서 보내다'라는 어원적 의미에서 '무시하다, 일축하다'라는 뜻으로 굳어졌다. 목적어로 사람이 나오면 '물러나게 하다, 해고하다'라는 뜻이 된다.

유사 형태어 premise = pre(이전) + mise(보내다) 명 전제, (추리에 의거한) 근거

✏️ 핵심 연관 단어

dismissal 명 해고, 무시   **compromise** 통 타협하다, 절충하다

📢 응용 표현

• **dismiss the objections** 반대를 무시하다
• **be unfairly dismissed** 부당하게 해고당하다
• **the case was dismissed** 그 소송은 기각되었다
• **the basic premise of the argument** 그 주장의 기본 전제
• **be prepared to compromise** 타협할 준비가 되어 있다

🔍 실전 예문

Some of the Union members claim that they were unfairly **dismissed** from their positions.
일부 노조 위원들은 자기들이 그 직책에서 부당하게 해고당했다고 주장한다.

emit 통 내뿜다, 방출하다, 발산하다

단어 어원 e(밖으로) + mit(보내다)

emit은 '안에 있는 것을 밖으로 보내다'라는 어원적 의미에서 '내뿜다, 방출하다, 발산하다'라는 뜻으로 굳어졌다. 명사형인 emission은 '배출, 배기 가스, 배출물'을 의미한다.

✏️ 핵심 연관 단어

emissary 명 사절, 특사

📢 응용 표현

• **emit a sound** 소리를 내다   • **the emission of carbon dioxide** 이산화탄소의 배출
• **emit a signal** 신호를 내보내다   • **the president' special emissary to** ~로 보내지는 대통령의 특사

🔍 실전 예문

The new device was designed to **emit** a signal to evacuate the building in case of emergency.
그 새로운 장치는 비상시의 경우에 건물에서 대피하라는 신호를 방출하도록 설계되었다.

emit은 '열, 빛 따위를 방출하다'라는 뜻이다. discharge는 '사람을 해방하다, 해고하다'라는 뜻이다. release는 '출시하다, 출간하다, 공개하다' 등의 뜻이다.

It does not <u>emit</u> as much as pollution as other cars.
그것은 다른 자동차들처럼 많은 오염 물질을 배출하지 않는다.

Taxes take on or <u>discharge</u> passengers at the curb.
택시는 보도에서 손님을 태우거나 내리거나 한다.

The new software is planned for <u>release</u> in July.
그 새 소프트웨어는 7월에 출시될 계획이다.

WORD 05

permit 통 허락하다, 허가하다 / 명 허가증

단어 어원 per(통해서) + mit(보내다)

permit은 '통해서 보내다'라는 어원적 의미에서 '허락하다, 허가하다'라는 뜻으로 굳어졌다. 명사형으로는 permit과 permission이 있다. permit은 가산 명사로 a permit의 형태로 사용하고 '허가증'이라는 뜻이다. 반면 permission은 불가산 명사로, 관사 없이 단독으로 사용한다. 뜻은 '승인, 허가'라는 뜻이다.

✐ 핵심 연관 단어

permission 명 승인, 허가
permissive 형 관대한

📢 응용 표현

- **If time permits** 시간이 된다면
- **a parking permit** 주차 허가증
- **a building permit** 건축 허가증
- **a work permit** 취업 허가증
- **permissive attitude** 관대한 태도

🔍 실전 예문

Customer are permitted to use the car park.
고객들은 주차장 사용이 허락됩니다.

remit 통 송금하다, 면제해 주다 / 명 소관

단어 어원 re(다시) + mit(보내다)

remit은 어원적 의미에서 '돈을 다시 돌려 보내다' → '송금하다'라는 뜻으로 굳어졌다. 그리고 '뒤로 보내 주다' → '면제해 주다'라는 뜻도 있다. '면제해 주다'라는 뜻으로 사용할 경우, 뒤에 목적어로 벌이나 처벌 등이 나온다.

✏️ 핵심 연관 단어

remittance 명 송금, 송금액

📢 응용 표현

- **remit funds** 자금을 송금하다
- **out of the remit of the committee** 위원회 소관 밖이다
- **remit a fine** 벌금을 면제해 주다
- **remittance can be made by credit card** 송금은 신용카드로 할 수 있다

🔍 실전 예문

You can **remit** funds by either check or credit card.
당신은 자금을 수표 또는 신용카드로 송금할 수 있습니다.

송금하다 remit, transfer

remit은 목적어로 돈이 나오며, '송금하다'라는 의미로만 사용한다. 반면 transfer는 transfer A to B의 형태로 사용하며 '송금하다'뿐만 아니라 'A에서 B로 옮기다'라는 뜻으로도 사용이 된다. 회사에서는 '전근 보내다' 학교에서는 '전학 보내다', 운송수단에서는 '환승하다', 티켓 등과 관련해서는 '양도하다'라는 뜻으로 사용한다.

We hope you will **remit** money at the earliest convenience.
되도록 빨리 그 돈을 송금해 주시기 바랍니다.

I couldn't **transfer** all my credits from junior college.
내가 전문대학에서 받은 학점을 모두 인정받을 수는 없었다.

WORD 07

submit [동] 제출하다, ~에 항복하다, 굴복하다, 복종하다

단어 어원 sub(아래로) + mit(보내다)

submit은 '무엇인가를 ~아래로 보내다'라는 어원적 의미에서 '(서류 등을) 제출하다'라는 타동사로 굳어졌다. 자동사로 사용할 경우 뒤에 전치사 to가 따라오며 '~에 항복하다, 굴복하다, 복종하다'라는 뜻을 가진다. submissions와 같이 기억하자.

✏️ 핵심 연관 단어

submit to [동] 항복하다, 굴복하다, 복종하다   **submissions** [명] 출품작, 제출, 항복

📢 응용 표현

• **submit an application** 신청서를 제출하다   • **submit his resignation** 사임서를 제출하다
• **submit to threats** 협박에 항복하다   • **welcome submissions from** ~로부터의 출품작을 환영하다
• **refuse to submit a threats** 협박에 굴복하기를 거부하다

🔍 실전 예문

You can **submit** your application within the end of the month.
당신은 이달 안에 신청서를 제출해야 한다.

WORD 08

intermission [명] 휴식 시간, 막간

단어 어원 inter(중간, 사이) + miss(보내다) + ion[명접]

intermit은 '중간에 멈추다, 중단하다'라는 뜻이다. 그 명사형인 intermission은 '휴식 시간'이라는 뜻이다. 중요한 것은 intermission은 주로 뮤지컬이나 연극 등에서 중간에 끊는 시간을 의미할 때 사용한다는 것이다. 그래서 intermission에는 '막간'이라는 뜻도 있다.

주의 단어 break [명] 휴식

★ 일반적인 '휴식'을 말하고자 할 때는 break를 사용한다. 그리고 '휴가'를 말하고자 할 때는 leave를 사용한다.

✏️ 핵심 연관 단어

intermit [동] 중간에 멈추다, 중단하다   **intermittent** [형] 간헐적인, 간간이 일어나는

📢 응용 표현

• **without intermission** 중간에 쉬지 않고
• **intermittent rain** 간헐적인 비
• **intermittent burst of applause** 간간이 터져 나오는 박수소리

🔍 실전 예문

Coffee or tea will be served during the **intermission**.
중간 휴식 시간에 커피나 차가 제공될 것이다.

휴식 intermission, break, leave

연극이나 영화의 중간 휴식 시간을 intermission이라고 한다. 반면 일반적인 의미의 '휴식'은 break를 사용한다. 그리고 '휴가'는 leave를 사용한다.

During the **intermission**, the actors changed costumes.
막간에 배우들은 의상을 갈아 입었다.

The staff set up the stage during the **intermission**.
직원들이 휴식시간에 무대를 설치했다.

It will be appropriate for you to take a **leave** of absence.
너는 휴가를 내는 게 좋겠다.

---

omit 图 누락하다, 빠뜨리다

단어 어원 o(완전히) + mit(보내다)

접두사 o는 ob에서 b가 생략된 것으로 '완전히'라는 의미이다. 따라서 omit은 '보이지 않게 완전히 보내다'에서 '빼 버리다, 누락하다'가 되었다.

✏️ 핵심 연관 단어

omission 명 누락, 생략
omissible 형 생략할 수 있는

📢 응용 표현

- be omitted altogether 완전히 누락되다
- be inadvertently omitted 부주의로 누락
- deliberately omit 고의로 생략하다

🔍 실전 예문

A request to **omit** name will be respected.
익명의 요구를 존중합니다.

WORD 10

conjecture 명추측 / 동추측하다

단어 어원 con(함께) + ject(던지다) + ure[동접]

conjecture는 어원적 의미에서 '함께 모여 앞으로 어떤 일이 발생할지를 알기 위해 점괘를 던져 보다' → '추측하다'라는 뜻으로 굳어졌다.

응용 표현

- **a matter of conjecture** 추측일 뿐이다
- **conjecture the fact from** 그 사실을 ~로부터 추측하다

실전 예문

We can only **conjecture** about what was in his mind.
우리는 그의 마음에 들어 있던 생각에 대해서는 추측만 할 수 있을 뿐이다.

WORD 11

inject 동집어넣다, 주사하다, 투입하다

단어 어원 in(안에) + ject(던지다)

inject는 '무엇인가를 안에 던져 집어넣다'라는 어원적 의미를 가지고 있는 단어이다. '약물을 몸 안에 넣다' → '주사하다'라는 뜻, '새로운 돈이나 자원을 회사 안으로 집어넣다' → '투입하다'라는 뜻으로 굳어졌다. 명사인 injection은 '주사'라는 뜻이다. receive an injection은 '주사를 맞다'라는 뜻이다.

응용 표현

- **inject more capital into the industry** 그 산업에 추가 자본을 투입하다
- **receive/get an injection** 주사를 맞다
- **give(apply) an injection** 주사를 놓다

실전 예문

Investors are hesitant to **inject** any more capital into the business.
투자자들은 그 사업에 더 이상의 추가 자본을 투입하는 것을 꺼리고 있다.

object 명물건, 물체 / 통반대하다

단어 어원 ob(반대) + ject(던지다)

object는 어원적 의미에서 '반대편을 향해서 던지다' → '물건'이라는 뜻으로, '자신의 입장을 다른 사람의 반대편에서 던지다' → '반대하다'라는 뜻으로 굳어졌다.

object는 여러 가지 품사를 가지고 있는데, 동사로는 '반대하다', 명사로는 '물건, 물체'라는 뜻이다. 동사로 사용할 경우 자동사로, object to와 같이 전치사 to를 수반한다.

유의어 oppose = op(반대) + pose(두다) 명 반대하다

✎ 핵심 연관 단어

objection 명 이의, 반대   **objective** 명 목표

📢 응용 표현

• **Unidentified Flying Object** UFO 미확인 비행 물체
• **object to the building of the new airport** 신공항 건설에 반대하다
• **raise an objection to** ~에 이의를 제기하다
• **The prime objective of the meeting is to** 동사원형 회의의 주 목표는 ~하기 위한 것이다

🔍 실전 예문

Many local residents **object** to the building of the new airport.
많은 지역 주민들은 신공항 건설에 반대한다.

?? 단어들의 알쏭달쏭 차이 반대하다 object, oppose, protest

object는 '매우 싫어하거나 불만을 가지고 반대하다'라는 뜻이며 자동사로 사용한다. 반면 oppose는 타동사로 사용한다. 비슷한 뜻을 가진 protest는 '격식을 갖춘 방법으로 강경하게 반대하다, 항의하다'라는 뜻이다.

They **object** to the movie's depiction of gay people.
그들은 그 영화의 동성애자 묘사에 대해 이의를 제기하고 있다.

They are totally **opposed** to abortion.
그들은 낙태에 전적으로 반대한다.

They fully intend to **protest** the decision.
그들은 그 결정에 대해 전면 항의할 작정이다.

WORD 13

reject 통 거절하다, 거부하다

단어 어원 re(반대로) + ject(던지다)

reject는 '제안이나 의견에 반대를 던지다'라는 어원적 의미에서 '거절하다, 거부하다'라는 뜻으로 굳어졌다.

🖉 핵심 연관 단어

rejection 명 거절

📢 응용 표현

- **reject an argument** 주장을 거절하다
- **emphatically rejected the proposals** 그 안건을 단호하게 거부했다
- **be met with unanimous rejection** 만장일치로 거절하다

🔍 실전 예문

It was a badly researched product that consumers rightly rejected.
그것은 조사가 제대로 되지 않아서 소비자들은 즉시 거절했다.

?? 단어들의 알쏭달쏭 차이 ▸ 거부하다, 거절하다 reject, refuse

reject는 뒤에 부정사가 못 오고 명사가 목적어로 온다. 반면, refuse는 'refuse to 동사원형'과 같이 뒤에 부정사가 목적어로 올 수 있다.

He rejected the proposal.
그는 제안을 거절했다.

He refused to accept the proposal.
그는 제안을 받아들이기를 거절했다.

WORD 14

subject 등 ~에 종속시키다 / 형 ~에 종속되는, 되기 쉬운 / 명 주제, 과목

단어 어원 sub(아래에) + ject(던지다)

subject는 어원적 의미에서 '토론하기 위해서 아래에 던져 놓다' → '주제, 과목'이라는 뜻으로, '~아래에 던져 놓여진 것' → '~에 종속되는, ~의 지배를 받는, 되기 쉬운'이라는 뜻으로 굳어졌다. subject는 여러 가지 품사로 사용하는데 각 품사마다의 의미를 명확히 파악해 둬야 한다.

✐ 핵심 연관 단어

subjective 형 주관적인

📢 응용 표현

- **an unpleasant subject** 불쾌한 주제
- **my favorite subject** 내가 좋아하는 과목
- **be subject to Sth** ~에 종속되는, 영향을 받는, ~되기 쉬운
- **be subject to change without prior notice** 사전 통보 없이 변경될 수 있는
- **be subject to cancellation** 취소될 수 있는
- **a highly subjective point of view** 매우 주관적인 견해

🔍 실전 예문

Your reservation may be subject to change without prior notice.
당신의 예약은 사전 통보 없이 변경될 수 있습니다.

WORD 15

offer 통 제안하다, 제공하다 / 명 제안, 제의

단어 어원 of(~에게) + fer(나르다)

offer는 '누군가에게 자기가 가지고 있던 것을 나르다'라는 어원적 의미를 가지고 있다. 여기에서 '제안하다, 제공하다'라는 뜻으로 굳어졌다. offer는 주로 4형식 동사로 사용하는데, 3형식으로도 사용이 가능하다. 4형식 동사로 사용할 때는 'offer Sby Sth'의 형태로 사용한다.

주의 단어 provide = pro(앞으로) + vide(보다) 통 제공하다, 준비하다

★ 뜻은 같으나 provide는 3형식 동사로만 사용해서 'provide Sby with Sth'의 형태를 취한다.

✐ 핵심 연관 단어

offering 명 제공된 것

📢 응용 표현

- **offer Sby Sth** ~에게 ~을 제공하다
- **offer Sth (to Sby)** ~을 (~에게) 제공하다
- **offer to 동사원형** ~해 주겠다고 제안하다, 권하다
- **offer real advantage** 진짜 혜택을 제공하다
- **offer him the post of editor** 편집장의 직책을 제안하다
- **turn down a job offer** 일자리 제안을 거절하다
- **the latest offering** 최근에 제공한 물건(서비스)

🔍 실전 예문

They intend to offer a more comprehensive service than any other company.
그들은 다른 어떤 회사보다도 더 종합적인 서비스를 제공하려고 한다.

단어들의 알쏭달쏭 차이 | 제안하다 offer, suggest

offer는 '누군가에게 무엇을 갖고 싶은지 또는 무엇을 하고 싶은지 묻는 것'이라는 뜻이다. offer의 중요한 포인트는 '선택권'을 가지게 되느냐, 마느냐이다. 반면, suggest는 주로 '충고나 조언을 전달하는 것'을 뜻할 때 사용한다.

The company decided to <u>offer</u> him the job.
그 회사는 그에게 그 일자리를 제안하기로 결정했다.

I <u>suggest</u> you take the forms away and read them at your leisure.
그 양식을 가지고 가서 한가할 때 읽어 보시길 충고합니다.

WORD 16

prefer 통 선호하다

단어 어원 pre(이전) + fer(옮기다)

prefer는 어원적 의미에서 '좋은 것을 이전에 먼저 선택해서 옮기다' → '선호하다'라는 뜻으로 굳어졌다. 주로 prefer A to B 형태로 사용한다. 형용사형으로는 preferable과 preferred가 있다.

✎ 핵심 연관 단어

preference 명 선호
preferable 형 더 좋은, 더 나은
preferred 형 선호하는, 우선의

🔊 응용 표현

- **prefer A to B** B보다는 A를 선호하다
- **prefer A rather than B** A하는 것보다는 B하는 것을 선호하다
- **prefer apartments over private housing** 단독 주택보다는 아파트를 선호하다
- **This option is preferable to any other** 그 옵션이 다른 어느 것보다 좋다
- **It's a matter of personal preference** 그것은 개인적인 선호도 문제이다
- **a preferred means of payment** 선호하는 지불 수단
- **meal preference** 식사 선호

🔍 실전 예문

You may simply prefer just to sit on the terrace.
당신은 아마 테라스에 앉는 것을 선호할 거예요.

Government officials apparently prefer reducing unemployment to fighting inflation.
정부 관리들은 인플레이션과 싸우는 것보다는 실업률을 줄이는 것을 분명히 선호한다.

선호하다 prefer, favor

prefer는 주로 'prefer A to B'의 형태로 사용하며 'B보다 A를 선호하다'라는 뜻이다. favor는 주로 'favor A over B'의 형태로 사용하며 'B보다 A를 좋아하다'라는 뜻이다. 그리고 in favor of(~에 찬성해서, 지지해서)라는 표현도 같이 암기해 두자.

Most kids prefer watching TV to reading.
대부분의 아이들은 책 읽는 것보다 TV 보기를 더 좋아한다.

An increasing number of parents favor daughters over sons.
점점 더 많은 부모들이 아들보다는 딸을 선호한다.

WORD 17

suffer 통 고통을 당하다, 겪다, 경험하다

단어 어원 suf(아래에) + fer(옮기다)

접두사 suf는 sub가 변형된 것으로 '아래에'라는 뜻을 가지고 있다. suffice는 suf(아래에) + fice(차다) 구성으로, '충분하다, 만족시키다'라는 뜻이다.
suffer는 '타인의 지배 아래로 옮기다'라는 어원적 의미에서 '고통을 당하다, (질병 등을) 겪다, 경험하다'라는 뜻으로 굳어졌다.

✎ 핵심 연관 단어

suffuse 동 퍼붓다, 퍼지다
suffering 명 고통

응용 표현

- **a phone call will suffice** 전화 한 통이면 충분하다
- **her face was suffused with color** 얼굴에 홍조가 퍼졌다
- **suffer a heart attack** 심장 마비를 겪다
- **suffer disgrace** 치욕을 경험하다
- **suffer from asthma** 천식으로 고생하다
- **end to his suffering** 고통을 끝내다

🔍 실전 예문

The area suffered very badly in the hurricane.
그 지역은 허리케인으로 심하게 고통을 겪었다.

confer 통 수여하다, 상의하다

단어 어원 con(함께) + fer(나르다)

confer는 어원적 의미에서 '학위나 칭호 등을 사람에게 나르다' → '수여하다'라는 뜻으로 굳어졌다. 주의 해야 할 점은 confer with와 같이 자동사로 사용할 때는 '~와 상의하다, 의논하다'의 뜻이 있다는 점이다.

✎ 핵심 연관 단어

conferment 명 수여　　　　**confer with** 동 ~와 상의하다, 의논하다　　　　**conference** 명 회의

📢 응용 표현

• **an honorary degree was conferred on him** 그에게 명예 학위가 수여되었다
• **confer with his colleagues** 동료들과 상의하다　　• **confer favors** 호의를 베풀다

🔍 실전 예문

He wanted to **confer** with his wife before reaching a final decision.
그는 최종 결정을 내리기 전에 그의 부인과 상의하고 싶었다.

Most of his colleagues like Jimmy because he used to **confer** favors.
대부분의 동료들은 Jimmy가 호의를 베풀어서 그를 좋아한다.

differ 통 다르다

단어 어원 di(분리) + fer(운반하다)

물건을 옮길 때는 주로 분리해서 따로따로 운반을 한다. 이런 의미를 어원적으로 가진 differ는 '다르다' 라는 뜻을 가지고 있다. differ는 자동사로 '~와 의견이 다르다'를 나타낼 때는 differ with의 형태로, '~와는 다르다'를 나타낼 때는 differ from의 형태로 사용한다.

✎ 핵심 연관 단어

difference 명 차이　　　　**different** 형 서로 다른　　　　**differently** 부 다르게

📢 응용 표현

• **differ with you on that** 그 점에서 너와는 다르다
• **differ a little from** ~와는 약간 다르다
• **differ in size and shape** 사이즈와 모양이 다르다
• **no significant differences between the two** 둘 사이에 현저한 차이가 없다

🔍 실전 예문

His ideas **differ** significantly from those of his predecessor.
그의 아이디어는 전임자의 아이디어와는 상당히 다르다.

infer 통 추론하다, 추측하다, 암시하다

단어 어원 in(안에) + fer(옮기다)

infer는 어원적 의미에서 '밖으로 드러내지 않고 지문 안에 핵심을 옮기는' → '추론하다, 추측하다, (간접적으로) 암시하다'라는 뜻으로 굳어졌다.

🖉 핵심 연관 단어

inference 명 추측
inferable 형 추측이 가능한

📣 응용 표현

• **reasonably infer that** 주어 + 동사 ~라는 것을 합리적으로 추론할 수 있다
• **draw inferences from** ~으로부터 추론하다
• **can reasonably infer that** ~을 합리적으로 추론할 수 있다

🔍 실전 예문

Some of the meaning need to be **inferred** from the context of the dialogue.
의미의 일부분은 대화의 문맥에서 추론될 필요가 있다.

?? 단어들의 알쏭달쏭 차이 ▶ 암시하다 infer, imply

infer와 imply는 동일한 사건을 기술할 수 있지만, 보는 관점이 다르다. infer는 당신이 글쓴이의 글로부터 무엇인가를 도출해 낸다는 뜻이다. 반면 imply는 글쓴이가 무엇을 직접 말하지 않고 암시한다는 뜻이다.

From the evidence we can **infer** that the victim knew his killer.
그 증거를 통해 희생자가 범인과 아는 사이였음을 추측할 수 있다.
Economic indicators **imply** a slowdown in the growth rate.
경제지표들은 성장률 둔화를 암시하고 있다.

WORD 21

refer 통 언급하다, 문의하다, 참고하다

단어 어원 re(강조) + fer(나르다)

refer는 자동사, 타동사 모두 사용이 가능하며, 여러 가지 뜻을 가지고 있는 다의어이다. 기본적으로 '보내다'라는 뜻이 중심이다. '입을 통해 나르다'라는 어원적 의미에서 '언급하다', '알아보기 위해서 보내다'라는 어원적 의미에서 '문의하다', '내용을 찾기 위해서 시선을 보내다'라는 어원적 의미에서 '참고하다'라는 뜻으로 굳어졌다.

✍ 핵심 연관 단어

reference 명 참고, 추천(서)　　**referral** 명 소개(서)　　**referee** 명 신원 보증인, 심판

📢 응용 표현

- **refer him to the secretary for information** 정보를 문의하라고 그를 비서에게 보내다
- **refer to a former employer** 이전 고용주에게 문의하다
- **refer to A as B** A를 B라고 부르다
- **reference letter** 추천서
- **in reference to** ~에 관해서
- **act as a referee** 심판을 보다

🔍 실전 예문

When you encounter some challenges, **refer** to the instruction manual.
어려움에 직면하게 되면, 사용설명서를 참고하세요.

WORD 22

fertile 형 비옥한, 번식 능력이 있는

단어 어원 fer(옮기다, 낳다) + tile[형접]

fertile은 어원적 의미에서 '옮길 것이 많은' → '비옥한'이라는 뜻으로 굳어졌다. '번식 능력이 있는'이라는 뜻도 있다.

반의어 sterile 형 불모의, 불임의

✍ 핵심 연관 단어

fertilizer 명 비료　　**sterility** 명 불임

📢 응용 표현

- **a fertile region** 비옥한 지역
- **a highly fertile soil** 매우 비옥한 흙
- **a fertile partnership** 결실을 낳는 동반자 관계
- **sterile land** 불모의 땅
- **can cause sterility in women** 여성의 불임을 야기할 수 있다

🔍 실전 예문

We aim to develop a **fertile** business partnership with your company.
우리는 당신과 결실을 낳는 동반자 관계를 발전시키는 것을 목표로 합니다.

UNIT 05

scribe / dict

쓰다   말하다

dict + ate
dictate

어근 scribe는 '쓰다'라는 뜻을 가지고 있다. 대사를 적은 '대본'은 script라고 한다. describe 는 de(아래) + scribe(쓰다) 구성으로, '서술하다, 설명하다, 묘사하다'라는 뜻이다.

어근 dict은 '말하다, 가리키다'라는 뜻을 가지고 있다. 상황에 따라 dic나 dex 등으로 변형된다. 책의 뒷부분의 '색인'을 index라고 한다. 그리고 손가락 중에서 가리키는 용도로 사용하는 두 번째 손가락을 index figure(집게 손가락)라고 한다.

script 명 원고, 대본

단어 어원 scri(쓰다) + pt[명접]

script는 손으로 쓴 글을 뜻하는 단어로 '원고, 대본'이라는 뜻이다. 비슷한 뜻을 가진 단어로 draft와 manuscript가 있다.

유의어 **draft** 명 (초기 생각을 적은) 초안
manuscript = manu(손) **+ script**(쓰다) 명 (손으로 직접 쓴) 원고, 필사본

✏️ **핵심 연관 단어**

scripture 명 성경, 성서

📣 **응용 표현**

- **the original script** 원래 대본
- **draw up a draft** 초안을 작성하다
- **the Holy Scripture** 성경
- **an unpublished manuscript** 미출간 원고

🔍 **실전 예문**

The aspiring novelist was advised to write in a neat, flowing **script**.
그 소설가 지망생은 깔끔하고 유창한 원고를 쓰라고 충고를 받았다.

ascribe 동 ~을 ~에게 돌리다

단어 어원 a(~쪽으로) + scribe(쓰다)

ascribe는 '감사나 불만의 글을 '~쪽으로 쓰다'라는 어원적 의미에서 '(감사, 책임, 탓)을 ~에게 돌리다'라는 뜻으로 굳어졌다. attribute A to B와 비슷한 뜻이다.

📣 **응용 표현**

- **ascribe his failure to bad luck** 그의 실패를 불운 탓으로 돌리다
- **ascribe this great honor to all of you** 이 엄청난 영광을 여러분 모두에게 돌리다

🔍 **실전 예문**

They would **ascribe** it all to my ignorance.
그들은 그 모든 것을 내가 모르는 탓으로 돌릴 것이다.

describe 통 서술하다, 설명하다, 묘사하다

단어 어원 de(아래에) + scribe(쓰다)

describe는 어원적 의미에서 '보고 느낀 점을 아래에 있는 종이에 쓰다' → '서술하다, 설명하다, 묘사하다'라는 뜻으로 굳어졌다. give a detailed description of Sth은 '무엇인가를 자세히 서술하다'라는 뜻이고, beyond description은 '이루 말할 수 없는, 형언할 수 없는'이라는 뜻이다.

🖊 핵심 연관 단어

description 명 설명
descriptive 형 서술하는
descriptively 부 기술적으로

📢 응용 표현

• **be described in detail** 자세히 설명되다
• **briefly describe** 간략하게 설명하다
• **give a detailed description of** ~을 자세히 설명하다
• **beyond description** 이루 말할 수 없는, 형언할 수 없는
• **the descriptive passages** 서술 부분

🔍 실전 예문

This process is fully **described** in the last section of the manual
이 과정은 설명서의 마지막 장에 전부 설명되어 있다.

묘사하다 describe, depict, illustrate

describe는 '말이나 글로 묘사하다'라는 뜻이다. 한편 depict는 '그림이나 이미지 등으로 그리다, 묘사하다'라는 뜻이다. 그리고 illustrate는 '삽화를 넣어서 설명하다'라는 뜻이다.

The book goes on to **describe** his experience in the army.
그 책은 이어서 그의 군대 경험을 묘사하기 시작했다.

Pictures just don't **depict** the atmosphere completely.
그림만으로는 분위기를 완벽히 묘사할 수 없다.

He had a commission to **illustrate** a comic cookery book.
그는 요리책의 삽화를 그리도록 위임을 받았다.

inscribe 통 새기다, 각인하다

단어 어원 in(안에) + scribe(쓰다)

inscribe는 '(돌이나 금속 반지, 시계 등에) 새기다, 각인하다'라는 뜻이다. 명사형인 inscription은 '책이나 금속에 새겨진 글'을 의미한다.

응용 표현

- **an inscription carved in the stone** 돌에 새겨진 글자
- **read the inscription on the gravestone** 비석에 새겨진 글을 읽다

실전 예문

She wants her name to be inscribed on his ring.
그의 반지에 그녀의 이름이 새겨지기를 원한다.

subscribe 통 구독하다, 가입 신청을 하다

단어 어원 sub(아래에) + scribe(쓰다)

subscribe는 '신청서 아래에 쓰다'라는 어원적 의미에서 '구독하다, 가입 신청을 하다'라는 뜻으로 굳어졌다. 뒤에 전치사 to를 수반해서 subscribe to의 형태로 사용한다. 요즘에는 '구독하다'라는 뜻뿐만 아니라 '(인터넷, 유료 TV 등에 유료 회원으로) 가입하다'라는 뜻으로도 널리 사용한다.

핵심 연관 단어

subscription 명 구독, 가입
subscriber 명 구독자, 가입자

응용 표현

- **subscribe to Time** 타임지를 구독하다
- **subscribe to a sports channel** 스포츠 채널을 시청하다
- **an annual subscription** 1년 구독료
- **a three-day free trial subscription** 3일 무료 시험 구독
- **subscription plans** (이동통신, 인터넷 등) 가입 요금제

실전 예문

Your new subscription will be added to the remaining portion of your current plan.
회원님의 새 서비스가 현재 요금제의 나머지 부분에 추가됩니다.

scribble 동 갈겨 쓰다, 낙서하다 / 명 낙서

단어 어원 scrib(쓰다) + ble[동접]

scribble은 '(아무렇게나 낙서하듯이) 갈겨 쓰다, 낙서하다'라는 뜻이다. 명사로는 '낙서'이다. '공공장소에서의 낙서'는 graffiti라고 한다.

응용 표현

• scribble a letter 편지를 갈겨 쓰다
• scribe on the wall 벽에 낙서하다

실전 예문

The teacher told the students not to **scribble** on the wall.
선생님은 학생들에게 벽에 낙서하지 말라고 이야기했다.

manuscript 명 원고, 필사본

단어 어원 manu(손) + script(쓴 것)

manu는 '손'이라는 뜻을 가지고 있는 접두사이다. manufacture는 manu(손) + fact(만들다) + ure[동접] 구성으로, '손으로 만들다'라는 어원적 의미에서 '제작하다'라는 뜻으로 굳어졌다. manuscript는 '작가가 손으로 쓴 것'이라는 어원적 의미에서 '원고, 필사본'이라는 뜻으로 굳어졌다.

유의어 transcript = trans(옮기다) + script(쓴 것) 명 사본, 성적 증명서

핵심 연관 단어

manufacture 동 제작하다, 제조하다, 꾸며내다 / 명 제조
manufacturer 명 제조사
transcript 명 사본, 성적 증명서

응용 표현

• manufactured good 제조된 상품
• a car manufacturer 자동차 제조업체
• an original manuscript 원본 원고
• a transcript of the interview 인터뷰 사본

실전 예문

The original **manuscript** of the late writer should be kept for future references.
고인이 된 그 작가의 원본 원고는 미래에 참고하기 위해서 보관되어야 한다.

WORD 08

postscript 명 추신, 후기

단어 어원 post(후에) + script(쓴 것)

post는 '후에, 뒤로'라는 뜻을 가지고 있는 접두사이다. postpone은 post(뒤로) + pone(놓다) 구성으로, '연기하다, 미루다'라는 뜻이다.
postscript는 본문을 다 쓰고 나서 후에 덧붙이는 내용을 뜻한다. 편지를 다 쓰고 나서 추신으로 P.S.라는 단어를 사용하는데, postscript의 줄임말이다.

✐ 핵심 연관 단어

postgraduate 형 대학원의

📢 응용 표현

- **be postponed indefinitely** 무기한으로 연기되다
- **a postgraduate school** 대학원
- **add a postscript to his letter** 편지에 추신을 덧붙이다

🔍 실전 예문

The general meeting will be **postponed** until next week.
그 총회는 다음주로 연기될 것이다.

WORD 09

dictate 동 지시하다, 명령하다, 받아쓰게 하다

단어 어원 dict(말하다) + ate[동접]

dictate는 '말하다'라는 어원적 의미에서 '(말하는 것을) 받아쓰게 하다'로 뜻이 확장된 단어이다. 누군가에게 자신이 한 말을 받아쓰게 한다는 의미에서 '지시하다, 명령하다'라는 뜻도 있다.

✐ 핵심 연관 단어

dictation 명 받아쓰기　　　**dictator** 명 독재자　　　**diction** 명 발음, 용어

📢 응용 표현

- **dictate the lyrics** 가사를 받아쓰다
- **dictation homework** 받아쓰기 숙제
- **assassinate the dictator** 독재자를 암살하다
- **clear diction** 또렷한 발음

🔍 실전 예문

Nobody has the right to **dictate** how we live our lives.
아무도 우리가 우리 인생을 어떻게 살아야 할지 명령할 권리가 없다.

contradict 통 반박하다, 모순되다

단어 어원 contra(반대) + dict(말하다)

접두사 contra는 '반대'라는 뜻을 가지고 있다. contrast는 contra(반대) + st(서다) 구성으로, '서로 반대로 서 있는 것'이라는 어원적 의미에서 '대조, 대비'라는 뜻으로 굳어졌다.

contradict는 어원상 '다른 사람의 말에 반대해서 말하다'라는 의미로, '반박하다'라는 뜻이다. 어원적 의미에서 '이전에 했던 말에 반대해서 말하다' → '모순되다'라는 뜻도 가지고 있다.

✐ 핵심 연관 단어

contradiction 명 반박, 모순   **contradictory** 형 모순되는
contravene 통 위반하다, 무시하다, 어기다

응용 표현

- **contradict everything they said** 그들이 말한 것 모두를 반박하다
- **The two stories contradict each other** 그 두 이야기는 서로 모순된다
- **be in direct contradiction to what he said yesterday** 어제 그가 말한 것과 직접적으로 모순되다
- **contravene safety regulations** 안전 규정을 위반하다

🔍 실전 예문

Most of the attendees thought the two stories **contradicted** each other.
대부분의 참석자들은 그 두 이야기는 서로 모순된다고 생각했다.

indicate 통 나타내다, 보여 주다

단어 어원 in(~쪽으로) + dic(말하다) + ate[동접]

indicate는 '어느 쪽을 가리키며 말하다'라는 어원적 의미에서 '(사실임, 존재함을) 나타내다' 및 '(조짐, 가능성을) 보여 주다'라는 뜻으로 굳어졌다.

✐ 핵심 연관 단어

indication 명 지시, 암시   **indicative** 형 나타내는   **indicatively** 부 암시적으로

응용 표현

- **indicate a boom in the economy** 경제가 호황임을 보여 주다
- **unless indicated otherwise** 다르게 나와 있지 않으면
- **be indicative of his talents as a manager** 매니저로서의 그의 재능을 나타내는
- **give no indication of** ~을 아무것도 나타내지 않다

🔍 실전 예문

He **indicated** his willingness to cooperate in the project.
그는 그 프로젝트에 기꺼이 협력할 것임을 보여 줬다.

predict 图예언하다, 예측하다

단어 어원 pre(이전) + dict(말하다)

predict는 '어떤 일이 발생하기 전에 말하다'라는 어원적 의미에서 '예언하다, 예측하다'라는 뜻으로 굳어졌다.

✎ 핵심 연관 단어

prediction 명 예언
predictable 형 예측할 수 있는, 뻔한
predictably 부 예상대로

📢 응용 표현

- **predict earthquakes** 지진을 예측하다
- **predict with absolute confidence** 완전한 자신감을 가지고 예측하다
- **predictable plot** 뻔한 줄거리

🔍 실전 예문

It is not possible to **predict** with any certainty what effect this will have.
이것이 어떠한 영향을 미칠지 정확하게 예측하는 것은 불가능하다.

예언하다, 예측하다 predict, forecast

predict는 '미리, 앞서서 무엇인가를 이야기하는 것'이다. 사건은 있는데, 결과가 어떨지를 예상하는 것이다. 축구 경기의 결과를 예측할 때 predict를 사용한다. 반면 forecast는 '사건이 일어날지 아닐지 모르는 미래에 대해서 이야기하는 것'을 뜻한다. 주로 일기 예보에서 사용한다.

It is impossible to **predict** what the eventual outcome will be.
최종 결과가 어떻게 될지 예측하기는 불가능하다.

Meteorology is used to **forecast** the weather.
기상학은 날씨를 예측하는 데 사용된다.

predicament 명 곤경, 궁지

단어 어원 pre(이전) + dic(말하다) + ament[명접]

predicament는 어원적 의미에서 '약속된 시점 이전에 말해서 곤란하다' → '곤경, 궁지'라는 뜻으로 굳어졌다. 보통 '~하는 데 어려움이 있다'라고 표현할 때는 have trouble/problem/difficulty/a hard time + (in) Ving의 형태를 사용한다.

📢 응용 표현

- **financial predicament** 재정적 곤경
- **escape the awful predicament** 끔찍한 곤경에서 벗어나다

🔍 실전 예문

Many young graduates find themselves in this predicament.
많은 젊은 졸업생들은 이러한 곤경에서 자신을 찾는다.

verdict 명 (배심원의) 평결, 판결

단어 어원 ver(참된) + dict(말하다)

verdict는 어원적 의미에서 '배심원이 하는 참된 말' → '판결, 평결'로 굳어졌다. 판결과 관련된 단어들을 같이 외워 두자.

✏️ 핵심 연관 단어

convict 동 유죄를 선고하다 / 명 기결수, 재소자
conviction 명 유죄 판결
ex-con 명 전과자

📢 응용 표현

- **reach a verdict** 판결을 내리다
- **verdict of acquittal** 무죄 판결
- **a convicted murderer** 유죄 판결을 받은 살인범
- **an escaped convict** 탈옥한 기결수
- **conviction of theft** 절도 유죄 선고

🔍 실전 예문

The verdict was overruled by the Supreme Court.
그 평결은 대법원에 의해서 기각되었다.

WORD 15

dedicate 동 바치다, 헌신하다, 헌정하다

단어 어원 de(분리) + dic(말하다) + ate[동접]

dedicate는 어원적 의미에서 '자신의 것을 분리시켜 주겠다고 말하다' → '바치다, 헌신하다, 헌정하다'로 뜻이 굳어졌다. 주로 'be dedicated to'의 형태로 사용한다.

동의어 devoted = de(떨어져) + vot(맹세하다) + ed[형접] 형 헌신적인, 몰두하는
committed = com(함께) + mit(보내다) + ted[형접] 형 헌신하는, 몰두하는

🖊 핵심 연관 단어

dedication 명 전념, 헌신, 헌정
dedicated 형 ~에 전념하는, 헌신하는

📢 응용 표현

• **dedicate himself to work** 일에 전념하다
• **be dedicated to Sth/Ving** ~에 몰두하다
• **customer dedication** 고객에 대한 헌신
• **dedication ceremony** 헌정식
• **a committed member** 헌신적인 회원

🔍 실전 예문

The film was **dedicated** to his late brother.
그 영화는 죽은 그의 형에게 바쳐졌다.

UNIT
06

pli / tend

접다   뻗다

con + tend

contend

어근 pli는 '접다'라는 뜻을 가지고 있다. complicate는 com(함께) + plic(접다) + ate[동접] 구성으로 어원적 의미에서 '여러 개를 접어서 복잡하게 만들다' → '복잡하게 만들다'로 뜻이 굳어졌다. 어근 tend는 '뻗다, 펼치다'라는 뜻을 가지고 있다. extend는 ex(밖으로) + tend(뻗다) 구성으로, '늘리다, 연장하다'라는 뜻이다.

complicated 형 복잡한

단어 어원 com(함께) + plic(접다) + ated[형접]

complicated는 '여러 겹으로 접혀 있는' → '복잡한'이라는 뜻으로 굳어졌다. '복잡한'이라는 뜻을 가진 단어로 complex와 complicated가 있다. complex는 '복잡하게 얽혀 있는', complicated는 '복잡해서 어렵게 느껴지는'이라는 뜻이다.

주의 단어 ▶ complication 명 문제, 합병증

★ 한 병에서 여러 가지 병이 함께 생겼다는 의미에서 '합병증'으로 굳어졌다.

🖉 핵심 연관 단어

complicate 동 복잡하게 만들다　　　　**complication** 명 문제, 합병증
complicatedly 부 복잡하게

🗣 응용 표현

- **complicate the situation** 상황을 복잡하게 만들다
- **a complicated system** 복잡한 시스템
- **The instructions look very complicated** 그 사용 설명서는 매우 복잡하게 보인다
- **be complicatedly entangled** 복잡하게 엮었다

🔍 실전 예문

The instructions look very complicated at a first sight.
언뜻 보기에는, 사용 설명서가 매우 복잡해 보인다.

display 동 보이다, 전시하다, 진열하다 / 명 전시, 진열

단어 어원 dis(반대) + play(접다)

display는 '접은 것을 반대로 펼치다'라는 어원적 의미에서 '보이다, 전시하다, 진열하다'라는 뜻으로 굳어졌다. 명사로 사용하면 '전시, 진열'이라는 뜻이다. on display는 '전시된, 진열된'이라는 뜻이다.

🖉 핵심 연관 단어

displayable 형 전시할 수 있는

🗣 응용 표현

- **display the works** 작품을 전시하다　　　　　• **on display** 전시된, 진열된
- **a beautiful floral display** 아름다운 꽃 장식　　• **displayable status** 표시할 수 있는 상태
- **a firework display** 불꽃놀이

🔍 실전 예문

The international exposition is expected to give local artists an opportunity to display their work.
그 세계 박람회는 지역 화가들에게 작품을 전시할 기회를 제공할 것으로 기대된다.

보이다, 전시하다 display, exhibit

display는 '다른 사람이 잘 볼 수 있는 위치에 놓다'라는 사실을 강조하는 단어이다. 한편 exhibit은 '눈에 띄게 공공연히 앞으로 내보이는 사실'을 강조한다. 동사로 사용할 때 둘 사이의 큰 차이는 없지만, 명사형의 경우, exhibition은 '전시회'를, display는 '전시, 진열, 컴퓨터 화면의 디스플레이'를 뜻한다.

The city hall features a beautiful floral display on the wall of the corridor.
시청은 통로 벽의 아름다운 꽃 장식물을 특징으로 하고 있다.

The exhibition is interesting to both the enthusiats and the casual visitor.
그 전시회는 열성적인 팬이나 우연히 들른 방문객 모두에게 흥미롭다.

WORD 03

explicit 혱 분명한, 명백한

단어 어원 ex(밖으로) + pli(접다) + it[형접]

explicit는 어원적 의미에서 '마음속에 접어둔 생각을 밖으로 꺼낸' → '명백한, 분명한'이라는 뜻으로 굳어졌다.

반의어 implicit = im(안으로) + pli(접다) + cit[형접] 혱 암시된, 내포된, 암묵적인

🖋 핵심 연관 단어

explicitly 부 분명하게
implicitly 부 암묵적으로

📢 응용 표현

- **implicit in his speech** 그의 연설에 암시된
- **be made explicit** 분명하게 되어야 한다
- **a highly explicit description of** ~의 매우 명확한 설명
- **without explicit consent** 분명한 동의 없이
- **state explicitly that 주어 + 동사** ~라고 분명하게 진술하다

🔍 실전 예문

The customers' private information should not be disclosed without explicit consent.
고객들의 개인 정보는 분명한 동의 없이는 공개되어서는 안 된다.

WORD 04

employ 图 고용하다, 쓰다, 이용하다

단어어원 em(안으로) + ploy(접다)

employ는 어원적 의미에서 '사람들을 뽑아서 안으로 두다' → '고용하다'라는 뜻으로 굳어졌다. 목적어로 기술, 방법 등이 나오면 '쓰다, 이용하다'라는 뜻이 된다.

✐ 핵심 연관 단어

employment 명 고용   **employer** 명 고용하는 사람, 회사   **employee** 명 고용되는 사람, 직원

📣 응용 표현

- **employ an expert to 동사원형** ~하기 위해 전문가를 고용하다
- **employ a new method** 새로운 방법을 쓰다
- **the region's major employers** 그 지역의 주요 회사들
- **boost employee morale** 직원의 사기를 끌어 올리다

🔍 실전 예문

They **employ** an expert to advise on new technology.
그들은 신기술에 대한 자문을 해 줄 전문가를 고용한다.

When properly **employed**, the new medicine is expected to relieve stress from work.
적절하게 사용이 되면, 그 신약은 직장에서의 스트레스를 완화할 것으로 기대된다.

WORD 05

apply 图 지원하다, 신청하다, 바르다, 적용되다

단어어원 ap(이동) + ply(접다)

apply는 어원적 의미에서 '필요한 서류와 신청서를 접어서 보내다' → '지원하다, 신청하다'라는 뜻으로 굳어졌다. 이 경우, apply for의 형태로 사용한다. apply to의 형태로 사용하면 '~에 적용되다'라는 뜻을 가지고 있으며 타동사로 쓸 경우에는 '~을 ~에 바르다, 붙이다, 적용하다'라는 뜻이 된다.

✐ 핵심 연관 단어

application 명 신청(서), 적용   **applicant** 명 지원자   **applicable** 형 적용 가능한

📣 응용 표현

- **apply for a grant** 보조금을 지원하다   • **fill out the application completely** 신청서를 완전히 작성하다
- **those restrictions do not apply to us** 그러한 제약은 우리에게 적용되지 않는다
- **apply the cream evenly and sparingly** 크림을 고르게 조금씩 바르다
- **applicable income tax** 적용 가능한 소득세   • **qualified applicants** 자격이 되는 지원자들

🔍 실전 예문

You need to prepare relevant documents to **apply** for the position.
당신은 그 일자리에 지원하기 위해서 관련 서류를 준비할 필요가 있습니다.

WORD 06

appliance 명 가전제품, 전자제품

단어 어원 appli(적용하다) + ance[명접]

appliance는 어원적 의미에서 '기술이나 원리를 적용해서 만들 것' → 기기, 특히 '가전제품, 전자제품'으로 뜻이 굳어졌다. 이 외에, '가정용품'이라는 뜻을 가진 말로는 houseware, household items, utensils가 있다.

🔊 응용 표현

- **electrical appliances** 가전제품
- **kitchen utensils** 주방용품
- **household appliances** 가정용 기기
- **turn off all appliances** 모든 가전제품을 끄다

🔍 실전 예문

They placed an order the most energy-efficient appliances in the market.
그들은 시장에서 가장 에너지 효율적인 가전제품을 주문했다.

WORD 07

comply 동 순응하다, 따르다, 준수하다

단어 어원 com(강조) + ply(접다)

comply는 어원적 의미에서 '상대방에게 완전히 머리를 접다' → '~에 순응하다, 따르다, 준수하다'라는 뜻으로 굳어졌다. 자동사로 comply with의 형태로 사용한다. '준수하다'라는 뜻을 가진 타동사로는 follow, obey, observe가 있고, 자동사로는 comply with, conform to, abide by가 있다.

✏️ 핵심 연관 단어

compliance 명 준수, 따름
compliant 형 순응하는, 따르는

🔊 응용 표현

- **refuse to comply with the resolution** 결의 사항에 따르기를 거부하다
- **comply strictly with the instructions** 설명을 엄격히 따르다
- **be compliant with** ~을 준수하는
- **in compliance with** ~을 준수해서

🔍 실전 예문

Some countries refused to comply with the UN resolution.
일부 나라들은 UN의 결의안을 준수하는 것을 거부했다.

WORD 08

multiply 통 늘다, 증가하다, 곱하다

단어 어원 multi(많은) + ply(접다)

접두사 multi는 '많은'이라는 뜻을 가지고 있다. 멀티플레이어라는 말을 많이 사용하지 않는가. multiply 는 수학에서는 '곱하다'라는 뜻이다. 이 외에 '늘다, 증가하다'라는 뜻도 있다.

✏ 핵심 연관 단어

multiple 형 많은

multilateral 형 다변의, 여러 나라가 참가한

multiplex 명 복합 상영관

multilingual 형 여러 가지 언어를 구사하는

응용 표현

• **multiple copies of the documents** 많은 부수의 서류들
• **multiply rapidly** 빠르게 증식하다
• **multiply these two figures together** 이 두 숫자를 곱하라
• **multiple locations** 여러 매장
• **multilingual translators** 여러 언어를 하는 번역가

실전 예문

A series of problems have **multiplied** since the beginning of the year.
연초부터 일련의 문제가 증가했다.

WORD 09

reply 통 응답하다, 대답하다, 답변하다 / 명 응답

단어 어원 re(다시) + ply(접다)

reply는 어원적 의미에서 '편지 글을 다시 접어서 보내다' → '응답하다'라는 뜻으로 굳어졌다. 자동사로, reply to의 형태로 사용한다. 비슷한 뜻을 가진 단어인 answer는 타동사이다.

✏ 핵심 연관 단어

reply to 통 응답하다, 대답하다, 답변하다

react to 통 반응하다

respond to 통 응답하다

answer 통 답변하다

응용 표현

• **reply to a question** 질문에 응답하다
• **elicit a formal reply from** ~로부터 공식적인 답변을 이끌어 내다
• **await your reply with interest** 관심을 가지고 당신의 답변을 기다리다
• **answer the question** 질문에 답변하다
• **make no reply** 응답하지 않다

실전 예문

She didn't even bother to **reply**.
그녀는 답변조차 안했다.

WORD 10

duplicate 图 복사하다, 복제하다 / 명 사본

단어 어원 dup(두 겹으로) + pli(접다) + ate[동접]

duplicate는 어원적 의미에서 '한쪽에 있는 내용을 두 겹으로 접다' → '복사하다, 복제하다'라는 뜻으로 굳어졌다. 미술에서 물감을 한 페이지에 칠하고 그것을 다른 한 페이지에 접어서 묻어나게 하는 기법을 decalcomania(명 데칼코마니)라고 한다.

✏️ 핵심 연관 단어

duplication 명 복제, 이중

📢 응용 표현

- **a duplicated form** 사본
- **a duplicate or the original** 사본인가 원본인가
- **in duplicate** 두 통씩
- **make a duplicate of** ~을 복제하다

🔍 실전 예문

The contract is prepared in duplicate, so that both parties can sign it.
그 계약서는 양측이 사인을 할 수 있도록 두 통씩 준비되었다.

WORD 11

implicate 图 연루되었음을 보여 주다

단어 어원 im(안에) + pli(접다) + cate[동접]

implicate는 어원적 의미에서 '어떤 일이나 사건에 접어서 들어가다' → '(나쁜 일)~에 연루되었음을 보여 주다'라는 뜻으로 굳어졌다. 같은 어근에서 파생된 단어로 explicate, replicate가 있다.

유사 형태어 **explicate** = ex(밖으로) + pli(접다) + cate[동접] 图 밝히다, 설명하다
replicate = re(계속) + pli(접다) + cate[동접] 图 복사하다, 복제하다

✏️ 핵심 연관 단어

implication 명 영향, 암시

📢 응용 표현

- **be implicated in the scandal** 스캔들에 연루되다
- **the implications of the new law** 새로운 법률의 영향
- **reflect on the implications of his decision** 자신의 결정이 암시하는 의미를 숙고하다
- **explicate the theory** 이론을 설명하다
- **failed to replicate the findings** 이러한 결과를 그대로 나오게 하지 못했다

🔍 실전 예문

The results implicate poor hygiene as one cause of the outbreak.
그 결과는 불결한 위생이 발병의 한 원인이었음을 보여 준다.

replicate 통 복사하다, 복제하다

단어 어원 re(계속) + pli(접다) + cate[동접]

replicate는 어원적 의미에서 '계속 접어서 똑같은 것을 만들다' → '복사하다, 복제하다'라는 뜻으로 굳어졌다.

✏️ 핵심 연관 단어

replication 명 복제   **replica** 명 복제품, 모형

📢 응용 표현

- **prevent virus from replicating itself** 바이러스가 자기 복제를 못하도록 하다
- **DNA replication** DNA 복제
- **an replica of the Eiffel tower** 에펠탑 모형

🔍 실전 예문

The new drug failed to prevent the virus from **replicating** itself.
그 신약은 바이러스가 자기 복제하는 것을 막지 못했다.

복제품, 위조 replica, counterfeit, fake

'복제품'이나 '모형'을 replica라고 한다. '돈이나 상품을 위조하다'라는 뜻을 가진 단어로는 counterfeit도 있다. 이는 counter(대립해서) + feit(만들다) 구성이다. 또한 '가짜, 짝퉁'이라는 뜻을 가진 fake도 있다.

He was thrown into the prison for circulating **counterfeit** checks.
그는 위조 수표를 유통시키다가 교도소에 들어갔다.

She wears garish clothing and **fake** jewelry.
그녀는 요란한 옷에 가짜 보석을 하고 있다.

complex 형 복잡한 / 명 복합 건물, 단지

단어 어원 com(함께) + plex(접다)

complex는 '함께 접혀 있다'라는 어원적 의미에서 '복잡한'이라는 뜻으로 굳어졌다. 어원적 의미에서 '여러 가지가 들어 있는 건물' → '복합 건물, 단지'라는 뜻도 생겼다.

✏️ 핵심 연관 단어

complexity 명 복잡성

📢 응용 표현

- **complex machinery** 복잡한 기계
- **a sports complex** 스포츠 복합 건물
- **a commercial complex** 상업 단지
- **a residential complex** 주거 단지
- **technical complexity** 기술적인 복잡성

🔍 실전 예문

The new sports **complex** is scheduled to open at the end of the year.
새로운 스포츠 단지가 연말에 개장이 예정되어 있다.

?? 단어들의 알쏭달쏭 차이 │ 건물 building, property, premises, structure, complex

building은 '일반적인 건물'을, property는 '건물뿐만 아니라 딸린 땅도 포함하는 부동산'을 뜻한다. premises는 '업체가 소유하고 있는 건물의 부지'를 뜻한다. 그리고 structure는 '건물뿐만 아니라 구조물'을 뜻한다. complex는 '복합 건물이나 여러 가지 건물이 있는 단지'를 의미한다.

The realtor is scheduled to meet with a buyer who wants to view the **property** at 3 P.M.
부동산 중개인은 그 부동산을 보고 싶어하는 구매자를 3시에 만날 예정이다.

Public health officials were called in to inspect the **premises**.
그 구내를 사찰하기 위해 보건 공무원들이 투입되었다.

The station is a fine specimen of Renaissance **structure**.
그 역은 르네상스 건물의 훌륭한 표본이다.

The fire originated from the 5th floor of the residential **complex**.
화재는 주거 단지의 5층에서 발생하였다.

WORD 14

attend 통 참석하다, ~을 돌보다

단어 어원 at(~쪽으로) + tend(뻗다)

attend는 어원적 의미에서 '무엇인가를 하기 위해서 몸을 뻗다' → '참석하다'라는 뜻으로 굳어졌다. attend는 단독으로는 타동사로 사용한다. 만약 attend to 형태로 사용하면 자동사가 되며 '~에 주의를 기울이다, 돌보다'라는 뜻을 가진다.

🖉 핵심 연관 단어

attendance 명 참석　　**attendee** 명 참석자　　**attendant** 명 종업원, 수행인

📢 응용 표현

• attend the meeting　회의에 참석하다
• some urgent business to attend to　급히 처리해야 하는 일
• workshop attendees　워크숍 참석자들
• flight attendants　비행기 승무원
• be left unattended　방치 상태로 두다

🔍 실전 예문

There are no compulsions on students to **attend** classes.
학생들에게 수업 참석을 강조하지는 않는다.

WORD 15

intend 통 의도하다, 작정하다, ~하려 하다

단어 어원 in(안으로) + tend(뻗다)

intend는 어원적 의미에서 '~하고자 하는 생각이 마음 안쪽으로 뻗다' → '의도하다, 작정하다, ~하려 하다'라는 뜻으로 굳어졌다. 뒤에 목적어로 'to 동사원형'을 수반해서 'intend to 동사원형'의 형태로 사용한다.

🖉 핵심 연관 단어

intention 명 의도, 의사　　**intentional** 형 의도적인　　**intentionally** 부 의도적으로

📢 응용 표현

• intend to sue for damages　손해 배상을 청구할 작정이다
• intentional editing　의도적인 편집
• intentionally omit　의도적으로 빠트리다

🔍 실전 예문

He had originally **intended** to stay in the country for only a year or two.
그는 원래 그 나라에 1년 또는 2년을 머물 작정이었다.

단어들의 알쏭달쏭 차이 ➤ 의도하다, 작정하다 intend to, mean to

'~을 의도하다'라고 표현할 때 intend to와 mean to를 사용할 수 있다. mean to는 구어체 느낌이 강하고, intend to는 조금 더 사무적이고 딱딱한 표현이라고 보면 된다. '기분 나쁘게 하려는 것은 아니에요'라는 표현으로는 'I don't mean to upset you'를 많이 사용한다.

I fully intend to repay them the money that they lent me.
나는 그들이 나에게 빌려준 돈을 갚을 의사가 충분히 있다.

He didn't mean to offend anybody with his joke.
그는 농담으로 누구를 불쾌하게 하려던 것은 아니었다.

WORD 16

tendency 명 경향, 기질

단어 어원 tend(뻗다) + ency[명접]

tendency는 '사람들의 생각이나 행동이 한쪽으로 뻗는 것'이라는 어원적 의미에서 '경향, 기질'이라는 뜻으로 굳어졌다. 동사는 tend로, 'tend to 동사원형'의 형태로 사용한다.

🖊 핵심 연관 단어

tend 동 ~하는 경향이 있다

📢 응용 표현

- **tend to 동사원형** ~하는 경향이 있다
- **display artistic tendencies** 예술적인 기질을 보이다
- **a growing tendency** 증가하는 경향

🔍 실전 예문

There is growing tendency that women to marry later.
여자들이 늦게 결혼하는 것이 증가하는 경향이 있다.

단어들의 알쏭달쏭 차이 ➤ 경향 tendency, trend

tendency는 '일정하고 분명한 방향으로 향하려는 변할 수 없는 경향'을 뜻한다. 한편 trend는 '외부의 힘에 의해 변동받기 쉬운 경향, 추세'를 뜻한다. 주로 '유행'을 나타낼 때에는 trend를 사용한다.

There is a growing tendency among employers to hire casual staff.
고용주들 사이에서 비정규 직원을 고용하는 추세가 커지고 있다.

The young singers lead the K-fashion trend.
젊은 가수들이 한국식 패션 트렌드를 이끌고 있다.

tentative 형 임시적인, 잠정적인

단어 어원 tent(뻗다) + ative[형접]

tentative는 어원적 의미에서 '결론을 내지 못해서 일시적으로 한쪽으로 뻗은 것' → '임시적인, 잠정적인'이라는 뜻으로 굳어졌다.

✎ 핵심 연관 단어

tentatively 부 잠정적으로

📢 응용 표현

• tentative conclusions 잠정적인 결론
• tentatively scheduled for July 1 잠정적으로 7월 1일로 예정되어 있는

🔍 실전 예문

Attached is the **tentative** agenda.
임시 의제를 첨부합니다.

?? 단어들의 알쏭달쏭 차이   일시적인, 잠정적인 tentative, temporary

이 둘의 차이는 temporary는 단어 속에 tempo(명 시간)가 포함되어 있는 것에서 알 수 있듯이 '시간적으로 잠시적인, 일시적인'이라는 뜻이다. 한편 tentative는 '임시적인, 잠정적인'이라는 뜻으로 많이 사용한다.

More than half the staff are temporary.
직원들 중 절반 이상이 임시직이다.

Labor and management have drawn a tentative agreement.
노사는 잠정적인 합의를 이끌어냈다.

WORD 18

extend 통 늘리다, 연장하다

단어 어원 ex(밖으로) + tend(뻗다)

extend는 '밖으로 뻗다'라는 어원적 의미에서 '늘리다, 연장하다'라는 뜻으로 굳어졌다. extend A to B 형태로 사용할 경우, 'A를 길게 늘려서 B에게 주다'라는 어원적 의미에서 '주다, 베풀다'라는 뜻으로 사용한다.

🖉 핵심 연관 단어

extension 명 연장, 내선   **extensive** 형 광범위한   **extensively** 부 광범위하게

📢 응용 표현

- **extend a deadline** 마감일을 연장하다
- **extend a warm welcome to** ~에게 따뜻한 환영을 베풀다
- **appreciate the hospitality extended to us** 우리에게 베풀어진 환대를 감사하다
- **extensive knowledge and experience** 광범위한 지식과 경험
- **travel extensively** 광범위하게 여행하다

🔍 실전 예문

The owner of the ranch decided to **extend** a fence.
그 목장의 소유주는 울타리를 늘릴 것을 결정했다.

We sincerely appreciate the hospitality **extended** to us during the stay.
우리는 우리가 체류하는 동안에 베풀어진 환대에 대해서 진심으로 감사하고 있습니다.

?? 단어들의 알쏭달쏭 차이

늘리다 extend, expand

extend는 expand와 철자와 의미가 모두 비슷하다. 둘의 차이는 extend는 '1차원적으로 직선상에서 한 방향으로 길어지거나 커지는 것'을 뜻하고, expand는 '3차원적으로 어떤 공간에서 여러 방향으로 커지는 것'을 뜻한다.

I accept your request to **extend** your decision date to June 20.
결정 일자를 6월 20일로 연장하자는 당신의 요청을 수용합니다.

Merging with the New York firm, we will be able to **expand** our client base.
뉴욕사와 합병함으로써, 우리는 고객층을 확대할 수 있을 것이다.

contend 통 경쟁하다, 다투다, 주장하다

단어 어원 con(함께) + tend(뻗다)

contend는 어원적 의미에서 '목표나 순위를 다투기 위해 여러 명이 함께 손을 뻗다' → '경쟁하다, 다투다'라는 뜻으로 굳어졌다. 또한 '자기가 이겼다고 함께 뻗다' → '주장하다'라는 뜻으로도 사용한다.

✐ 핵심 연관 단어

contention 명 주장
contender 명 도전자, 경쟁자
contentious 형 논쟁을 초래할

📢 응용 표현

• **contend with** ~와 다투다
• **contend for** ~을 위해 다투다
• **contend that** 주어 + 동사 ~을 주장하다
• **a leading contender for** ~의 주요 도전자
• **a very contentious issue** 굉장히 논쟁을 일으키는 사안

🔍 실전 예문

The man's father always said never **contend** with a man who has nothing to lose.
그 사람의 아버지는 잃을 것이 없는 사람과는 다투지 말라고 항상 말했다.

경쟁하다, 다투다 contend, compete

contend는 '경쟁하다'라는 뜻에 '상대방에 대해 반대나 논박을 한다'는 함축적인 뜻을 가지고 있다. compete는 '뚜렷한 상이나 목표를 달성하기 위해 한 번 대결하는 것'을 뜻한다.

I would **contend** that both figures are incorrect.
나는 둘의 수치가 정확하지 않다고 주장하고 싶다.

The company must reduce costs to **compete** effectively.
효과적으로 경쟁할 수 있으려면 회사는 비용을 줄여야 한다.

pretend 图 ~인 척하다, 가장하다

단어 어원 pre(이전) + tend(뻗다)

pretend는 어원적 의미에서 '구실을 미리 뻗다' → '~인 척하다, 가장하다'라는 뜻으로 굳어졌다. 참고로 '꾀병을 부리다'는 play sick이라는 표현을 많이 사용한다.

핵심 연관 단어

pretension 명 허세, 가식
pretending 형 겉치레하는, 거짓의

응용 표현

- **pretend to enjoy** 즐기는 척하다
- **decided to just pretend it never happened** 그것이 일어나지 않은 척하기로 하다
- **pretended cake** 가짜 케이크
- **pretending not to know** 모르는 척하는

실전 예문

It would be foolish to **pretend** that there are no risks involved.
관련된 위험이 없는 척하는 것은 어리석은 짓이다.

UNIT 07

pel / tract /
밀다   당기다
duc
이끌다

ex + pel

expel

영어에서 '밀다'라는 뜻을 가지고 있는 어근이 pel이고 '당기다'라는 뜻을 가지고 있는 어근이 tract이다. 그리고 '이끌다'라는 뜻을 가지고 있는 어근이 duc이다.

어근이 사용된 대표 단어를 보면, 헬리콥터를 앞으로 미는 역할을 하는 것이 프로펠러 (propeller)이다. 그리고 abduct는 ab(멀리) + duct(끌다) 구성으로, '멀리 끌고 가다'라는 어원적 의미에서 '유괴하다'라는 뜻으로 굳어졌다.

WORD 01

expel 통 추방하다, 퇴학시키다, 축출하다

단어 어원 ex(밖으로) + pel(밀다)

접두사 ex는 '밖'이라는 뜻을 가지고 있다. export는 ex(밖으로) + port(항구) 구성으로, '(항구 밖으로) 수출하다'라는 뜻이다. expel은 '밖으로 밀다'라는 어원적 의미에서 '추방하다, 퇴학시키다, 축출하다'라는 뜻으로 굳어졌다.

✎ 핵심 연관 단어

extract 동 뽑다, 추출하다, 발췌하다   **expulsion** 명 추방, 축출, 퇴학

📢 응용 표현

- **import and export** 수입과 수출
- **extract all kinds of information** 모든 정보를 얻어내다
- **be expelled from school** 학교에서 퇴학당하다
- **be permanently expelled form** ~으로부터 영구적으로 추방당하다
- **expulsion of diplomats** 대사관의 추방

🔍 실전 예문

He was **expelled** from school after a series of delinquencies.
그는 일련의 비행 후에 학교에서 퇴학당했다.

WORD 02

propel 통 추진하다

단어 어원 pro(앞으로) + pel(밀다)

접두사 pro는 '앞으로, 이전'이라는 뜻을 가지고 있다 prostitute(동 매춘하다 / 명 매춘부)는 pro(앞으로) + statute(세우다) 구성으로, 어원적 의미에서 '몸을 팔기 위해 앞에 나가 서게 하다' → '매춘하다, 매춘부'라는 뜻으로 굳어졌다. propel은 어원적 의미에서 '무엇인가를 앞으로 밀고 나가다' → '추진하다'라는 뜻으로 굳어졌다.

✎ 핵심 연관 단어

prostitute 명 매춘부   **provoke** 동 감정을 일으키다, 유발하다   **propeller** 명 프로펠러

📢 응용 표현

- **propel vehicles** 차량을 추진하다
- **a propeller plane** 프로펠러 비행기
- **be charged with being a prostitute** 매춘부로 고소되다
- **provoke a storm of protest** 거센 항의를 유발하다

🔍 실전 예문

Analysts say the takeover could help **propel** its growth.
분석가들은 경영권 인수가 성장을 추진하는 것을 도울 수 있다고 말한다.

compel 图 ~을 억지로 시키다, 강요하다

단어 어원 com(완전히) + pel(밀다)

compel은 '완전히 밀다'라는 어원적 의미에서 '~을 억지로 시키다, 강요하다'라는 뜻으로 굳어졌다.

✎ 핵심 연관 단어

compulsion 圀 강요
compulsory 휑 강제적인, 의무적인
compulsively 튀 강제적으로

📣 응용 표현

• **compel obedience** 복종을 강요하다
• **compel Sby to 동사원형** ~에게 ~하도록 강요하다
• **compulsory course** 필수 과목
• **attendance is compulsory** 참석이 의무적이다

🔍 실전 예문

The civic group insists that no one can **compel** obedience.
그 시민단체는 아무도 복종을 강요할 수 없다고 주장한다.

강요하다 compel, force

compel은 'compel Sby to 동사원형'의 형태로 사용하고, '무엇인가를 강제로 시키다'라는 뜻이다. force는 'force Sby to 동사원형'의 형태로 사용하고, compel보다는 강한 의미로, '(저항할 수 없는 물리적 힘이나 권력 등으로) 도저히 복종하지 않을 수 없게 강요하다'라는 뜻이다.

Nothing can **compel** me to do such a thing.
어떤 일이 있어도 나는 그런 일은 하지 않을 것이다.

You must **force** him to abandon his plan.
그의 계획을 포기하게 해야 한다.

appeal 图 호소하다, 항소하다 / 명 매력

단어 어원 ap(~쪽으로) + peal(밀다)

appeal은 어원적 의미에서 '다른 사람의 관심을 끌어당기도록 강하게 미는 것' → '매력'이라는 뜻으로 굳어졌다. 동사로 사용하면 '호소하다, 항소하다'라는 뜻이다. 형용사형인 appealing과 그 동의어들을 같이 외우자.

✍️ 핵심 연관 단어

appealing 형 매력적인   **attractive** 형 매력적인   **engaging** 형 매력적인
fascinating 형 매력적인   **appealing** 형 매력적인

📢 응용 표현

- **appeal for calm** 진정을 호소하다
- **appeal to the sense of justice** 정의감에 호소하다
- **find Sth particularly appealing** ~이 특히 매력적이라고 생각하다
- **appeal against the ruling** 그 판결에 항소하다

🔍 실전 예문

Police **appealed** to the public for information about the crime.
경찰은 그 범죄에 관한 정보를 제공해 달라고 대중들에게 호소했다.

impulse 명 충동, 자극, 추진력

단어 어원 im(안에서) + pul(밀다) + se[명접]

impulse는 '안에서 강하게 미는 힘'이라는 어원적 의미에서 '(갑작스러운) 충동, (반응을 불러일으키는) 자극, 추진력'이라는 뜻으로 굳어졌다.

✍️ 핵심 연관 단어

impulsive 형 충동적인   **impulsiveness** 명 충동성

📢 응용 표현

- **impulse buying** 충동 구매
- **have a sudden impulse to 동사원형** ~하려는 갑작스러운 충동이 들다
- **give an impulse to N** ~에 자극을 주다
- **control one's impulsiveness** 충동을 통제하다

🔍 실전 예문

She tends to act on **impulse**.
그녀는 충동적으로 행동하는 경향이 있다.

impulse는 '갑작스러운 충동이나 자극'을 의미한다. 한편 urge는 '내부적으로 생기는 강한 욕구나 충동'을 뜻한다. '성적 욕구'를 표현할 때는 sexual urges라고 한다.

She resisted an impulse to cry out.
그녀는 울고 싶은 충동을 꽉 참았다.

He had an overwhelming urge to kiss her.
그는 그녀에게 키스하고 싶은 강한 충동을 느꼈다.

WORD 06

attract 통 마음을 끌다, 유혹하다

단어 어원 at(~쪽으로) + tract(끌다)

접두사 at는 ad가 변형된 것으로 '~쪽으로'라는 뜻을 가지고 있다. attribute는 at(~쪽으로) + tribute(돌리다) 구성으로, '~을 ~의 탓으로 돌리다'라는 의미이다.
attract는 '~쪽으로 주의나 관심을 끌어당기다'라는 어원적 의미에서 '마음을 끌다, 유혹하다'라는 뜻으로 굳어졌다. attractions은 관광객들을 끌어당기는 곳이므로 '관광지'라는 뜻이 된다.

✎ 핵심 연관 단어

attraction 명 매력
attractions 명 관광지
attractive 형 매력적인
attractively 부 매력적으로

📢 응용 표현

- **attract a lot of interest** 많은 관심을 끌다
- **attract the attention of** ~의 주의를 끌다
- **attract new customers** 새로운 고객들을 유치하다
- **tourist attractions** 관광지
- **bring Sth to one's attraction** ~을 ~에게 알리다

🔍 실전 예문

This proposal has attracted a lot of interest.
그 안건은 많은 관심을 끌었다.

Seoul is one of the most popular tourist attractions in Asia.
서울은 아시아에서 가장 인기 있는 관광지 중 하나이다.

extract 통뽑다, 추출하다, 발췌하다 / 명 발췌, 초록

단어 어원 ex(밖으로) + tract(끌다)

extract는 '무엇인가를 밖으로 끌어내다'라는 어원적 의미에서 '뽑다, 추출하다, 발췌하다'라는 뜻으로 굳어졌다. 명사로 사용하면 '발췌, 초록'이라는 뜻이다. extract는 비교적 다른 출처로부터 인용하는 긴 절을 의미하고, 인용하는 절을 아무런 평이나 언급 없이 사용할 때 사용한다.

유의어 quotation = quot(인용하다) + ation[명접] 명 인용구

✏️ 핵심 연관 단어

extraction 명 추출   **extracted** 형 추출된

📢 응용 표현

- **extract much of the information** 많은 정보를 뽑아내다
- **oil extraction** 석유 추출
- **read out a brief extract from book** 책에서 발췌한 짧은 부분을 소리 내어 읽다
- **natural plant extracts** 자연 식물 추출물

🔍 실전 예문

The following **extract** is taken from her new essay.
다음 발췌문은 그녀의 새 수필에서 따온 것이다.

뽑다, 끌어내다 extract, evoke, elicit

extract는 '힘이나 노력을 들여 뽑아 내다, 추출하다'라는 뜻이다. evoke는 '감정이나 추억, 흥미 따위를 불러 일으키다'라는 뜻이다. elicit는 '숨어 있는 구체적 사실이나 정도 등을 끌어내다'라는 뜻이다.

It's hard to **extract** necessary information from wide-ranging data.
광범위한 자료에서 필요한 정보를 추출하는 것은 어려운 일이다.

This will necessarily **evoke** opposition in many quarters.
이것은 필연적으로 각 방향에서 반대를 불러 일으킬 것이다.

These techniques were designed to **elicit** confessions.
이 기술들은 자백을 이끌어내기 위해 고안되었다.

WORD 08

contract 동 수축하다, 계약하다 / 명 계약(서)

단어 어원 con(함께) + tract(끌다)

contract는 어원적 의미에서 '양측에서 함께 끌어당기다' → '수축하다'라는 뜻으로 굳어졌다. '거래 당사자간에 서로 끌어당기다' → '계약하다'라는 뜻도 가지고 있다.

핵심 연관 단어

contraction 명 수축, 위축   **contractual** 형 계약상의

응용 표현

- **sign a contract** 계약에 서명하다
- **enter into a contract** 계약을 체결하다
- **draw up a contract** 계약서를 작성하다
- **a contraction in economic activities** 경제 활동의 위축
- **contractual interest rate** 약정 금리

실전 예문

The new company decided to enter into a **contract** with the supplier.
새로운 회사는 그 공급업체와 계약을 체결하기로 결정하였다.

WORD 09

track 동 추적하다 / 명 길, 자국

단어 어원 trac(k)(끌다)

track은 '끌고 지나간 자국'이라는 어원적 의미에서 '(사냥할 때 짐승이 남긴 자국을) 좇아가다, 추적하다'라는 의미가 파생되었다.

핵심 연관 단어

trace 명 자취, 발자국

응용 표현

- **railroad trcks** 철로
- **a running track** 경주로
- **keep track of** ~을 계속 파악하다
- **be on track** 착착 나아가다

실전 예문

The police has so far failed to **track** down the attacker.
경찰이 아직 그 폭행범을 찾아내지 못했다.

abstract 형 추상적인 / 명 초록, 발췌

단어 어원 abs(분리) + tract(끌다)

abstract는 어원상 '무엇인가에서 일정 부분을 분리해서 끌어낸 것'이라는 의미를 가진다. 여기에서 논문을 작성할 때 맨 앞에 적은 '초록'으로 뜻이 굳어졌다. '어떤 대상에서 특정 부분을 따서 끌어낸 것' → '추상적인'이라는 뜻도 가지고 있다.

✎ 핵심 연관 단어

abstraction 명 추상적인 개념
abstractly 부 추상적으로

📢 응용 표현

• **abstract drawing** 추상적인 그림
• **abstract art** 추상 미술
• **pure abstraction** 순수 추상성

🔍 실전 예문

It is easier to think in concrete terms rather than in the **abstract**.
생각은 추상적으로 하는 것보다는 구체적으로 하는 게 더 쉽다.

초록, 발췌, 인용 abstract, quotations, excerpts, extracts

주로 abstract는 논문의 '초록'을 뜻하고, quotations은 '인용구', excerpts와 extracts는 일정 부분을 통째로 따오는 '발췌'를 뜻한다.

The **abstract** of the statement is as follows.
성명서의 초록은 다음과 같다.

The writer illustrates his point by **quotation** from a number of sources.
그 저자는 몇 가지 출처를 인용해 가면서 자신의 주장을 설명한다.

The speaker will read an **excerpt** from a book.
연설자는 책의 발췌문을 읽을 것이다.

portray 통 그리다, 묘사하다

단어 어원 por(앞) + tray(끌다)

portray는 어원적 의미에서 '연필을 앞으로 끌어당기다' → '(그림이나 글로) 그리다, 묘사하다'라는 뜻으로 굳어졌다. 명사형인 portrait은 '초상화'를 뜻한다.

✏️ 핵심 연관 단어

portrait 명 초상화
portrayal 명 묘사

📢 응용 표현

- **portray himself as a victim** 그 자신을 희생자로 묘사하다
- **vividly portray** 생생하게 묘사하다
- **portrait of the artist in the studio** 스튜디오에 있는 화가의 초상화

🔍 실전 예문

The museum collection vividly **portrays** the heritage of Medieval art.
그 도서관 소장품은 중세 미술의 유산을 생생히 묘사하고 있다.

 초상화, 그림, 삽화 portrait, drawing, illustration

portray의 명사형인 portrait은 '초상화'를 뜻한다. drawing은 '도면, 그림'을, illustration은 '주제나 설명을 돕기 위한 삽화'를 뜻한다.

He commissioned an artist to paint his **portrait**.
그는 화가에게 자신의 초상화를 그려 달라고 의뢰했다.

He made a **drawing** of the old farmhouse.
그는 오래된 농가의 그림을 그렸다.

The computer gave an **illustration** of his dream house.
컴퓨터는 그의 꿈의 집에 대한 삽화를 보여 주었다.

WORD 12

trait 명 특성, 특징

단어 어원 tra(끌다) + it[명접]

trait는 어원적 의미에서 '가장 핵심적으로 나타낼 수 있는 부분을 앞으로 끌다' → (사람이나 물건을 상징하는) '특성, 특징'이라는 뜻으로 굳어졌다.

응용 표현

- **personality trait** 성격적 특성
- **a genetic trait** 유전적인 특징
- **inherited traits** 선천적인 특징들

실전 예문

That kind of professionalism is the most important **trait** of being a good ambassador.
이런 종류의 전문성은 좋은 대사가 되는 데 있어서 가장 중요한 특성이다.

특성, 특징 trait, feature, characteristic, attribute

trait는 '사람이나 국민의 두드러진 성격 및 특성'을 뜻한다. feature는 '남의 눈을 끄는 두드러진 특징', characteristic은 '다른 것과 구별되는 특징', attribute는 '전체의 많은 특성 중 하나의 고유한 특성이나 속성'을 나타낼 때 사용한다.

It is a human **trait** to try to define and classify the things we find in the world.
세상에서 알고 있는 사물들을 정의 내리고 분류하려고 하는 것은 인간이 가진 특징이다.

The company will launch a new line of cars with new built-in safety **features**.
그 회사는 새로운 안전 장치가 내장된 새로운 차량을 출시할 것이다.

The two groups of children have quite different **characteristics**.
그 두 아이들 집단은 상당히 다른 특징을 갖고 있다.

Patience is one of the most important **attributes** in a manager.
인내는 매니저의 가장 중요한 자질 중 하나이다.

introduce 통 소개하다, 도입하다

단어 어원 intro(안으로) + duce(당기다)

intro는 '안으로'라는 뜻을 가지고 있는 접두사다. introspect는 intro(안으로) + spect(보다) 구성으로, '내성하다, 자기 반성하다'라는 뜻이다.

introduce는 '무엇인가를 안으로 당기다'라는 어원적 의미에서 '(새로운 사람을) 소개하다', (새로운 방법이나 시스템을) 도입하다'라는 뜻으로 굳어졌다.

✐ 핵심 연관 단어

introduction 명 소개　　　　　　　**introductory** 형 서두의, 소개용의

◁ᐱ 응용 표현

- **introduce oneself** 자신을 소개하다
- **introduce a new range of products** 신상품을 소개하다
- **introductory chapters** 서론 부분의 장들
- **time to introspect** 자기 반성을 할 시간

◎ 실전 예문

The first lecture **introduces** students to the main topics of the course.
첫 강의에서는 학생들에게 강좌의 주요 주제를 소개한다.

produce 통 만들다, 생산하다, 제작하다 / 명 농산물

단어 어원 pro(앞으로) + duce(이끌다)

produce는 어원적 의미에서 '재료를 넣어서 완제품이나 완성품을 앞으로 만들어 내다' → '만들다, 생산하다, 제작하다'라는 뜻으로 굳어졌다. 주의해야 할 점은 명사로 사용할 경우 '농산물'을 의미한다는 점이다.

✐ 핵심 연관 단어

production 명 생산, 제작　　　　　　**productive** 형 생산적인

◁ᐱ 응용 표현

- **produce new models** 새로운 모델을 생산하다
- **produce a delicious meal** 맛있는 식사를 만들다
- **produce result he wanted** 그가 원한 결과를 낳다

◎ 실전 예문

The company is looking for a factory that **produces** metal cell phone accessories.
그 회사는 금속 휴대폰 액세서리를 만드는 공장을 찾고 있다.

농산물, 농작물 **produce, crop**

명사 produce와 crop의 차이는 produce는 불가산 명사로 '농산물'이라는 뜻이고, crop은 가산 명사로 '농작물, 수확량'이라는 뜻이다.

Farmers markets are one way to support local <u>produce</u>.
농부 직거래 시장은 지역 농산물을 지원하기 위한 한 가지 방법이다.

Farmers are being encouraged to diversify into new <u>crops</u>.
농부들은 새로운 농작물들로 다양화를 꾀하라는 권고를 듣고 있다.

WORD 15

reduce 통 줄이다, 할인하다, 축소하다

단어 어원 **re**(뒤로) + **duce**(이끌다)

reduce는 어원적 의미에서 '무엇인가를 원래 상태보다 뒤로 이끌다' → '줄이다, 할인하다, 축소하다'라는 뜻으로 굳어졌다. '줄이다'라는 뜻을 가진 단어에는 몇 가지가 있는데, 그중 reduce는 '가격 등을 인위적으로 낮추다'라는 뜻이다.

유의어 **decrease** = **de**(아래로) + **crease**(성장하다) 통 (수나 양이 자연적으로) 감소하다
diminish = **dis**(이탈) + **mini**(작아지다) + **sh**[동접] 통 줄이다, 줄어들다

✏️ **핵심 연관 단어**

reduction 명 축소, 삭감, 할인
decrease 통 감소하다
diminish 통 줄이다, 줄어들다

📢 **응용 표현**

- **be dramatically reduced in size** 사이즈를 급격히 줄이다
- **at reduced prices** 할인된 가격으로
- **the number of new students decreased** 신입생 수가 감소했다
- **diminish in population** 인구수가 줄어들다

🔍 **실전 예문**

Giving up smoking helps <u>reduce</u> the risk of lung diseases.
금연은 폐질환의 위험을 줄이는 데 도움을 준다.

induce 图 설득하다, 유도하다, 유발하다
단어 어원 in(안으로) + duce(이끌다)

induce는 '누군가를 안으로 이끌다'라는 어원적 의미에서 '설득하다, 유도하다, 유발하다'라는 뜻으로 굳어졌다. 'induce Sby to 동사원형'이나 'induce Sth'의 형태로 사용한다. an induced labor는 '유도 분만에 의한 진통'이라는 뜻이다.

✏️ 핵심 연관 단어

inducement 명 유인책, 장려책   **induced** 형 유도된   **induct** 동 취임시키다, 가입시키다

📢 응용 표현

- **induce sleep** 졸음을 유발하다
- **financial inducements** 재정적 유인책
- **occupationally induced disease** 직업 때문에 생긴 병

🔍 실전 예문

It is not good to consume drugs that **induce** sleep.
수면을 유도하는 약을 섭취하는 것은 좋지 않다.

conduce 图 도움이 되다, 이바지하다, 공헌하다
단어 어원 con(함께) + duce(이끌다)

conduce는 '사람들과 함께 이끌어 주다'라는 어원적 의미에서 '도움이 되다, 이바지하다, 공헌하다'라는 뜻으로 굳어졌다. 자동사로 conduce to와 같이 전치사 to와 함께 사용한다. 비슷한 뜻을 가진 단어로 contribute가 있다.

유의어 contribute = con(함께) + tribute(할당하다) 동 ~에 기여하다, 공헌하다

✏️ 핵심 연관 단어

conduction 명 전도   **conducive** 형 ~에 좋은

📢 응용 표현

- **conduce to health** 건강에 도움이 되다
- **heat conduction** 열전도
- **be conducive to health** 건강에 좋은

🔍 실전 예문

The consultant said this new compensation plan will **conduce** to efficiency.
그 컨설턴트는 이 새로운 보상 계획이 효율성에 도움이 될 것이라고 이야기했다.

deduct 동 빼다, 공제하다, 차감하다

단어 어원 de(아래로) + duct(이끌다)

deduct는 어원적 의미에서 '돈이나 점수를 아래로 이끌다' → '~에서 빼다, 공제하다, 차감하다'라는 뜻으로 굳어졌다. 비슷한 형태의 deduce와 헷갈리지 말자.

유사 형태어 deduce = de(아래로) + duce(이끌다) 동 연역하다, 추론하다

✏️ 핵심 연관 단어

deduction 명 공제
deductible 형 공제 가능한

📢 응용 표현

- **be deducted from your wages** 급여에서 공제될 것이다
- **tax deduction** 세금 공제
- **deduction and exemption** 소득 공제
- **deductible costs** 공제 가능한 비용
- **deduce from his silence that** 주어 + 동사 그의 침묵에서 ~임을 추론하다

🔍 실전 예문

This amount will be automatically **deducted** from your salary every month.
이 금액은 당신의 월급에서 매월 자동으로 공제될 것이다.

UNIT 08

pose / press

놓다   누르다

com + press
compress

영어에서 '놓다'라는 뜻을 가지고 있는 어근이 pose이다. 이는 가끔 pound의 형태로 사용되기도 한다. impose는 in(안에) + pose(놓다) 구성이므로 '도입하다, 부과하다, 징수하다'라는 뜻이다. 어근 press는 '누르다'라는 뜻을 가지고 있다. depress는 de(아래로) + press(누르다) 구성으로, 어원적 의미에서 '우울하게 만들다'라는 뜻으로 굳어졌다.

WORD 01

position 명 위치, 지위, 입장

단어 어원 posit(놓다) + ion[명접]

position은 어원적 의미에서 '물건이나 사람이 놓여 있는 곳' → '위치, 지위, 입장'이라는 뜻으로 굳어 졌다.

핵심 연관 단어

positional 형 위치상의

응용 표현

- **in position** 제자리의
- **fill a vacant position** 공석을 충원하다
- **a permanent positon** 정규직
- **a temporary position** 임시직

실전 예문

They need to fill the vacant positions as soon as possible to meet the deadline.
그들은 마감일을 준수하기 위해서 가능한 한 빨리 그 공석에 직원을 충원해야 한다.

위치 position, location, venue

positon은 '자리 잡고 있는 위치'를 뜻한다. location은 '~이 일어나거나 존재하는 장소'를 뜻한다. 그리고 venue는 주로 '콘서트나 스포츠 경기, 회담 등이 열리는 장소'를 뜻한다.

The house is in an elevated position overlooking the town.
그 집은 높은 곳에 있어서 시내를 내려다 본다.

The director is searching for a shooting location.
그 감독은 촬영 장소를 물색 중이다.

The hall provided a venue for weddings and other functions.
그 홀은 결혼식이나 다른 행사들을 위한 장소를 제공했다.

WORD 02 posture 명 자세

단어 어원 post(놓은) + ure[명접]

posture는 어원적 의미에서 '몸을 놓아 두는 자세' → '자세'라는 뜻으로 굳어졌다. '자세'라는 뜻을 가진 단어로는 posture와 attitude가 있다. posture는 '일부러 꾸민 태도, ~인 체 하는 자세' 등을 의미한다. attitude는 주로 '정신적인 태도, 마음가짐'이라는 뜻으로 사용한다.

응용 표현

- **a comfortable posture** 편안한 자세
- **an upright posture** 꼿꼿한 자세
- **adopt an aggressive posture on** ~에 관해 공격적인 자세를 취하다

실전 예문

Good posture is essential when working extended hours.
장시간 작업할 때는 좋은 자세가 필수적이다.

WORD 03 compose 통 구성하다, 작문하다, 작곡하다

단어 어원 com(함께) + pose(놓다)

compose는 '여러 가지를 한곳에 함께 놓다'라는 어원적 의미에서 '구성하다, 작문하다, 작곡하다'라는 뜻으로 굳어졌다. '구성되다'라는 의미로 사용할 때는 'be composed of'와 같이 수동태로 사용해야 한다.

핵심 연관 단어

composition 명 구성, 작문, 작곡
composed 형 구성된, 침착한
composer 명 작곡가

응용 표현

- **compose the committee** 위원회를 구성하다
- **the committee is composed of** 위원회는 ~로 구성되어 있다
- **compose a song** 노래를 작곡하다

실전 예문

Ten men compose the committee.
10명의 남자가 그 위원회를 구성하고 있다.

구성하다, 구성되다 compose, comprise

compose와 comprise의 구분은 원어민 조차도 어려워한다. 간단히 설명하면, comprise는 '전체 + comprise + 부분'으로 구성되며, '~가 ~로 구성되어 있다'라는 뜻이다. 반면 compose는 '부분 + compose + 전체' 구성이 되어 '~가 ~을 구성하다'로 사용하거나 '전체 + be composed of + 부분' 구성이 되어 '~가 ~로 구성되어 있다'로 사용한다. 예를 들면,

The U.S. is **composed** of 50 states
The U.S. **comprises** 50 states
와 같이 사용된다.

The problem is older people **comprise** a large proportion of those living in poverty.
문제는 노인들이 빈곤 계층 인구의 많은 부분을 차지한다는 것이다.

WORD 04 **component** 명 부품, 구성 요소

단어 어원 com(함께) + pon(놓다) + ent[명접]

component는 어원적 의미에서 '제품을 같이 모여서 구성하고 있는 것' → '부품, 요소'라는 뜻으로 굳어졌다.

📣 응용 표현

• the components of the machine 기계의 부품들
• a vital component in ~의 핵심 구성 요소
• the car component industry 자동차 부품 산업

🔍 실전 예문

Individual **components** for the car can be very expensive.
자동차의 각 구성품의 개별 가격은 매우 비쌀 수 있다.

부품 component, part

component는 '엔진, 변속기와 같이 2개 이상의 결합체가 연결 또는 결합되어 1개의 물체로 구성된 품목'을 의미한다. 한편 part는 '볼트, 너트, 핀과 같이 그 이상으로 분해될 수 없는 최소 단위 품목'을 뜻한다.

If you bought each **component** separately, it would cost a lot more.
구성품을 따로따로 구입하면, 돈이 훨씬 많이 들 것이다.

The various **parts** of the car are bolted together.
자동차의 여러 부품을 볼트로 함께 접합한다.

WORD 05

deposit 명 계약금, 보증금 / 동 예금하다, 예치하다

단어 어원 de(아래에) + posit(놓은)

deposit은 '맨 아래 바닥에 놓여 있는 것'이라는 어원적 의미에서 '(지불할 돈의 일부로 처음에 내는) 계약금, 보증금'이라는 명사 뜻과 '예금하다, 예치하다'라는 동사 뜻으로 굳어졌다.

🖉 핵심 연관 단어

depository 명 보관소

📢 응용 표현

- **put down a 10% deposit on the house** 그 집에 10%의 보증금을 걸다
- **pay a deposit** 보증금을 내다

🔍 실전 예문

A refundable deposit is payable on arrival.
환불 가능한 보증금은 도착해서 납부하면 된다.

WORD 06

expose 동 노출하다

단어 어원 ex(밖으로) + pose(놓다)

접두사 ex는 '밖으로'라는 뜻을 가진 단어이다. explicit는 ex(밖으로) + plicit(접다) 구성으로, '분명한, 명백한'이라는 뜻이다. expose는 '밖으로 놓다'라는 어원적 의미에서 '~에 노출하다'라는 뜻으로 굳어졌다. '~에 노출되다'라는 뜻을 표현하고 싶을 때는 'be exposed to N'의 형태로 사용해야 한다.

🖉 핵심 연관 단어

express 동 표현하다   **exposure** 명 노출   **exposition** 명 박람회, 전시회

📢 응용 표현

- **expose the kids to various cultures** 그 아이들에게 다양한 문화를 노출시키다
- **be exposed to** ~에 노출된
- **be constantly exposed to the radiation** 방사능에 끊임없이 노출된
- **prolonged exposure to the sunlight** 햇빛에 장기간 노출
- **without explicit consent** 분명한 동의 없이

🔍 실전 예문

She did not want to expose her fears and insecurity to anyone.
그녀는 자신의 두려움과 불안감을 아무에게도 드러내고 싶지 않았다.

WORD 07

dispose 통 처분하다

단어 어원 dis(분리) + pose(놓다)

dispose는 어원적 의미에서 '원래 있던 장소에서 분리해서 다른 곳에 놓다' → '처분하다'라는 뜻으로 굳어졌다. 자동사이므로 dispose of와 같이 항상 뒤에 of를 수반한다. 비슷한 뜻을 가진 단어인 discard는 타동사이다.

유의어 discard = dis(분리) + card(카드) 통 버리다, 포기하다

✐ 핵심 연관 단어

disposal 명 처분   **disposable** 형 처분 가능한, 일회용의   **disposables** 명 일회용품

📢 응용 표현

- **dispose of wastes** 폐기물을 처분하다
- **disposable razors** 일회용 면도기
- **disposable income** 가처분 소득
- **conduct a campaign against disposables** 일회용품에 반대하는 캠페인을 하다

🔍 실전 예문

Please **dispose** of the wastes in the bins provided.
제공된 큰 상자에 쓰레기를 넣어 주세요.

WORD 08

impose 통 도입하다, 부과하다, 징수하다

단어 어원 im(안에) + pose(놓다)

impose는 '~안에 놓다'라는 어원적 의미에서 '(세금, 벌금 등을) 부과하다, 징수하다' 및 '도입하다'라는 뜻으로 굳어졌다.

✐ 핵심 연관 단어

imposition 명 새로운 세금이나 법률의 도입, 시행   **imposing** 형 인상적인

📢 응용 표현

- **impose a new tax** 새로운 세금을 도입하다
- **impose limitations on** ~에 한도를 두다
- **forcibly impose A on B** 강제적으로 A를 B에 부과하다
- **unilateral imposition of import quotas** 수입 할당량의 일방적인 시행
- **impose sanctions on** 제재를 부과하다

🔍 실전 예문

Congress can **impose** strict conditions on the bank.
의회가 그 은행에 엄격한 조건을 부과할 수 있다.

징수하다 impose, assess, levy

impose는 '개별 사안의 벌금이나 세금을 결정 부과하는 것'을 뜻한다. 한편 assess는 '정부가 과세를 하기 전에 재산이나 수입의 가치를 평가하여 과세 기준을 조사하여 정하는 것'을 뜻한다. 일반적으로 '(가치 등을) 판단하다, 평가하다'라는 뜻으로도 사용한다. 그리고 levy는 '실제로 세금을 거두어 들이는 것'을 말한다. 그래서 '징수하다'라는 뜻으로 사용한다.

Most countries impose heavy taxes on alcohol and cigarettes.
대부분의 국가들은 술과 담배에 많은 세금을 부과한다.

It is difficult to fully assess the effect of the changes in demand.
수요의 변화가 미치는 영향을 완전히 파악하는 것은 어렵다.

The new medicate levy passed the Senate today.
새로운 의료보험 세금의 징수가 오늘 상원을 통과했다.

WORD 09

oppose 통 반대하다

단어 어원 op(반대) + pose(두다)

oppose는 '상대방과 반대로 두다'라는 어원적 의미에서 '반대하다'로 뜻이 굳어졌다. oppose는 타동사이므로 'oppose + Sth' 형태나 'be opposed to와 같이 수동태로 사용한다. 반면 비슷한 뜻을 가진 object는 자동사로, 뒤에 전치사 to를 수반해서 'object to'의 형태로 사용한다.

✎ 핵심 연관 단어

opposition 명 반대
opponent 명 반대자
opposite 형 정반대의, 맞은편의

응용 표현

- **oppose the proposal** 그 안건에 반대하다
- **be opposed to the idea** 그 아이디어에 반대하다
- **the opposition** 야당

🔍 실전 예문

He intends to **oppose** the prime minister in the leadership election.
그는 당 대표 선출에서 총리를 반대할 작정이다.

WORD 10

possess 통 가지고 있다, 소유하다, 보유하다

단어 어원 pos(놓다) + sess[동접]

possess는 어원적 의미에서 '물건이 자신의 손에 놓여 있다' → '가지고 있다, 보유하다'라는 뜻으로 굳어졌다. '(특정한 자질을) 소유하다'라는 뜻으로도 사용한다. '개인 용품'은 personal possessions, personal belongings, personal effects 등으로 표현한다.

✏️ 핵심 연관 단어

possession 명 소유, 소지(품)　　　**possessed** 형 홀린　　　**possessive** 형 소유욕이 강한

📢 응용 표현

- **possess a sense of humor**　유머 감각을 가지고 있다
- **possess the required qualities**　필요한 자질을 가지고 있다
- **personal possessions**　개인 소지품

🔍 실전 예문

I'm afraid he doesn't **possess** a sense of humor.
그는 유머 감각이 없는 것 같아요.

WORD 11

propose 통 청혼하다, 제안하다

단어 어원 pro(앞으로) + pose(놓다)

propose는 '자신의 생각을 앞으로 내놓다'라는 어원적 의미에서 '(결혼해 줄 것을) 청혼하다'라는 뜻과 '제안하다'라는 뜻으로 굳어졌다.

✏️ 핵심 연관 단어

proposition 명 제안　　　**proposal** 명 제안, 안건, 청혼, 프러포즈

📢 응용 표현

- **propose changes to**　~의 변화를 제안하다
- **propose a possible solution to**　~의 가능한 해결책을 제안하다
- **propose a toast to**　~에게 건배를 제안하다
- **solicit proposals from**　~으로부터 안건을 요청하다

🔍 실전 예문

The measures have been **proposed** as a way of improving standards.
이 조치는 기준을 개선하기 위한 방법으로 제안되었다.

단어들의 알쏭달쏭 차이 제안하다 propose, suggest

propose는 '형식적이고 심도 있는 자리에서 오랫동안 준비하고 생각한 후에 어떠한 공식적이고 형식화된 상태로 제안하다'라는 뜻으로 사용한다. 반면 suggest는 '일반적인 상황에서 개인적인 생각을 말로 제안하다'라는 뜻으로 사용한다.

I'd like to propose a possible solution to our team's slow progress on the project.
우리 팀의 부진한 프로젝트 진행에 대해 가능한 해결책을 제안하고 싶습니다.

The real estate agent strongly suggested investing in the property.
그 부동산 중개인은 그 부동산에 투자할 것을 강력히 제안했다.

WORD 12

postpone 동 연기하다, 미루다

단어 어원 post(뒤로) + pone(놓다)

postpone은 어원적 의미에서 '정해진 날짜를 뒤로 두다' → '연기하다, 미루다'라는 뜻으로 굳어졌다.

✎ 핵심 연관 단어

postponement 명 연기

📢 응용 표현

• **postpone a meeting indefinitely** 회의를 무기한 연기하다
• **postpone one's appointment** 약속을 연기하다
• **be postponed until further notice** 추후 통보가 있을 때까지 연기되다
• **an indefinite postponement** 무기한 연기

🔍 실전 예문

The meeting has been postponed until next month.
그 회의는 다음달까지 연기되었다.

단어들의 알쏭달쏭 차이 연기하다, 미루다 postpone, delay

postpone은 '의도적으로 일정을 뒤로 연기하다'라는 뜻이다. 반면 delay는 '의도치 않게 지연되다'라는 뜻이다.

If nobody objects, we'll postpone the meeting until next week.
아무도 반대하지 않으면 회의를 다음주로 연기하겠습니다.

Your flight will be delayed due to the inclement weather.
악천후 때문에 비행은 지연될 것입니다.

suppose 통 생각하다, 추정하다, 가정하다

단어 어원 sup(아래에) + pose(놓다)

suppose는 어원적 의미에서 '무엇인가를 사실이라는 전제하에 놓다' → '(이미 알고 있는 지식에 의거하여 ~일 것이라고) 생각하다, 추정하다' 및 '(무엇이 사실이라고) 가정하다'라는 뜻으로 굳어졌다.

🖉 핵심 연관 단어

supposition 명 추정   **supposed** 형 소위 ~라는   **supposedly** 부 추정상, 아마도

📢 응용 표현

- **It's reasonable to suppose that** 주어 + 동사 ~라고 가정하는 게 합리적이다
- **I suppose so** 나도 그렇게 생각한다
- **be supposed to** 동사원형 ~하도록 되어 있다
- **be supposed based on** ~을 바탕으로 한 것으로 추정되다
- **be entirely on supposition** 전적으로 추정에 근거하다

🔍 실전 예문

Let's **suppose** that the distance is one mile.
그 거리가 1마일이라고 가정하자.

추정하다, 가정하다 suppose, assume

suppose는 '보통 사실이 아닌 어떤 상황을 가정해 보다'라는 뜻이다. 반면 assume은 '뭐가 사실이라고 가정하다'라는 뜻이다. 다시 말해, assume은 맞다고 생각하고 가정하는 것이고 suppose는 틀릴 수도 있다고 생각하고 가정하는 것이다.

I **suppose** your presence here today is not entirely coincidental.
내 생각에 당신이 오늘 여기 있는 것이 전적으로 우연은 아닌 것 같습니다.

It's reasonable to **assume** that the economy will continue to improve.
경제가 계속 개선될 것이라고 가정하는 것은 타당하다.

ponder 동 숙고하다, 곰곰이 생각하다

단어 어원 pond(놓다) + er[동접]

ponder는 어원적 의미에서 '무거움과 가벼움의 무게를 저울에 놓고 보다' → '숙고하다, 곰곰이 생각하다'라는 뜻으로 굳어졌다.

✏️ 핵심 연관 단어

ponderous 형 무거운, 지루한, 장황한
ponderously 부 무겁게, 육중하게

ponderable 형 무게를 달 수 있는

📢 응용 표현

• **ponder for a moment** 잠시 생각하다
• **a ponderous dissertation** 지루한 학위 논문

🔍 실전 예문

He walked out of the room, leaving me to **ponder** what he had just said.
그는 방을 걸어 나가면서 나에게 그가 무슨 말을 했는지 숙고할 시간을 주었다.

숙고하다 contemplate, ponder

contemplate는 '어떤 것을 오랫동안 생각하는 것'을 뜻하나 목적이나 결과를 나타내지는 않는다. 한가하고 즐거운 명상이나 묵상을 뜻하기도 한다. 반면 ponder는 '세심한 평가를 하려고 마음속에 간직하고 있는 문제의 모든 면을 검토하는 것'을 뜻한다.

The CEO is **contemplating** retirement after the success of the takeover.
그 최고 경영자는 그 인수의 성공 이후에 은퇴를 생각하고 있다.

You can also take time to **ponder** what you want to do in the future.
여러분은 미래에 무엇을 하고 싶은지를 곰곰이 생각할 수 있는 시간을 가질 수 있습니다.

compress 통 압축하다, 요약하다 / 명 압박 붕대

단어 어원 com(완전히) + press(누르다)

접두사 com은 강조의 뜻을 가진 단어로 '완전히'라는 뜻을 가진다. complete는 com(완전히) + ple(채우다) +te[동접] 구성으로, '완성시키다'라는 뜻을 가지고 있다.
compress는 '완전히, 끝까지 누르다'라는 어원적 의미에서 '압축하다'라는 뜻으로 굳어졌다. '내용을 압축하다' → '요약하다'라는 뜻으로도 사용된다.

✎ 핵심 연관 단어

compression 명 압축, 요약   **compressor** 명 압축기
complete 통 완성시키다, 작성하다 / 형 완전한

📢 응용 표현

- **compressed air** 압축된 공기   • **be compressed into one chapter** 하나의 장에 압축되다
- **compress the soil in the pot** 화분의 흙을 다지다
- **in complete agreement** 완전한 의견 일치

🔍 실전 예문

The moderator suggested **compressing** his arguments into only one sentence.
진행자는 그의 주장을 하나의 문장으로 요약하라고 제안했다.

depress 통 침체시키다, 우울하게 만들다

단어 어원 de(아래로) + press(누르다)

접두사 de는 '아래로, 분리, 이탈, 강조'의 뜻을 가지고 있다. deplete는 de(아래로) + plete(채우다) 구성으로, 어원적 의미에서 '채워진 것을 아래로 내리다' → '감소시키다, 고갈시키다'라는 뜻으로 굳어졌다.
depress는 '사람이나 경제를 아래로 누르다'라는 어원적 의미를 가지고 있다. 대상이 경제이면 '침체시키다'이고 대상이 사람이면 '우울하게 만들다'이다.

✎ 핵심 연관 단어

depression 명 우울증, 침체   **depressed** 형 우울한, 침체된   **depressing** 형 우울하게 만드는

📢 응용 표현

- **depress the housing market** 주택 시장을 침체시키다
- **a depressing song** 우울한 노래
- **have depression** 우울증이 있다
- **experience severe economic depression** 심각한 경제 침체를 경험하고 있다

🔍 실전 예문

Wet weather always **depresses** me.
궂은 날씨는 나를 늘 우울하게 만든다.

impress 통 감동시키다, 깊은 인상을 주다

단어 어원 **im**(안으로) + **press**(누르다)

무엇인가가 가슴 안으로 눌러오는 것은 감동시키고, 깊은 인상을 주는 것이다. 따라서 impress는 '감동시키다, 깊은 인상을 주다'라는 뜻을 가진다. impress가 '감동받다'라는 뜻으로 사용될 경우에는 수동태일 때이며, 이때는 be impressed with 형태로 사용한다.

✏️ 핵심 연관 단어

impression 명 감동, 인상
impressive 형 인상적인
impressively 부 인상적으로

📢 응용 표현

- **be impressed with** ~에 감동을 받다
- **an impressive performance** 인상적인 공연
- **an impressive line-up of speakers** 인상적인 몇몇의 연설자들
- **leave a lasting impression on** ~에게 오래 가는 인상을 남기다

🔍 실전 예문

I was **impressed** with your inspiring speech.
저는 당신의 영감을 불어 넣는 연설에 감동을 받았습니다.

감동시키다 impress, move

impress는 '깊이 감동시키다, 감명을 주다'라는 뜻이 강하다. 한편 move는 '감동시켜서 남의 마음을 움직이다'라는 뜻이다. '감동을 받다, 좋은 인상을 받다'는 be impressed with로 표현하면 된다.

He exaggerated his achievements to **impress** his audience.
그는 청중에게 깊은 인상을 주기 위해 자기 업적을 과장해서 말했다.

They think his music inspire and **move** people.
그들은 그의 음악이 사람들에게 영감을 주고 사람들을 감동시킨다고 생각한다.

suppress 통 억압하다, 진압하다, 억제하다

단어 어원 sup(아래로) + press(누르다)

접두사 sup는 '아래'라는 의미를 가지고 있다. suppress는 어원적 의미에서 '위에서 강제적으로 아래로 누르다' → '억압하다, 진압하다, 억제하다'라는 뜻으로 굳어졌다.

🖋 핵심 연관 단어

suppression 명 억압, 진압
suppressive 형 억압하는

📢 응용 표현

• **be brutally suppressed** 잔혹하게 진압당하다
• **an appetite suppressant** 식욕 억제제

🔍 실전 예문

Most regimes often use violence to suppress opposition.
대부분의 정권은 반대를 진압하기 위해 종종 폭력을 사용한다.

UNIT
09

cap / tain
잡다   잡고 있다

cap + ture
capture

어근 cap은 명사로는 '머리'라는 뜻이다. 모자를 cap이라고 하고, 수도를 capital이라고 한다. 그리고 동사로는 '잡다'라는 뜻이 있다. 어근 tain은 '잡고 있다'라는 뜻을 가지고 있다. container(명 컨테이너)를 생각하면 뜻을 알 수 있다. 컨테이너는 수송용으로 물건을 싣고 있는 것이다. detain은 de(떨어져) + tain(잡고 있다)로 누군가를 밖으로부터 떨어뜨린 채 잡고 있다는 뜻이다. 결국 '구금하다, 감금하다'라는 뜻이 된다.

WORD 01

caption 명 제목, 자막 / 통 제목을 붙이다

단어 어원 cap(잡다 or 머리) + tion[명접]

caption은 '영화나 책 등의 표지에 머리를 잡다'라는 어원적 의미에서 '제목'이라는 뜻으로 굳어졌고, '자막'이라는 뜻도 가진다. caption은 '강조나 청각 장애인을 위해 음성 내용을 전달해 주는 자막'을 말할 때 사용한다. subtitle과 사용할 때가 조금 다르다.

주의 단어 subtitle = sub(아래에) + title(제목, 직함) 명 부제, 자막

★ subtitle은 언어가 다른 프로그램의 하단에 들어가는 자막을 말할 때 사용한다.

📢 응용 표현

• **understand without caption** 자막 없이 이해하다
• **a Spanish film subtitled in English** 영어로 자막 처리된 스페인 영화
• **close caption** 귀가 불편한 사람을 위한 자막

🔍 실전 예문

The new program on Channel 6 provides closed **caption** for the hearing-impaired.
채널 6의 새로운 프로그램은 청각 장애인을 위한 자막 방송을 제공한다.

WORD 02

capture 통 잡다, 억류하다, 사로잡다

단어 어원 cap(잡다) + ture[동접]

capture는 어원적 의미 그대로 '(포로로) 잡다, 억류하다' 및 '(관심, 상상력, 흥미를) 사로잡다'라는 뜻이다. capture the imagination of는 '~의 상상력을 사로잡다'이다. 포로와 관련된 단어들을 같이 외워 두자.

반의어 recapture = re(다시) + capture(잡다) 통 탈환하다

✏️ 핵심 연관 단어

captivity 명 감금, 억류   **captive** 형 사로잡힌 / 명 포로
hostage 명 인질   **prisoner** 명 죄수, 재소자

📢 응용 표현

• **capture imagination of younger audience** 어린 관중들의 상상력을 사로잡다
• **manage to evade capture** 간신히 붙잡히지 않다
• **capture the subtle hues** 미묘한 색조를 사로잡다

🔍 실전 예문

The exhibition failed to **capture** the great diversity of this fascinating country.
그 전시회는 이 매력적인 나라의 엄청난 다양성을 포착하지 못했다.

capture는 '저항하거나 도망가지 못하도록 강제로 붙잡다'라는 뜻이 강하다. 한편 hold는 '계속 잡고 있다, 보유하다'라는 뜻이 강하다. 그리고 catch는 '(움직이는 물체를) 잡다, 붙잡다'라는 뜻이 강하다.

The soldiers were under orders to <u>capture</u> the rebels alive.
군인들은 반란군들을 생포하라는 명령을 받았다.

We can <u>hold</u> your reservation for three days.
우리는 당신의 예약을 사흘 동안 그대로 둘 수 있습니다.

She managed to <u>catch</u> the keys as they fell.
그녀는 열쇠가 떨어지는 것을 간신히 잡았다.

WORD 03 **capacity** 명 용량, 수용 능력, 생산 능력

단어 어원 cap(잡다) + acity[명접]

capacity는 어원적 의미에서 '무엇인가를 잡을 수 있는 크기' → '용량, 수용 능력, 생산 능력'이라는 뜻으로 굳어졌다. be filled to capacity(정원이 다 차다)와 at full capacity(생산 능력을 완전 가동해서)와 같은 표현으로 많이 사용한다.

✏️ 핵심 연관 단어

capable 형 ~할 수 있는
capably 부 유능하게
capability 명 능력, 역량

📣 응용 표현

- **have a seating capacity of 1,000** 1,000명의 수용 능력을 가지고 있다
- **at full capacity** 생산 능력을 완전 가동해서
- **be filled to capacity** 수용 능력까지 다 차다
- **beyond one's capacity** ~의 능력을 넘어서
- **be capable of Ving** ~을 할 수 있는
- **the manufacturing capability** 제조 능력

🔍 실전 예문

The factory operated at full capacity last week to meet the tight deadline.
그 공장은 빡빡한 마감일을 준수하기 위해서 지난 주에 생산 능력을 완전 가동했다.

captivate 동 마음을 사로잡다, 매혹시키다

단어 어원 cap(잡다) + tivate[동접]

captivate는 '상대방을 사로잡다'라는 어원적 의미에서 '~의 마음을 사로잡다, 매혹시키다'라는 뜻으로 굳어졌다.

✎ 핵심 연관 단어

capture 동 포로로 잡다, 포획하다
captive 형 사로잡힌 / 명 포로
captivation 명 매혹, 매력
captivatingly 부 매력적으로

📢 응용 표현

- **captivate people** 사람들을 매혹시키다
- **captivate my heart** 나의 마음을 사로잡다
- **captivating voice** 매혹적인 목소리

🔍 실전 예문

His honey-sweet voice **captivated** her heart.
그의 감미로운 목소리는 그녀의 마음을 사로잡았다.

매료시키다 attract, captivate, fascinate

attract는 '주의나 관심, 마음 등을 ~쪽으로 끌어 당기다'라는 일반적인 뜻이다. captivate는 '애정이나 주의나 마음을 일시적으로 사로잡다'라는 뜻이 강하다. 그리고 fascinate는 '경치나 경관 또는 대단히 흥미를 끄는 사물이나 생각에 얼어붙을 듯이 꼼짝 못하다'라는 뜻이다.

A male bird sings to <u>attract</u> a mate.
새의 수컷은 짝의 마음을 끌기 위해서 노래를 한다.

The speaker is able to <u>captivate</u> his audience.
그 발표자는 그의 관중을 사로잡을 수 있다.

The final would <u>fascinate</u> every cricket fan and every broadcaster, too.
결승전은 모든 크리켓 팬들과 모든 방송사들의 마음을 사로잡을 것이다.

contain 통담고 있다, 수용하다, 함유하다, (감정을) 억누르다

단어 어원 con(함께) + tain(잡고 있다)

contain은 '함께 잡고 있다'라는 어원적 의미에서 '~을 담고 있다, 수용하다, 함유하다'라는 뜻으로 굳어졌다. 어원적 의미에서 '자신의 감정을 밖으로 표출하지 않고 꾹 담다' → '(감정을) 억누르다'라는 뜻도 생겼다.

✒ 핵심 연관 단어

container 명 그릇, 용기
contained 형 포함된, 억제하는
containment 명 억제, 방지

📢 응용 표현

- **does not contain any alcohol** 알코올을 함유하고 있지 않다
- **contain a poison** 독이 있다
- **contain her excitement** 흥분을 억누르다
- **contain an epidemic** 유행병을 억제하다
- **contain the threat of military force** 군사력을 동원하겠다는 협박을 담고 있다

🔍 실전 예문

Some mushrooms **contain** a deadly poison.
일부 버섯에는 치명적인 독이 있다.

 담다 contain, accommodate

contain은 '그릇, 용기 그 자체 안에 실제로 담다'라는 뜻이다. accommodate는 '건물 등이 붐비지 않고 불편함 없이 수용하다'라는 뜻이다.

The drink doesn't <u>contain</u> any alcohol.
그 음료는 알코올이 전혀 함유되어 있지 않다.

The convention hall can <u>accommodate</u> up to 1.500 at a time.
그 컨벤션 홀은 한 번에 1.500명을 수용할 수 있다.

entertain 됨 즐겁게 해 주다, 접대하다

단어 어원 enter(중간, 사이) + tain(잡고 있다)

entertain은 어원적 의미에서 '사람들 사이사이에 들어가서 분위기를 잡고 있다' → '즐겁게 해 주다, 접대하다'라는 뜻으로 굳어졌다.' 명사형인 entertainment는 '오락, 여흥'이다.

✎ 핵심 연관 단어

entertainer 명 연예인   **entertaining** 형 재미있는

🔊 응용 표현

- **be thoroughly entertained** 정말 즐겁다
- **hire a magician to keep children entertained** 아이들을 즐겁게 해 주기 위해 마술사를 고용하다
- **a budget for the entertainment of clients** 고객 접대비
- **live entertainment** 라이브 오락
- **provide entertainment for** ~을 위해 오락을 제공하다

🔍 실전 예문

Film can **entertain** and educate, make you laugh or cry.
영화는 당신을 즐겁게 하고, 교육을 시키고, 웃거나 울게 만든다.

즐겁게 하다 entertain, amuse

entertain은 '적극적인 노력으로 일정한 행위를 미리 준비해서 즐거움을 제공하거나 접대하다'라는 뜻이다. amuse는 가벼운 즐거움을 강조하는 단어로 '웃게 하다, 기쁘게 하다'라는 뜻이다.

A juggler came to **entertain** the children at the party.
파티에서 아이들을 즐겁게 해 주기 위해서 마술사가 왔다.

He also shares his stories of the past as a way to **amuse** his host.
그는 또한 그의 과거 이야기를 들려 주어 사람들을 웃게 해 준다.

abstain 통 자제하다, 절제하다, 삼가다, 기권하다

단어 어원 abs(떨어져서) + tain(잡고 있다)

abstain은 '나쁜 것들로부터 떨어져서 자신을 잡고 있다'라는 어원적 의미에서 '(특히 자기가 좋아하는 것을 건강, 도덕상의 이유로) 자제하다, 삼가다'라는 뜻으로 굳어졌다. 그리고 '(투표에서) 기권하다'라는 뜻도 있다.

🖋 핵심 연관 단어

abstinence 명 자제, 금욕
abstained 형 절제된, 기권한

📢 응용 표현

- **abstain from alcohol** 술을 자제하다
- **abstain from drug** 약물을 자제하다
- **total abstinence from strong drink** 독한 술 절대 금주
- **half of the voters abstained** 유권자의 절반이 기권했다

🔍 실전 예문

Ten people voted in favor, seven against, three **abstained**.
10명이 찬성, 7명이 반대, 3명이 기권을 했다.

자제하다, 삼가다 abstain, refrain

'~을 삼가다'라는 뜻을 가진 단어로 abstain과 refrain이 있는데, 둘다 abstain/refrain from Ving의 형태로 사용한다. 'abstain from Ving'는 '나쁜 것들을 삼가다'라는 뜻이다. 한편 'refrain from Ving'는 '일시적이고 순간적으로 ~을 절제하다'라는 뜻이다. '비행기에서 이착륙 시에 전자 기기를 삼가해 주세요'라고 할 때는 refrain from using any electronic devices라고 한다.

His doctor has told him to **abstain** from drinking alcohol.
의사는 그에게 술을 삼가라고 말했다.

Please **refrain** from using the telephone for private purposes.
개인 용도를 위한 전화는 삼가시오.

detain 통 억류하다, 구금하다, 붙들다, 지체하다

단어 어원 **de**(분리) + **tain**(잡다)

detain은 '못 가게 분리해서 잡다'라는 어원적 의미에서 '(경찰서, 교도소, 병원 등에) 구금하다' 및 '(어디에 가지 못하게) 붙들다, 지체하다'라는 뜻으로 굳어졌다. be detained in one's home은 '자택에 연금되다'라는 뜻이다.

핵심 연관 단어

detainment 명 억류, 구금
detainee 명 억류자

응용 표현

- **be detained for questioning** 심문을 받기 위해 구금되다
- **be detained without trial** 재판 없이 수감되다
- **release detainees** 억류자들을 석방하다

실전 예문

Prisoners cannot be detained indefinitely without charge.
죄수들은 혐의 없이 무기한으로 구금될 수는 없다.

가두다, 구금하다 detain, confine

detain은 '경찰서, 교도소, 병원 등에 구금하다'라는 뜻이다. 한편 confine은 '사람이나 동물 등을 좁은 장소나 폐쇄된 곳에 넣다'라는 뜻이다.

You may detain her but do not have the right to interrogate.
그녀를 붙잡아 둘 수는 있지만 심문할 권한은 없습니다.

The residents of the apartment are advised to keep their dogs confined in a cage when in motion.
아파트의 주민들은 이동 중에 그들의 강아지를 케이지에 가두라고 충고받는다.

WORD 09 maintain 통 유지하다, 주장하다

단어 어원 main(손) + tain(잡고 있다)

어근 main은 mani에서 파생된 것으로 '손'이라는 뜻이다. manipulate는 mani(손) + pul(당기다) +ate[동사] 구성으로, '조종하다, 조작하다'라는 뜻이다.
maintain은 '손에 계속 붙잡고 있다'라는 어원적 의미에서 '유지하다'라는 뜻으로 굳어졌다. 이 외에도 어원적 의미에서 '자신의 주장이나 생각을 계속 유지하다' → '주장하다'라는 뜻도 파생되었다.

✏️ 핵심 연관 단어

manifest 형 분명한, 뚜렷한
maintenance 명 유지, 관리

📢 응용 표현

- **maintain a balance** 균형을 유지하다
- **require minimal maintenance** 최소한의 유지를 필요로 하다
- **carry out routine maintenance of** ~의 정기적인 유지 관리를 수행하다
- **maintenance department** 시설물 유지 관리 부서
- **a manifest mistake** 분명한 실수

🔍 실전 예문

The top priority of the company is to successfully **maintain** the financial health.
그 회사의 최우선 사항은 재무 건전성을 성공적으로 유지하는 것이다.

 유지하다 maintain, conserve, preserve

maintain은 '특정한 수준을 유지하거나, 시설물 등을 언제나 사용할 수 있도록 유지하고 보수하다'라는 뜻이다. 한편 conserve는 '낭비하지 않고 절약해서 보존하다'라는 뜻이다. 그리고 preserve는 '손상되지 않도록 보존하다'라는 뜻이다.

We aim to **maintain** high standards of customer care.
저희는 높은 고객 관리 수준을 유지하는 것을 목표로 합니다.

The governor called on state residents to **conserve** water.
그 주지사는 그 주의 주민들에게 물을 아껴 사용해 달라고 요청했다.

We should **preserve** our national heritage.
우리는 국가적 유산을 보존해야 한다.

pertain 통속하다, 관계하다

단어 어원 per(완전히) + tain(잡고 있다)

pertain은 '누군가를 완전히 잡고 있다'라는 어원적 의미에서 '속하다, 관계하다'라는 뜻으로 굳어졌다. pertaining to의 형태로 사용하면 전치사로, '~에 관한'이라는 뜻이 된다. pertinent도 많이 사용한다.

✏️ 핵심 연관 단어

pertinent 형 관련된   **pertinently** 부 딱 들어맞게, 적절히   **pertaining to** 전 ~에 관한

📢 응용 표현

- **Does it only pertain to me?** 이게 저에게만 해당되는 거예요?
- **the laws pertaining to adoption** 입양 관련법
- **pertinent documents** 관련 서류
- **pertinently remark on** 적절하게 언급하다
- **comments pertinent to the topic** 토픽과 관련된 발언

🔍 실전 예문

Your remark does not pertain to the question.
당신의 발언은 그 문제와 관련이 없다.

retain 통보유하다, 유지하다

단어 어원 re(계속) + tain(잡고 있다)

retain은 어원적 의미에서 '무엇인가를 버리지 않고 계속 잡고 있다' → '(계속) 유지하다, 보유하다'라는 뜻으로 굳어졌다. retain receipts는 '영수증을 간직하다'라는 뜻이다.

✏️ 핵심 연관 단어

retention 명 보유, 유지   **retainable** 형 보유할 수 있는

📢 응용 표현

- **retain moisture** 수분을 함유하다
- **retain receipts to verify expenses incurred** 발생된 비용을 입증하기 위해 영수증을 보유하다
- **retain customers** 고객을 유지하다
- **retain one independence** 자신의 독립을 유지하다
- **aid the retention of information** 정보 기억을 돕다

🔍 실전 예문

Please retain receipts of the travel expenses to be reimbursed.
출장비를 환급받기 위해서는 영수증을 보관해 주세요.

유지하다 retain, maintain

retain은 '없애거나 끊지 않고 계속 유지하다'라는 뜻이다. 한편 maintain은 '수준 등을 동일하게 유지하다'라는 뜻이다.

Please retain these documents for future reference.
앞으로 참고할 수 있도록 이 문서들을 간직하고 계십시오.

We maintain contact with many large and small business.
우리는 크고 작은 여러 회사들과의 관계를 유지하고 있다.

WORD 12

attain 图 이루다, 달성하다, 이르다

단어 어원 at(~쪽으로) + tain(잡고 있다)

attain은 어원적 의미에서 '정상 쪽으로 목표를 잡고 있다' → '(많은 노력 끝에) 이루다, 달성하다' 및 '(특정한 나이, 수준, 조건에) 이르다'라는 뜻으로 굳어졌다. attain one's goal은 '목표를 달성하다'이다.

✎ 핵심 연관 단어

attainment 图 성취, 성과, 달성, 업적   **attainable** 图 달성 가능한

응용 표현

- **attain three A grades** 3개의 A학점을 따다
- **attain our goal** 목표를 달성하다
- **attainable goals** 달성 가능한 목표
- **easily attainable standards** 쉽게 달성 가능한 수준

🔍 실전 예문

Jack was finally able to attain his goal after several failures.
Jack은 여러 번의 실패 이후에 마침내 그의 목표를 달성할 수 있었다.

이루다, 달성하다 achieve, attain, obtain

achieve와 attain은 '노력을 해서 성취하다'라는 뜻이다. 한편 obtain은 '노력을 해서 얻다, 구하다, 입수하다'라는 소유의 개념이다.

The leaders of the opposition claimed that the present immigration law has failed to achieve its objectives.
야당의 지도자들은 현재의 이민법이 목표를 달성하지 못했다고 주장하고 있다.

Immigrants must obtain a certificate of alien registration.
이민자들은 외국인 등록증을 획득해야 한다.

tenant 명 세입자

단어 어원 ten(잡고 있다) + ant[명접]

tenant는 어원적 의미에서 '돈을 지불하고 토지나 건물의 사용 권리를 손 안에 움켜쥐고 있는 사람' → '세입자'라는 뜻으로 굳어졌다. landlord의 반대말이다.

반의어 landlord 명 집주인

응용 표현

- **evict the tenant** 세입자를 퇴거시키다
- **tenant farmers** 소작 농부
- **be currently occupied by a tenant** 최근에 세입자가 들어와 있다

실전 예문

The **tenants** of the apartment complained that their rents were too high.
그 아파트의 세입자들은 그들의 세가 지나치게 비싸다고 불평했다.

UNIT 10

pend / cis

매달다   자르다

de + pend

depend

어근 pend는 '매달다'라는 뜻을 가지고 있다. 천장에 매달려 있는 조명을 펜던트(pendant)라고 한다. pending은 결정지어서 끝내야 할 일이 계속 '매달려 있는'에서 '현안의'라는 의미가 되었다. 어근 cis는 '자르다'라는 뜻을 가지고 있다. 로마의 율리우스 카이사르 시저가 처음으로 어머니의 배를 가르고 나왔다고 해서 '제왕절개'를 Caesarean Section이라고 한다.

WORD 01

pending 형 미결의, 미정의, 보류 중인 / 전 ~가 있을 때까지

단어 어원 pend(매달다) + ing[형접]

pending은 어원적 의미에서 '문제들이 해결되지 않고 매달려 있는' → '미결의, 미정의, 보류 중인'이라는 뜻으로 굳어졌다. pending order는 '보류 중인 주문'을, standing order는 '정기 배송 주문'을 뜻한다.

📢 응용 표현

- **the pending issue** 현안
- **the pending case** 계류 중인 사건

🔍 실전 예문

The board of directors was called to resolve the pending issues.
이사회는 현안을 해결하기 위해서 소집되었다.
Details of your pending orders appear below.
고객님의 보류 중인 주문 내역은 다음과 같습니다.

WORD 02

impending 형 곧 있을, 임박한

단어 어원 im(안으로) + pend(매달다) + ing[형접]

impending은 어원적 의미상 '매달려 있는 상태가 안쪽으로 매달려 있는'이라는 뜻이다. 여기에서 '곧 닥칠, 임박한'이라는 뜻으로 굳어졌다. ongoing, upcoming도 같이 암기해 두자.

✏️ 핵심 연관 단어

ongoing 형 계속 진행 중인   **upcoming** 형 다가오는

📢 응용 표현

- **his impending retirement** 임박한 그의 은퇴
- **warnings of impending disaster** 곧 닥칠 재난에 대한 경고
- **an ongoing talk** 계속 진행 중인 협상
- **an upcoming event** 다가오는 행사

🔍 실전 예문

He was totally oblivious to the impending danger.
그는 임박한 위험을 전적으로 인식하지 못했다.
Many people expressed great interest in the upcoming event.
많은 사람들이 다가오는 행사에 커다란 관심을 표현했다.

WORD 03

depend 통 의존하다, ~에 달려 있다

단어 어원 de(아래에) + pend(매달다)

depend는 어원적 의미에서 '어린 아이가 부모의 밑에 매달려 있다' → '의존하다, ~에 달려 있다'라는 뜻으로 굳어졌다. depend는 자동사로 항상 depend on의 형태로 사용된다. 동의어인 rely on, count on 도 기억해 두자.

✏ 핵심 연관 단어

dependence 명 의존
dependent 형 의존하는
independently 부 독립적으로
rely on 동 의존하다
count on 동 의존하다

📢 응용 표현

- **depend on the weather** 날씨에 달려 있다
- **depend on their condition and rarity** 보존 상태와 희소성에 달려 있다
- **be dependent on many factors** 많은 요소에 의해 좌우되다
- **work independently** 독립적으로 일하다

🔍 실전 예문

Wage rates **depend** on levels of productivity.
임금 지급률은 생산성 수준에 따라 좌우된다.

The country is heavily **dependent** on imports of natural resources.
그 나라는 천연 자원의 수입에 지나치게 의존하고 있다.

expenditure 명 소비, 지출, 비용

단어 어원 ex(밖에) + pend(매달다) + iture[명접]

화폐가 발명되기 전에는 물건의 무게를 추에 매달아서 가치를 평가해야 했다. expend는 '밖에 나가서 무게를 재다'라는 어원적 의미에서 '소비하다, 쏟아붓다'라는 뜻으로 굳어졌다. 이 동사의 명사형이 expenditure이다.

반의어 revenue = re(다시) + ven(오다) + ue[명접] 명 수익, 세수

✐ 핵심 연관 단어

expend 동 소비하다, 쏟아붓다　　　**expensive** 형 비싼　　　**expensively** 부 비싸게

📢 응용 표현

• **expend all his efforts on** ~에 자신의 모든 노력을 쏟다
• **a reduction in expenditure** 비용의 축소
• **revenue and expenditure** 수익과 지출
• **expenditure on education** 교육비

🔍 실전 예문

The items below refer to the actual **expenditures**, rather than estimates.
아래의 항목은 예상치가 아니라 실제 지출을 가리킨다.

The company successfully reduced capital **expenditure** in machinery last fiscal year.
그 회사는 지난 회계 연도에 기계류의 자본 지출을 성공적으로 줄였다.

pension 명 연금

단어 어원 pens(매달다) + ion[명접]

로마에서는 소금의 무게를 달아서 퇴역하는 군인들에게 주었다. 그래서 pension이 '연금'이라는 뜻으로 굳어진 것이다. 보험, 수당, 연금과 같이 회사에서 받을 수 있는 것들을 fringe benefits(부가 혜택)라고 한다. fringe는 그 자체로는 '주변부'라는 뜻으로, 월급을 제외한 혜택을 뜻한다.

✐ 핵심 연관 단어

fringe benefits 명 부가 혜택　　　**insurance** 명 보증, 보험
fringe 명 주변부　　　**allowance** 명 수당

📢 응용 표현

• **the fringe benefits of time** 시간적 부가 혜택
• **insurance coverage** 보험 보상 범위
• **relocation allowance** 이전 수당
• **pension plan** 퇴직 연금 적립 제도

🔍 실전 예문

Your contributions will affect your **pension** entitlements.
당신의 기여도에 따라 연금 수령액이 달라진다.

Generous relocation **allowance** will be provided to those who are willing to transfer.
전근을 희망하는 사람들에게 상당한 이전 수당이 제공될 것이다.

pendulum 명 소(시계)추

단어 어원 pend(매달다) + ulum[명접]

pendulum은 어원적 의미에서 '시계에 매달려 있는 것' → '시계추'라는 뜻으로 굳어졌다.

🔍 실전 예문

The **pendulum** in the closet clock above the furnace swung back and forth.
난로 위에 있는 벽장 시계의 추가 왔다 갔다 했다.

Public opinion is the swing of the **pendulum**.
여론은 양 극단 사이를 오락가락한다.

append 동 붙이다, 첨부하다

단어 어원 ap(~쪽으로) + pend(매달다)

append는 어원적 의미에서 '필요한 것들을 가져가서 그 밑에 매달다' → '붙이다, 첨부하다'라는 뜻으로 굳어졌다.

append는 기본적으로 attach와 같은 뜻이지만 격식을 차린 말이다. attach는 '큰 덩어리에 작은 덩어리나 부분을 참가하는 것'을 뜻하고, append는 '원래 것에 덧붙이거나 종속되는 것이거나, 사소한 내용을 보완하는 것'을 뜻한다.

🖋 핵심 연관 단어

appendix 명 맹장, 부록
attach 동 붙이다, 첨부하다
attachment 명 첨부, 애착

📢 응용 표현

• **append A to B** A를 B에 붙이다
• **have his appendix out** 맹장을 제거하다

🔍 실전 예문

Footnotes have been **appended** to the document.
그 문서에는 주석이 달려 있다.

I **append** my son's letter herewith.
여기에 저의 아들의 편지를 첨부합니다.

WORD 08

decide 통 결정하다

단어 어원 de(분리) + cide(자르다)

decide는 어원적 의미에서 '마음속에서 하나를 분리해서 자르다' → '결심하다'라는 뜻으로 굳어졌다. decide는 타동사로 뒤에 목적어로 'to 동사원형' 혹은 'that'이 수반된다. 자동사로 사용해서 decide on sth으로 사용하면 '~으로 결정하다'라는 뜻이 된다.

✎ 핵심 연관 단어

decision 명 결정
decisive 형 결정적인
decisively 부 결정적으로

📢 응용 표현

- **decide to sell the house** 집을 팔기로 결정하다
- **decide on the venue** 행사장을 결정하다
- **decisive factors** 결정적인 요소들
- **make a decision to 동사원형** ~하기로 결정하다
- **make an informed decision** 현명한 결정을 하다

🔍 실전 예문

A mixture of skill and good luck **decided** the outcome of the game.
기술과 행운이 어우러져 그 경기 결과를 결정하였다.
We ate still trying to **decide** on a venue.
우리는 개최지를 결정하기 위해 여전히 애쓰고 있다.

결정하다 decide, determine

decide는 '선택하는 방법에는 구애받지 않고 어떤 것을 선택하기로 결정하다'라는 뜻이다. 한편 determine은 '철저한 조사나 검토를 통해서 결정한 후에 선택을 결정하다'라는 뜻으로, 끝까지 의도나 목적을 관철하겠다는 의미가 함축되어 있다.

It was difficult to **decide** between the two candidates.
두 후보 사이에서 결정을 내리기가 힘들었다.

An inquiry was set up to **determine** the cause of the accident.
그 사고의 원인을 결정하기 위한 조사단이 발족되었다.

concise 형 간결한, 명료한, 명확한

단어 어원 con(함께) + cise(자르다)

concise는 '불필요한 부분을 함께 잘라낸'이라는 어원적 의미에서 '간결한, 명료한, 명확한'이라는 뜻으로 굳어졌다. in a clear and concise way(명확하고 간결하게)라는 표현을 기억해 두자.

✎ 핵심 연관 단어

concision 명 간결
concisely 부 간결하게

📢 응용 표현

- **a concise summary** 간결한 요약
- **concise yet to the point** 간결하지만 핵심이 있는
- **in a clear and concise way** 명확하고 간결하게
- **keep it concise** 간결하게 끝내다
- **deliver his speech concisely** 간결하게 연설하다

🔍 실전 예문

It is also my goal to present the information in a clear and **concise** way.
정보를 명확하고 간결하게 전달하는 것 또한 저의 목표입니다.

His argument in the debate was **concise** yet to the point.
토론에서의 그의 주장은 간결했지만 핵심이 있었다.

간결한 concise, condensed

concise는 '무엇인가를 설명하는 데 필요한 말 이상을 요구하지 않고 정확하고 간결하게 표현하는 것'을 뜻한다. 한편 condensed는 '장문의 문장을 최소한으로 단축시키는 것'을 뜻한다.

The essay was written in a <u>concise</u> style.
그 수필은 간결한 문체로 써졌다.

His life's work is <u>condensed</u> into this single book.
그의 평생의 연구가 이 한 권의 책에 응축되어 있다.

incise 동 째다, 절개하다, 새기다

단어 어원 in(안에) + cise(자르다)

접두사 in은 '아닌'이라는 뜻도 있지만, '안'이라는 뜻도 가지고 있다. incise는 어원적 의미에서 '칼날을 안에 집어 넣어서 자르다' → '째다, 절개하다' 및 '(글자, 무늬 등을) 새기다'라는 뜻으로 굳어졌다. make an incision은 (의학적인 목적으로 몸을) 째다, 절개하다'이다.

✏️ 핵심 연관 단어

incision 명 절개   **inherit** 동 상속하다

📢 응용 표현

- **incise the bottom of each tomato** 토마토 밑바닥을 자르다
- **make a incision below the rib** 갈비뼈 아래를 절개하다
- **be heir to a lager fortune** 많은 재산의 상속자가 되다
- **inherit a fortune from his father** 아버지로부터 많은 재산을 물려받다

🔍 실전 예문

They **incised** an inscription on a stone after the funeral.
그들은 장례식 후에 돌에 비문을 새겼다.
The writer has **inherited** his father's imagination.
그 작가는 그의 아버지의 상상력을 물려받았다.

precise 형 정확한, 정밀한

단어 어원 pre(이전) + cise(자르다)

precise는 어원적 의미에서 '기여도에 따라서 미리 잘라 놓은' → '정확한', 정밀한'이라는 뜻으로 굳어졌다. 부사형인 precisely는 정각을 말할 때 자주 사용한다.

✏️ 핵심 연관 단어

precision 명 정확도   **precisely** 부 정확하게

📢 응용 표현

- **precise instructions** 정확한 지시
- **at that precise moment** 바로 그때
- **to be precise** 정확히 말하면
- **precisely at 7 A.M.** 정확하게 7시에
- **describe Sth precisely** 정확하게 묘사하다

🔍 실전 예문

That's **precisely** what I meant.
그것이 정확하게 내가 말하려던 것이다.
The seminar commenced **precisely** 10 A.M.
그 세미나는 오전 10시 정각에 시작했다.

정확한 precise, accurate, exact

accurate는 '진실이나 사실에 맞도록 정확하게 일치하는'이라는 뜻이다. 한편 exact는 '추정 가능한 수량이나 성질이 사실이나 표준에 완전히 일치하는'이라는 뜻이다. 그리고 precise는 '치밀할 정도로 세부 사항까지 정확한'이라는 뜻으로, '수량이 딱 들어맞는'이라는 뜻도 된다.

An accurate diagnosis was made after a series of tasks.
일련의 검사 후에 정확한 진단이 내려졌다.

I can't remember her exact words.
그녀가 정확히 뭐라고 했는지는 기억나지 않는다.

They gave me clear and precise directions.
그들은 나에게 분명하고 정확한 지시를 했다.

WORD
12

scissors 명 가위

단어 어원 sic(자르다) + ssors[명접]

scissors는 '자르는 것'이라는 어원적 의미이므로 '가위'라는 뜻이다. 항상 복수형으로 사용한다. scissor로 사용하면 동사가 되어 '가위질하다'라는 뜻을 가진다.

🔍 실전 예문

Don't use these scissors to cut paper or cardboard.
종이나 마분지를 자르는 데 이 가위를 사용하지 마세요.

Items such as knives and scissors cannot be brought onto the plane.
칼이나 가위 같은 품목은 기내에 반입될 수 없다.

WORD 13

section 명 부분, 구획, 부서

단어 어원 sect(자르다) + ion[명접]

sect라는 어근은 '자르다'라는 뜻을 가지고 있다. section은 '(여러 개로 잘라서 나눈 것의 한) 부분, 구획' 또는'(조직의) 부서(과)'를 뜻한다. section manager는 '부서장, 과장'을 뜻한다.

✐ 핵심 연관 단어

sectional 형 부분적인　　　　**sectionalize** 동 부분으로 나누다

📢 응용 표현

- **the closed section of the road** 도로의 폐쇄된 구획
- **the director of the finance section** 재무부서의 이사

🔍 실전 예문

Large sections of the forest have been destroyed by forest fires.
숲의 많은 부분이 산불로 파괴되었다.

The economic recession will affect large sections of the population.
그 경기 침체는 인구의 많은 집단들에게 영향을 미칠 것이다.

WORD 14

segment 명 부분, 분할, 호

단어 어원 seg(자르다) + ment[명접]

segment는 전체에서 잘라 나눈 '부분'을 뜻한다. market segment는 '세분 시장'이라는 뜻인데, 하나 이 상의 비슷한 특성을 갖고 있는 개인들, 집단들 또는 조직을 뜻한다.

✐ 핵심 연관 단어

segmentation 명 분할된 부분　　　　**segmental** 형 분절의

📢 응용 표현

- **segment population on the basis of age** 연령 기준으로 인구를 나누다
- **move on to the next segment** 다음 코너로 넘어가다
- **a small segment of the painting** 그림의 작은 부분

🔍 실전 예문

A gene is a short segment of DNA.
유전자는 짤막한 DNA 조각이다.

The moderator of the debate moved quickly to the next segment.
그 토론의 진행자는 다음 코너로 빨리 넘어갔다.

suicide 명자살

단어 어원 sui(스스로) + cide(죽이다)

어근 cide는 cis에서 파생된 것으로 '죽이다'라는 뜻을 가지고 있다. homicide는 home(인간) + cide(죽이다) 구성으로, '살인'이라는 뜻이다. pesticide는 pest(해충) + cide(죽이다) 구성으로, '살충제'라는 뜻이다. suicide에서 sui는 self와 같은 뜻이다.

✏️ 핵심 연관 단어

genocide 명 종족 학살

🗣️ 응용 표현

• **reach a verdict of justifiable homicide** 정당 방위 살인의 판결에 이르다
• **crops spayed with pesticide** 농약을 뿌린 작물들
• **commit suicide** 자살하다
• **political suicide** 정치적인 자살 행위
• **genocide against ethnic minorities** 소수 집단에 대한 종족 학살

🔍 실전 예문

Her death was ruled an apparent **suicide**.
그녀의 죽음은 명백한 자살로 판결되었다.
The jury unanimously **reached a verdict of justifiable homicide**.
배심원들은 만장 일치로 정당 방위 살인 판결을 내렸다.

insect 명곤충, 벌레

단어 어원 in(안에) + sect(자르다)

insect는 어원적 의미에서 → '몸 안이 여러 부분으로 잘려 있는 동물' → '곤충, 벌레'라는 뜻으로 굳어졌다. insecticide는 pesticide와 마찬가지로 곤충을 죽이는 것이므로 '살충제'라는 뜻이다.

🗣️ 응용 표현

• **scratch at the insect bites** 벌레 물린 데를 긁다

🔍 실전 예문

She flipped the **insect** from her face.
그녀는 얼굴에 앉은 벌레를 툭 털어냈다.
The **insect** is distributed widely throughout the world.
그 곤충은 전 세계에 널리 분포되어 있다.

WORD 17 intersect 동 가로지르다, 교차하다

단어 어원 inter(중간, 사이) + sect(자르다)

접두사 inter는 '중간, 사이'라는 뜻을 가지고 있다. intersect는 '중간을 자르듯이 지나가다'라는 어원적 의미에서 '가로지르다'라는 뜻으로 굳어졌다. 도로에서 두 도로가 교차할 때 중간을 자르게 되므로 '교차하다'라는 뜻도 있다.

핵심 연관 단어

intersection 명 교차로
intercept 동 가로막다, 저지하다, 도청하다
intervene 동 개입하다, 끼어들다, 중재하다

응용 표현

• **at the intersection of the road** 길의 교차로에서
• **take a right turn at the intersection** 교차로에서 우회전하다
• **stop at the intersection** 교차로에서 멈추다
• **intercept the protesters** 시위자들을 가로막다

실전 예문

The two circles **intersect** in two places.
2개의 원이 두 지점에서 교차하다.

It was difficult to find where the two accidents **intersect**.
그 두 사건이 어디에서 교차하는지를 찾는 것은 어려웠다.

UNIT
11

fuse / flu
붓다   흐르다

fu + tile
futile

어근 fuse는 '붓다'가 변형된 것이다. 여러 개를 부어서 섞어 만들어진 것을 fusion(⑲ 융합. 결합)이라고 한다. 그래서 nuclear fusion은 '핵 융합'이다. flu는 '흐르다'가 변형된 것이다. flood는 명사로 '홍수, 쇄도, 폭주'를 뜻한다. flut(플룻)은 물이 흐르듯이 맑고 청아한 소리를 내는 악기에서 유래되었다.

confuse 통혼란시키다, 혼동시키다

단어 어원 con(함께) + fuse(붓다)

confuse는 '여러 가지를 한곳에 함께 붓다'라는 어원적 의미에서 '혼란시키다'라는 뜻으로 굳어졌다. confuse는 '두 가지가 서로 혼동이 되어서 혼란시키다'라는 뜻이다. 비슷한 뜻을 가진 puzzle과 조금 다르다.

유의어 ▶ puzzle 통 (수수께끼 같은 느낌을 주어) 당황하게 만들다

✏️ 핵심 연관 단어

confusion 명 혼동, 혼란   confused 형 혼동된   confusing 형 혼란스러운

📢 응용 표현

• confuse me with conflicting accounts 상충되는 설명으로 나를 혼란시키다
• only to confuse the issue further 그 논쟁을 더더욱 혼란스럽게 만들었다
• be confused about ~에 대해서 혼란스러워하다
• look a little confused at the question 그 질문에 약간 혼란스러워하는 것처럼 보인다
• have a puzzled look 얼떨떨한 표정을 보이다

🔍 실전 예문

The two witnesses confuse the policeman with conflicting accounts.
그 두 명의 목격자들은 상충되는 설명으로 경찰을 혼란시켰다.

diffuse 통분산시키다, 퍼지다, 번지다 / 형 널리 퍼진, 분산된

단어 어원 di(분리) + fuse(붓다)

접두사 di는 dis가 변형된 것으로 '분리'라는 뜻을 가지고 있다. differ는 di(분리해서) + fer(운반하다) 구성으로, '떨어져 분리되어 나르다'라는 어원적 의미에서 '다르다'라는 뜻으로 굳어졌다.
diffuse는 어원적 의미에서 '한곳에 부어서 섞어 놓은 것을 따로 분리시키다' → '분산시키다' 및 '(기체나 액체가) 퍼지다, 번지다'라는 뜻으로 굳어졌다.

✏️ 핵심 연관 단어

different 형 서로 다른, 상이한   diffusion 명 발산, 보급

📢 응용 표현

• diffuse power 권력을 분산시키다
• a diffuse style of writing 산만한 문체
• the Internet diffusion rate 인터넷 확산율
• differ with you on that 그 점에서 너와는 다르다
• be significantly different from ~와는 상당히 다르다

🔍 실전 예문

The problem is how to diffuse power in a fair and objective way.
문제는 어떻게 하면 공정하고 객관적으로 권력을 분산시키느냐이다.

futile [형] 헛된, 소용없는

단어 어원 fu(붓다) + tile[형접]

접미사 ile은 able이 변형된 것이다. futile은 어원적 의미에서 '부어 버려서 보람없다, 허망하다' → '헛된, 소용없는'이라는 뜻으로 굳어졌다. a futile attempt는 '헛된 시도'이고 prove futile은 '허사로 돌아가다' 이다.

유사 형태어 fertile = fer(옮기다, 낳다) + tile[형접] [형] 비옥한, 기름진

✏️ 핵심 연관 단어

futilely [부] 무익하게   **fertilizer** [명] 비료

📢 응용 표현

• **a futile attempt** 헛된 시도
• **be impressive but ultimately futile** 인상적이었지만 결국에는 헛되었다
• **a fertile region** 비옥한 지역
• **spread fertilizer on the field** 들판에 비료를 뿌리다

🔍 실전 예문

His appeal to reverse the decision proved **futile**.
그 결정을 번복하려는 그의 호소는 소용없는 것임으로 드러났다.

infuse [동] (혼, 힘을) 불어넣다, 주입하다, 스미다, 영향을 미치다

단어 어원 in(안에) + fuse(붓다)

infuse는 어원적 의미에서 '누군가의 안에 혼이나 힘을 불어넣다' → '(특정한 성질을) 불어넣다, 주입하다' 및 '(속속들이) 스미다, 영향을 미치다'라는 뜻으로 굳어졌다. infuse life into는 '~에 생기를 불어 넣다'라는 뜻이며 a cash infusion into는 '현금 투입'이라는 뜻이다.

✏️ 핵심 연관 단어

infusion [명] 주입, 투입

📢 응용 표현

• **infuse strength into** ~안으로 힘을 불어넣다
• **infuse the mind with new hope** 마음속에 새로운 희망을 불어넣다

🔍 실전 예문

Her novels are **infused** with sadness.
그녀의 소설에는 슬픔이 스며 있다.

불어넣다, 주입하다 infuse, instill

infuse는 '액체를 붓다, 주입하다, 사상이나 활력을 불어넣다'라는 뜻으로 사용한다. instill은 '조금씩 사상이나 주의를 서서히 불어넣다, 주입시키다, 가르치다'라는 뜻으로 사용한다.

The government strived to infuse people with new idea of democracy.
정부는 사람들에게 민주주의 사상을 주입하려고 노력했다.

Good leaders instill a sense of ownership in their members.
훌륭한 리더는 구성원들에게 주인 의식을 불어넣는다.

WORD 05

effuse 동 발산하다, 유출하다

단어 어원 e(밖으로) + fuse(붓다)

effuse는 어원적 의미에서 '안에 있는 것을 밖으로 붓다' → '(안에 섞여 있는 액체, 빛, 향기, 마그마, 생각 등을) 밖으로 발산하다, 유출하다'라는 뜻으로 굳어졌다.

핵심 연관 단어

effusion 명 유출
effusive 형 야단스러운, 과장된

응용 표현

- **effuse from the oceans** 바다에서 스며 나오다
- **a massive effusion of oil** 엄청난 기름 유출
- **effusion of blood** 출혈

실전 예문

Even the rising CO_2 is probably mostly effusing from the oceans.
이산화탄소의 증가도 주로 바다에서 스며나오는 것일지 모른다.

refute 통 반박하다

단어어원 re(다시) + fu(붓다) + te[동접]

refute는 어원적 의미에서 '상대방의 말을 받아서 뒤로 쏟아 버리다' → '반박하다'라는 뜻으로 굳어졌다.

✎ 핵심 연관 단어

refutation 명 반박
refutable 형 반박할 수 있는

📢 응용 표현

• **refute a statement** 진술에 반박하다
• **refute an argument** 주장에 반박하다
• **May I refute?** 반박해도 됩니까?

🔍 실전 예문

Sam struggled to **refute** stereotypes of a male elementary school teacher.
Sam은 남자 초등학교 선생님의 고정 관념을 깨려고 노력했다.

반박하다 contradict, refute

contradict은 '진술이 단지 사실과 일치하지 않는 말하는 것'을 의미하고, refute는 '사리를 따져 성공적으로 논쟁을 끝내는 것'을 의미한다.

Recent evidence has tended to **contradict** established theories on this subject.
최근의 증거는 이 주제에 관해 이미 확립된 이론과 모순되는 경향이 있다.

There are many other opinions that **refute** this statement.
이 성명에 대해 반박하는 많은 의견들이 있다.

WORD 07

flood 명 홍수, 쇄도, 폭주 / 동 물에 잠기다, 밀려 들다

단어 어원 fl(흐르다) + ood[명접]

flood는 '물이 흘러 넘치는 것'이라는 어원적 의미에서 '홍수'라는 뜻으로 굳어졌다. '무엇인가가 홍수와 같이 밀려 오는 것' → '쇄도, 폭주'라는 뜻으로도 사용한다. 국제적으로 문제가 되고 있는 '난민 쇄도'는 a flood of refugees라고 한다.

유사한 뜻을 가진 단어로는 inundate가 있다. in(안으로) + und(물) + ate[동접] 구성으로, '물이 넘쳐 안으로 들어오다'라는 어원적 의미에서 '범람시키다, 침수시키다'라는 뜻으로 굳어졌다.

✎ 핵심 연관 단어

inundation 명 범람, 침수

📢 응용 표현

- **a flood of complaints** 항의 폭주 • **inundate large parts of the town** 마을의 대부분을 침수시키다
- **be flooded with applications** 신청서가 밀려 들다 • **inundation disasters** 수해
- **be struck by devastating floods** 엄청난 홍수로 강타당하다

🔍 실전 예문

The heavy rain has caused **floods** in many part of the country.
그 폭우가 나라의 많은 부분에 홍수를 야기했다.

WORD 08

fluent 형 유창한

단어 어원 flu(흐르다) + ent[형접]

flow(동 흐르다 / 명 흐름)에는 '(계속 이어지는) 말, 흐름'이라는 뜻이 있다. flow의 형용사형인 fluent는 '(언어, 특히 외국어 실력이) 유창한'이라는 뜻이다.

유의어 eloquent = e(밖으로) + loqu(말하다) + ent[형접] 형 연설을 잘하는, 웅변의

✎ 핵심 연관 단어

fluency 명 유창함, 능숙도   **fluently** 부 유창하게   **eloquent** 형 연설을 잘하는, 웅변의

📢 응용 표현

- **an eloquent speaker** 유창한 연설가
- **fluent in Korean** 한국말에 유창한
- **speak fluently** 유창하게 말하다
- **lack fluency** 유창함이 부족하다
- **factory effluent** 공장 폐수

🔍 실전 예문

The candidate for the presidency spoke **fluently** and without hesitations.
그 대통령 후보는 망설이지 않고 유창하게 말했다.

WORD 09

fluid 명 액체, 유동체 / 형 부드러운, 유동적인

단어 어원 flu(흐르다) + id[명접]

접두사 flu는 flow(통 흐르다 / 명 흐름)가 변형된 것이다. flux는 '흐름, 유동'이라는 뜻이다. fluid는 명사로는 '액체, 유동체'이고 형용사로는 액체와 같이 '부드러운, 유동적인'이라는 뜻이다. body fluids는 '체액'을 뜻하고, a fluid situation은 '유동적인 상황'을 의미한다.

🖊 핵심 연관 단어

fluidity 명 유동성, 부드러움   **superfluous** 형 낭비하는, 불필요한

📢 응용 표현

- **a fluid political situation** 유동적인 정치 상황
- **with great fluidity of movement** 우아한 몸놀림으로
- **drink plenty of fluids** 충분한 수분을 마시다
- **a highly fluid situation** 굉장히 유동적인 상황
- **omit superfluous expenses** 불필요한 비용을 생략하다

🔍 실전 예문

Change your diet and drink plenty of **fluids**.
식단을 바꾸고 충분한 수분을 섭취하세요.

WORD 10

flush 통 (물이) 쏟아지다, (얼굴이) 붉어지다, 상기되다

단어 어원 flu(흐르다) + sh[동접]

flush는 '물이 흘러 내리다'라는 어원적 의미에서 '쏟아지다'라는 뜻으로 굳어졌다. 어원적 의미에서 '피가 한쪽으로 흐르다' → '붉어지다'라는 뜻으로도 사용한다. flush the toilet은 '화장실 물을 내리다'이고 flushed cheeks는 '홍조를 띤 볼'이라는 뜻이다.

📢 응용 표현

- **be flushed with shame** 수치심으로 얼굴이 붉어지다
- **flush the toilet** 화장실 물을 내리다

🔍 실전 예문

Pull the chain, and the water **flush**.
체인을 당기면 물이 쏟아져 나온다.

흐르다 flush, flow, pour

flush는 '갑자기 흐르다'라는 뜻이 담겨 있고, flow는 '액체나 기체가 꾸준히 흐르다'라는 뜻이 담겨 있다. 그리고 pour 는 '대량으로 콸콸 따르다'라는 뜻으로 사용한다.

Flush clean water through the pipe.
그 파이프 속을 깨끗한 물로 씻어 내어라.

He tried to stop the **flow** of blood from the wound.
그는 상처에서 흐르는 피를 지혈하려 했다.

Pour boiling water over the rice.
쌀에 끓는 물을 부으세요.

WORD 11

influenza 명 독감, 유행성 감기

단어 어원 in(안으로) + flu(흐르다) + enza[명접]

influenza는 어원적 의미에서 '감기 기운이 몸 안으로 흘러 들어간 것' → '독감'이라는 뜻으로 굳어 졌다. influenza는 줄여서 flu로 많이 사용한다. '참고로 몸살 나다'라는 표현은 ache all over one's body이다.

주의 단어 cold 명 감기
★ 일반적인 감기를 나타낼 때는 cold를 사용한다.

응용 표현

- **get a cold** 감기 걸리다
- **provide immunity against flu** 독감 면역력을 제공하다
- **get influenza** 독감에 걸리다
- **be known as avian influenza** 조류 독감으로 알려진
- **get a flu shot** 독감 주사를 맞다
- **have a fever and ache all over** 열이 있고 몸살이 나다

실전 예문

Last year **influenza** spread throughout the country.
작년에 전국에 독감이 유행했다.

WORD 12

influx 명 유입, 쇄도

단어 어원 in(안으로) + flu(흐르다) + x[명접]

influx는 inflow와 동의어이다. 어원적 의미에서 '돈, 사람, 물건, 액체 등이 안으로 들어오는 것'→ '유입, 쇄도'라는 뜻으로 굳어졌다. influx of capital은 '자본의 유입'이고 influx of orders는 '주문의 쇄도'이다.

반의어 outflow = out(밖으로) + flow(흐르다) 명 유출

🖉 핵심 연관 단어

flowing 형 흐르는

📣 응용 표현

- **stop the flow of blood** 지혈하다
- **influx of capital** 자본의 유입
- **prevent influx of illegal immigrants** 불법 이민자들의 유입을 막다
- **cope with the sudden influx of refugees** 난민자들의 갑작스러운 유입에 대처하다
- **the outflow of refugees** 난민의 유출

🔍 실전 예문

The hotel has received a large **influx** of guests.
그 호텔은 많은 손님의 유입이 있었다.

WORD 13

fluctuate 동 변동하다, 등락하다

단어 어원 fluct(흐르다) + ate[동접]

fluctuate는 어원적 의미에서 '가격이나 물가 등이 안정되지 않고 수시로 흐르다' → '변동하다, 등락하다'라는 뜻으로 굳어졌다.

반의어 stabilize = stab(안정된) + ilize[동접] 동 안정시키다

🖉 핵심 연관 단어

fluctuation 명 변동, 등락

fluctuating 형 변동하는

📣 응용 표현

- **fluctuating prices** 변동이 심한 물가
- **fluctuate day and night** 밤낮으로 변하다
- **weather fluctuation** 기상 변화
- **stabilize prices** 물가를 안정시키다
- **constantly fluctuate** 끊임없이 변동하다

🔍 실전 예문

Vegetable prices **fluctuate** according to the season.
채소 가격은 계절에 따라 변동한다.

affluent 형 풍부한, 부유한

단어 어원 af(~쪽으로) + flu(흐르다) + ent[형접]

affluent는 '어느 쪽으로 끊임없이 흘러가는'이라는 어원적 의미에서 '풍부한, 부유한'이라는 뜻으로 굳어졌다. an affluent country는 '부유한 나라'라는 뜻이다.

✐ 핵심 연관 단어

affluence 명 풍족
affluently 부 풍부하게

📢 응용 표현

- **affluent Western countries** 부유한 서구 국가들
- **a very affluent neighborhood** 매우 잘 사는 동네
- **in an affluent society** 풍요로운 사회
- **economic affluence** 경제적 풍요

🔍 실전 예문

He lives in a very **affluent** neighborhood.
그는 매우 부유한 동네에서 산다.

부유한 affluent, rich, wealthy

'생활 수준이 높고 부유한'은 affluent를, '사람, 국가, 도시가 부유한'은 rich를, '재산이 많은'은 wealthy를 사용한다.

The exposition will build up the prevailing image of **affluent** Korea.
그 박람회는 풍요로운 한국이라는 일반적 이미지를 높여 줄 것이다.

He leads a **rich** and varied life.
그는 부유하고 다채로운 삶을 산다.

Most **wealthy** families are hiring private tutors.
대부분의 부유한 가정들이 개인 교사를 고용하고 있다.

influence 명 영향 / 동 영향을 미치다

단어 어원 in(안으로) + flu(흐르다) + ence[명접]

influence는 어원적 의미에서 '무엇인가가 안으로 흘러 들어와서 변화를 주다' → '영향'이라는 뜻으로 굳어졌다. 명사로 사용할 때는 주로 have an influence on의 형태로 사용한다. 명사 동의어로는 effect, impact가, 동사 동의어로는 affect가 있다.

🖊 핵심 연관 단어

effect 명 영향 / 동 영향을 미치다

📢 응용 표현

- **influence me profoundly** 엄청나게 영향을 미쳤다
- **have an favorable influence on** ~에 좋은 영향을 미치다
- **have an adverse effect on** ~에 불리한 영향을 미치다
- **adversely affect** 불리하게 영향을 미치다

🔍 실전 예문

Attitudes are highly influenced by cultural background.
태도는 문화적 배경에 의해 많은 영향을 받는다.

UNIT 12

tag / sent
만지다   느끼다

Sens + e
SenSe

어근 tag는 '만지다'라는 뜻을 가지고 있다. 그래서 '안경 대신에 눈에 직접 닿는 렌즈'라는 뜻에서 contact lenses(콘택트 렌즈)라는 말이 생겼다.

어근 sent는 '느끼다'라는 뜻을 가지고 있다. sentimental은 '정서적인, 감상적인'이라는 뜻이다. sens(e)로도 사용되는데 sensitive는 '느끼기 쉬운'에서 '민감한'이 되었고, sensible은 '느낄 수 있는'에서 '분별 있는, 현명한'이 되었다.

contact 통 연락하다, 접촉하다 / 명 연락, 접촉

단어 어원 con(함께) + tact(만지다)

contact는 '함께 만지다'라는 어원적 의미에서 '연락하다, 접촉하다'라는 뜻으로 굳어졌다. 명사로 사용할 때는 keep in contact with(~와 연락을 유지하다)처럼 '연락, 접촉'이라는 뜻으로 사용한다. 자동사인 communicate와의 차이를 알아 두자.

communicate = com(함께) + mun(나누다) + icate[동접] 통 의사소통하다

★ 자동사이기 때문에 communicate with처럼 사용한다.

응용 표현

- **do not hesitate to contact me** 주저 말고 연락 주세요
- **be in close contact with** ~와 자주 연락하는 사이이다
- **lose contact with** ~와 연락이 끊어졌다
- **keep in contact with** ~와 연락하다
- **business contacts** 사업상 연줄

실전 예문

She can be **contacted** by phone on the number below.
그녀는 아래의 번호로 연락될 수 있다.

연락하다 contact, communicate, reach

contact는 '어떤 수단을 통해서든 접촉하다'라는 뜻으로 사용한다. communicate는 '다른 사람과 감정이든 정보든 간에, 어떤 수단을 통해서 의사를 전달하다'라는 매우 광범위한 뜻으로 사용한다. 그리고 reach는 '주로 전화를 통해서 연락하거나 접촉하다'라는 뜻으로 사용한다.

We **contacted** everyone we know with the good news.
우리는 아는 모든 사람에게 좋은 소식을 전했다.

He was eager to **communicate** his ideas to the group.
그는 자기 생각을 그 단체 사람들에게 꼭 알리고 싶었다.

You can **reach** me by calling this number.
이 번호로 전화하시면 저에게 연락이 됩니다.

contagious 형 전염되는, 전염성의

단어 어원 con(함께) + ta(만지다) + gious[형접]

contagious는 어원적 의미에서 '함께 만져서(접촉해서) 옮기는' → '(접촉을 통해) 전염되는, 전염성의'라는 뜻으로 굳어졌다. contagious diseases는 '전염병'이다.

✎ 핵심 연관 단어

contagion 명 전염(병)

📢 응용 표현

- **be highly contagious** 전염성이 강한
- **contagious germs** 전염성이 있는 세균
- **spread by contagion** 전염으로 퍼지다

🔍 실전 예문

Some diseases spread by contagion.
여러 질병은 전염으로 전파된다.

단어들의 알쏭달쏭 차이 | 전염성의 contagious, infectious

contagious는 어근에서 볼 수 있듯이 '물리적인 접촉을 통해 전염되는 것'을 뜻한다. 반면 infectious는 '인간과 인간의 직접 접촉이 아닌 바이러스나 박테리아, 곰팡이 등의 매개체에 의해 감염된다는 느낌'이 강하다.

Contagious gems can be killed by washing your hands.
전염성 세균들은 손을 씻음으로써 제거될 수 있다.

Cholera is a serious infectious disease that produces diarrhea and vomiting.
콜레라는 설사와 구토를 일으키는 위험한 전염병이다.

contaminate 통 더럽히다, 오염시키다

단어 어원 con(함께) + ta(만지다) + minate[동접]

contaminate는 어원적 의미에서 '함께 마구 만져서 오염시키다' → '더럽히다, 오염시키다'로 굳어졌다. 명사형으로는 contamination과 contaminant가 있다.

✏ 핵심 연관 단어

contaminated 형 오염된
contamination 명 오염
contaminant 명 오염 물질

📢 응용 표현

- **contaminate the air** 대기를 오염시키다
- **environment contaminants** 환경 오염 물질
- **pollute the environment** 환경을 오염시키다
- **water pollution** 수질 오염

🔍 실전 예문

The drinking water in the region has become **contaminated** with lead.
그 지역의 식수는 납으로 오염되었다.

오염시키다 contaminate, pollute

contaminate는 '전에는 아무런 오염이 없던 것을 접촉에 의해 일시적으로 오염시키는 것'을 뜻한다. 한편 pollute는 '물리적으로 더럽히고 오염시키는 것'을 뜻한다. pollute보다는 contaminate가 가벼운 뜻이다.

One bad apple can **contaminate** a whole barrel quite quickly.
하나의 썩은 사과는 사과 한 통 전체를 아주 빠르게 오염시킬 수 있다.

They say the chemical from air-conditioner also **pollute** the air.
에어컨에서 나오는 화학 물질도 대기를 오염시킨다고 한다.

intact 형 손상되지 않은, 손이 닿지 않은, 원래 그대로의

단어 어원 in(아닌) + tact(만지다)

tact는 touch의 뜻, 즉 '만지다'라는 뜻을 가지고 있다. intact는 '만지지 않은'이라는 어원적 의미에서 '손상되지 않은', '손이 닿지 않은'이라는 뜻으로 굳어졌다. be preserved intact는 '손상되지 않은 상태로 보존되다'이다.

✒ 핵심 연관 단어

tactile 형 촉각의   **intactly** 부 손상되지 않게

📢 응용 표현

- **remain intact** 손상되지 않은 상태로 있다
- **be left largely intact** 거의 손상되지 않은 상태로 남겨지다
- **be preserved intact** 손상되지 않은 상태로 보존되다

🔍 실전 예문

We found the ancient city buried perfectly intact.
우리는 묻혀 있던 고대 도시가 완전히 손상되지 않았음을 알게 되었다.

integrate 동 통합하다

단어 어원 in(안으로) + te(만지다) + grate[동접]

integrate는 '손으로 만져서 안으로 들어오게 하다'라는 어원적 의미에서 '통합하다'라는 뜻으로 굳어졌다. IC(형 직접 회로)는 Integrated Circuit의 약어이다.

✒ 핵심 연관 단어

integration 명 통합
integral 형 필수적인

📢 응용 표현

- **successfully integrate A into B** 성공적으로 A를 B에 통합하다
- **A highly integrated approach** 매우 통합적인 방법
- **integrated curriculum** 통합 교육 과정
- **racial integration in school** 학교 내의 인종간 통합

🔍 실전 예문

The results should be integrated into the final report.
이 결과들은 최종 보고서에 통합되어야 한다.

통합시키다 integrate, consolidate

둘 다 비슷하게 사용하기도 하지만, '다른 문화권의 사람을 어떤 사회 구성원으로 통합시키다'라는 뜻으로는 integrate 를 사용한다. consolidate는 '세력이나 가능성 등을 굳히다, 강화하다'라는 뜻으로도 사용한다.

The city government tried to integrate blacks and whites.
시 당국은 흑인과 백인을 통합시키려고 노력했다.

This is the way in which to consolidate our earlier success.
이것이 우리들의 앞선 성공을 강화하는 방법이다.

WORD 06 tangible 형 만질 수 있는, 유형의, 구체적인, 분명한

단어 어원 tang(만지다) + ible[형접]

tangible은 '만질 수 있는'이라는 어원적 의미에서 '유형의, 구체적인, 명백한'이라는 뜻으로 굳어졌다. tangible evidence는 '물증'을 뜻한다.

반의어 intangible = in(아닌) + tangible(만질 수 있는) 형 무형의

응용 표현

• tangible benefits 분명히 실재하는 혜택
• tangible improvements 분명한 개선
• tangible tension between ~사이에서 감지될 수 있는 긴장
• tangible asset 유형 자산
• intangible asset 무형 자산

실전 예문

The board of directors demanded a tangible outcome from the new project.
이사회는 새로운 프로젝트의 분명한 결과를 요구했다.

attach 图 붙이다, 첨부하다

단어 어원 a(~에) + tach(붙이다)

attach는 어원적 의미에서 '~에 붙여서 함께 보내다' → '붙이다, 첨부하다'라는 뜻으로 굳어졌다. attach A to B의 형태로 사용하며, 문장 맨 앞에 오는 경우 문장의 주어와 동사는 도치된다.

유의어 affix = af(~쪽으로) + fix(붙이다) 图 붙이다, 부착하다

✎ 핵심 연관 단어

attachment 명 첨부, 애착
attached 형 첨부된, 애착을 가진

📢 응용 표현

• **attach the coupon to the front of the letter** 편지 앞면에 쿠폰을 붙이다
• **Attached is N** ~가 첨부되었다
• **complete attached application form** 첨부된 양식을 작성해 주세요

🔍 실전 예문

Attached is a list of lineup for the performance.
첨부된 것은 공연을 위한 출연진 목록이다.

tact 명 요령, 눈치, 재치

단어 어원 tact(만지다)

tact는 어원적 의미에서 '무엇인가에 손을 대고 접촉하는 기술' → '요령, 눈치, 재치'라는 뜻으로 굳어졌다. 형용사형인 tactful은 '요령 있는, 눈치 있는'이라는 뜻이다.

✎ 핵심 연관 단어

tactless 형 요령 없는, 눈치 없는
tactfully 부 재치 있게

📢 응용 표현

• **require great tact and diplomacy** 대단한 요령과 외교술을 요구하다
• **a tactful consultant** 요령이 뛰어난 컨설턴트
• **a tactless remark** 재치 없는 발언
• **a tactfully worded reply** 요령 있는 말로 한 대답

🔍 실전 예문

The situation called for considerable tact.
그 상황은 상당한 재치를 요구했다.

tactic 명 전략

단어 어원 tact(만지다) + ic[명접]

tactic은 어원적 의미에서 '손으로 만지는 방법'→ '전략'이라는 뜻으로 굳어졌다. '전술'이라는 뜻을 가진 단어로는 strategy가 있는데, strategy(전술)는 몇 가지 tactics(전략)으로 구성되어 있는, 더 크고 일반적인 계획을 뜻한다. 즉 strategy는 세부적인 tactics로 구성되어 있다고 보면 된다.

🖉 핵심 연관 단어

strategy 명 전술
strategic 형 전술적인, 전략적인
strategically 부 전술적으로, 전략적으로

📢 응용 표현

- **try all kinds of tactics** 온갖 전략을 시도하다
- **change the tactics** 전략을 바꾸다
- **develop a strategy** 전술을 개발하다
- **strategic planning** 전술상 중요한 계획
- **be strategically located** 전략적인 곳에 위치하다

🔍 실전 예문

Some players see injuring their opponents as a legitimate **tactic**.
일부 선수들은 상대방에게 부상을 입히는 것을 합법적인 전략으로 여긴다.

sense 명 감각 / 동 감지하다, 느끼다

단어 어원 sens(느끼다) + e[동접]

sense는 어원적 의미에서 '몸을 통해서 외부의 자극을 느끼다' → '감각'이라는 뜻으로 굳어졌다.

🔍 실전 예문

Some of the new students who came to our school suffer from a **sense** of alienation.
우리 학교로 전학 오는 일부 학생들은 소외감을 느꼈다.

WORD 11

sensual 형 관능적인

단어 어원 sens(느끼다) + ual[형접]

sensual은 어원적 의미에서 '육체적 감각을 통해서 느끼는' → '관능적인'이라는 뜻으로 굳어졌다. sensual pleasures는 '감각적인 쾌락'을 뜻한다.

✐ 핵심 연관 단어

sensitive 형 민감한   sensible 형 합리적인

📢 응용 표현

- make sense 이해하다
- sensual lips 관능적인 입술
- a politically sensitive issue 정치적으로 민감한 쟁점
- give me some sensible advice 합리적인 조언을 해 주다

🔍 실전 예문

Jack didn't like the photographs because they were too **sensual**.
Jack은 그 사진들이 매우 관능적이라서 좋아하지 않았다.

WORD 12

sentiment 명 정서, 감정

단어 어원 sen(느끼다) + timent[명접]

sentiment는 '느끼는 것'이라는 어원적 의미에서 '정서, 감정'이라는 뜻으로 굳어졌다. 주로 이성적인 사고에 입각한 감정을 나타낼 때 사용한다. emotion과 약간의 의미 차이가 있다.

유의어 emotion = e(밖으로) + mot(움직이다) + ion[명접] 명 (노여움, 사랑, 미움 등을 나타내는) 감정

✐ 핵심 연관 단어

emotional 형 감정적인

📢 응용 표현

- the spread of nationalist sentiments 민족주의 정서의 확산
- for sentimental reason 감상적인 이유로
- a normal human emotion 정상적인 인간의 감정
- an emotional response 감정적인 반응

🔍 실전 예문

There is no room for **sentiment** in business.
사업에는 감정이 끼어들 여지가 없다.

WORD 13 assent 통 동의하다, 승인하다 / 명 찬성, 승인

단어 어원 as(~쪽으로) + sent(느끼다)

assent는 어원적 의미에서 '~의 생각이나 감정으로 다가가다' → '동의하다, 승인하다'라는 뜻으로 굳어졌다. assent는 동사로 사용하는 경우 자동사로, assent to Sthy(~에 동의하다)의 형태로 사용한다. 명사로 사용하는 경우에도 give one's assent to와 같이 뒤에 전치사 to를 수반한다.

📢 응용 표현

- **assent to the terms** 조건에 찬성하다
- **give one's assent to** ~을 승인하다

🔍 실전 예문

The supervisor has given his **assent** to the proposals.
상사는 그 안건들을 승인했다.

동의하다, 승인하다 assent, approve

assent는 자동사로 assent to와 같이 뒤에 전치사 to가 수반된다. 반면 approve는 타동사로 바로 뒤에 목적어가 온다.

I am perfectly ready to <u>assent</u> to the terms they proposed.
나는 그들이 제안한 조건에 대찬성이다.

Both nations' governments need to <u>approve</u> the trade pact.
두 나라의 정부는 이 무역 협정을 승인할 필요가 있다.

consent 통 동의하다, 허락하다 / 명 동의

단어 어원 con(함께) + sen(느끼다) + t[동접]

consent는 '다른 사람이 느낀 점을 함께 느끼다'라는 어원적 의미에서 '동의하다, 허락하다'라는 뜻으로 굳어졌다. 주로 '요구나 제의를 받아들이거나 허락하다'라는 뜻으로 사용한다.

유의어 agree 통 합의하다

★ agree는 주로 제기된 문제나 조건을 많은 협상과 조정을 거쳐서 합의할 때 사용한다.

✐ 핵심 연관 단어

consensus 명 일치, 합의
agreement 명 동의, 합의, 협정

⌲ 응용 표현

• **give consent to medical treatment** 의학적인 치료에 동의하다
• **finally consent to 동사원형** ~하는 데 마침내 동의하다
• **without prior consent** 사전 동의 없이
• **agree with your point** 당신의 요지에 동의하다
• **reach an agreement** 합의에 이르다

⌕ 실전 예문

He kindly **consented** to give us some of his valuable time.
그는 그의 귀중한 시간을 내줄 것에 대해 친절하게 동의했다.

?? 단어들의
알쏭달쏭 차이 동의하다 consent, assent

consent는 동의하다 외에 '무엇을 해도 좋다고 허락하다'라는 뜻이 있다. 한편 assent는 '제시된 제안, 안건에 동의하다'라는 뜻으로 사용한다.

He gave an unwilling **consent**.
그는 마지못해 허락했다.

I **assent** to your views.
당신의 의견에 동의한다.

WORD 15

dissent 동반대하다 / 명반대

단어 어원 dis(반대) + sent(느끼다)

'제안이나 의견에 반대하여 느끼다'라는 어원적 의미에서 → '(공식적으로 인정되는 것에 대해) 반대하다' 라는 뜻으로 굳어졌다. 자동사로 dissent from과 같이 뒤에 전치사 from을 수반한다.

반의어 assent = as(~쪽으로) + sent(느끼다) 동 동의하다, 승인하다 / 명 찬성, 승인

🖉 핵심 연관 단어

dissension 명 불화
dissenter 명 반대자
dissenting 형 반대 의견의

📣 응용 표현

• **religious dissent** 종교적인 반대
• **tolerate political dissent** 정치적인 반대를 용인하다
• **express dissent** 반대를 표현하다
• **suppress all dissent** 모든 반대를 억누르다

🔍 실전 예문

There are always some people who **dissent** from our opinion.
항상 우리의 의견에 반대하는 사람들이 있다.

반대하다 dissent, oppose, object

object와 dissent는 자동사로 뒤에 목적어가 나오려면 전치사가 수반되어야 한다. 반면 oppose는 타동사로, 뒤에 목적어가 나오거나 be opposed to와 같이 수동태로 사용한다. object는 object to와 같이 to와 어울리고, dissent 는 dissent from과 같이 from과 어울린다.

We do not **dissent** from many of the opinions that he has expressed.
우리는 그가 언급해 온 많은 의견에 반대하지 않았다.

They remained fundamentally **opposed** to the plan.
그들은 근본적으로 그 계획에 계속 반대했다.

Many people **object** to scientific experimentation on animals.
많은 사람들이 동물에 대한 과학적 임상실험에 반대한다.

WORD 16

resent 통 화내다, 분개하다

단어 어원 re(강조) + sent(느끼다)

resent는 '강한 감정을 느끼다'라는 어원적 의미에서 '화내다, 분개하다'라는 뜻으로 굳어졌다.

✎ 핵심 연관 단어

resentment 명 분개   **resentful** 형 분개하는   **resentfully** 부 분개하여

📢 응용 표현

- **resent his criticism** 그의 비난에 분개하다
- **out of resentment** 분개하여
- **feel resentment toward** ~에게 분한 마음을 갖다
- **a resentful look** 분해하는 표정
- **continue to look at him resentfully** 그를 계속 분개하여 보다

🔍 실전 예문

They **resented** foreign interference in the internal affairs of their country.
그들은 자기 국가의 내정에 외국이 개입하는 것에 대해 분개하고 있다.

WORD 17

consensus 명 일치, 합의

단어 어원 con(같이) + sens(느끼다) + us[명접]

consensus는 consent(통)의 명사형으로, '여러 명이 같이 느끼게 되는 것'이라는 어원적 의미에서 '(의견의) 일치, 합의'라는 뜻으로 굳어졌다. reach a consensus on(~에 합의를 보다)라는 표현을 꼭 기억하자.

📢 응용 표현

- **a general consensus among** ~사이에서 의견의 대체적인 합의
- **a universal consensus about the problem** 그 문제에 대한 보편적인 합의
- **reach a consensus** 합의에 이르다

🔍 실전 예문

It is difficult to reach a **consensus** about electoral reform.
선거 개혁에 대해서 합의에 이르는 것은 어렵다.

WORD 18

sensible 형 현명한, 합리적인

단어 어원 sens(느끼다) + ible[형접]

sensible은 '무엇인가를 느낄 수 있는'이라는 어원적 의미에서 '미묘한 차이를 감지할 수 있을 정도의' → '현명한, 합리적인'이라는 뜻으로 굳어졌다.

📢 응용 표현

- **a sensible sort of person** 합리적인 사람
- **seem perfectly sensible remark** 완벽하게 현명한 발언
- **sensitive skin** 민감한 피부
- **a sensitive child** 예민한 아이

🔍 실전 예문

The approach seems very **sensible** to me.
그 접근 방법은 나에게 매우 합리적으로 보인다.

유사 형태어 sensible, sensitive

sensible과 sensitive를 자주 혼동한다. sensible은 '올바른 판단을 내릴 수 있는 능력'과 관련된 뜻이고, sensitive 는 '사물에 대해 얼마나 쉽게 반응을 보이는가'와 관련된 뜻이다.

A **sensible** approach to the issue would benefit the nation in the long run.
그 문제에 대한 현명한 접근 방법이 국가에 장기적으로 도움이 될 것이다.

The plant is very **sensitive** to temperature fluctuations.
이 식물은 온도 변화에 매우 민감하다.

UNIT
13

clude / fin
닫다   끝내다

Se + clude
Seclude

어근 clude는 close(⑧ 닫다)가 변형된 것이다. include는 '무엇인가를 안으로 넣고 닫다' → '포
함하다'라는 뜻으로 굳어졌다. closet은 닫힌 공간이라는 의미로 '벽장, 수납장'을 뜻한다.
어근 fin은 finish(⑧ 끝내다, 마치다)가 줄어든 것이다. final은 '마지막의, 최종적인'이라는 뜻이다.
finale는 음악회 등에서 끝에 연주하는 곡으로 '마지막 악곡' 또는 '피날레'라고 한다.

closet 명 벽장

단어 어원 clos(닫은) + et[명접]

closet은 '문으로 닫는 것' → '벽장'이라는 뜻으로 굳어졌다. '옷장'을 의미하는 wardrobe과 '선반'을 의미하는 rack도 같이 기억하자.

✎ 핵심 연관 단어

wardrobe 명 옷장   **rack** 명 선반   **hanger** 명 옷걸이

응용 표현

- **a built-in wardrobe** 붙박이장
- **a shoe rack** 신발장
- **look through a rack of clothes** 옷 선반을 살펴보다
- **hang up your jacket on the hanger** 재킷을 옷걸이에 걸다

실전 예문

He searched his **closet** for something to wear.
그는 무언가 입을 것을 위해 벽장을 뒤졌다.

close 동 닫다, 끝나다 / 형 가까운, 친한 / 명 끝, 말

단어 어원 clos(e)(닫다)

close는 공간이나 사건을 '닫다'라는 뜻이다. 가게를 '닫는다'라는 것은 '그날 영업을 종료하거나 폐업한다'는 것을 말한다. 사건이나 계약의 경우 '닫다'라는 것은 '종결한다'라는 뜻이다.

✎ 핵심 연관 단어

closure 명 폐쇄, 종결   **closing** 형 마무리하는

응용 표현

- **be closed for renovation** 수리를 위해 문을 닫다
- **close a meeting** 회의를 끝내다
- **at the close of** ~의 말에

실전 예문

The meeting was drawing to a **close**.
그 회의는 거의 끝나 가고 있었다.

WORD 03

conclude 통 결론 내리다, 끝나다, 맺다, 체결하다

단어 어원 con(완전히) + clude(닫다)

conclude는 어원적 의미에서 '어떤 문제를 해결하려고 노력한 후에 그 과정을 완전히 닫다' → '결론 내리다, 끝나다'라는 뜻으로 굳어졌다. 목적어로 협정이나 조약이 나오면 '맺다, 체결하다'라는 뜻도 된다. conclude a treaty with는 '~와 조약을 체결하다'이다.

🖉 핵심 연관 단어

conclusion 명 결론, 체결   **conclusive** 형 결정적인   **conclusively** 부 단연코

📢 응용 표현

- **conclude a treaty** 조약을 체결하다
- **conclude with a firework display** 불꽃놀이로 끝나다
- **concluding remarks** 마무리 말씀
- **reach a conclusion** 결론에 다다르다
- **conclude a deal** 거래를 체결하다
- **conclusive evidence** 결정적인 증거

🔍 실전 예문

The festival **concluded** with a firework display.
그 축제는 불꽃놀이로 끝났다.

WORD 04

exclude 통 제외하다, 배제하다

단어 어원 ex(밖으로) + clude(닫다)

exclude는 어원적 의미에서 '무엇인가를 밖으로 내쫓고 나서 닫다' → '제외하다, 배제하다'라는 뜻으로 굳어졌다.

반의어 include = in(안에) + clude(닫다) 통 포함하다

🖉 핵심 연관 단어

exclusion 명 제외, 배제   **exclusive** 형 독점적인, 배타적인
exclusively 부 독점적으로, 배타적으로   **excluding** 전 ~을 제외한

📢 응용 표현

- **reserve the exclusive right to 동사원형** ~할 수 있는 독점권을 보유하다
- **exclusive economic zone** 배타적 경제 수역
- **exclusive for members** 회원 전용의
- **be designed exclusively for the challenged** 장애인 전용의

🔍 실전 예문

The publisher reserves the **exclusive** copyright of the novel.
그 출판사가 그 소설의 독점 출판권을 보유하고 있다.

preclude 통 제외하다, 막다, 방해하다
단어 어원 pre(이전) + clude(닫다)

접두사 pre는 '이전'이라는 뜻을 가지고 있다. premise는 pre(이전) + mise(보내다) 구성으로, '전제, 근거'
라는 뜻이다.
preclude는 '들어오기 전에 닫다'라는 어원적 의미에서 '제외하다, 막다'라는 뜻으로 굳어졌다.
preclude Sby from Ving의 형태로 사용하면 '~로 하여금 ~하지 못하게 하다, 불가능하게 하다'라는 뜻
이 된다.

✏️ 핵심 연관 단어

preserve 통 보전하다   **preclusion** 명 제외, 방해

📣 응용 표현

• **preclude any further discussion** 더 이상의 논의를 막다
• **to preclude competition** 경쟁을 막기 위해서
• **the basic premise of his argument** 그의 주장의 기본 전제
• **preserve a historic building** 역사적인 건물을 보전하다

🔍 실전 예문

The current economic difficulties should **preclude** hope for the future.
현재의 경제적 어려움이 미래에 대한 희망을 막는다.

seclude 통 고립시키다, 격리시키다, 은둔하다
단어 어원 se(분리) + clude(닫다)

seclude는 어원적 의미에서 '누군가를 분리해서 다른 곳에 가두고 문을 닫다' → '고립시키다, 격리시키
다'라는 뜻으로 굳어졌다. seclude oneself from은 '~로부터 은둔하다'라는 뜻이다.

✏️ 핵심 연관 단어

seclusion 명 호젓함   **secluded** 형 한적한

📣 응용 표현

• **seclude oneself from the society** 사회로부터 은둔하다
• **seclude oneself from the world** 세상으로부터 은둔하다

🔍 실전 예문

They tried to **seclude** the bride from the groom before the ceremony.
그들은 결혼식 전에 신부를 신랑으로부터 감추려고 했다.

격리시키다, 고립시키다 seclude, isolate

seclude는 '다른 사람들로부터 고립시키다, 은둔시키다'라는 뜻이다. isolate는 '별도로 다루기 위해서 구분하거나, 연구 대상이 되는 물질을 따로 떼어 내다'라는 뜻이다.

He points out that Japan never intended to <u>seclude</u> itself from the rest of the world.
그는 일본이 결코 세계의 다른 나라들로부터 고립할 의도는 아니었다고 지적한다.

One function of prison is to <u>isolate</u> dangerous criminals from society.
교도소의 기능 중 하나는 위험한 범죄자들을 사회로부터 격리하는 것이다.

---

finish 통끝내다, 마치다 / 명마지막 부분

단어 어원 fin(끝내다) + ish[동접]

finish는 어근 fin의 의미를 그대로 지니는 동사이다. '~하는 것을 끝마치다'라고 사용할 경우 뒤에 동명사가 목적어로 와서 finish Ving의 형태가 된다. 명사일 때는 '어떤 일의 마지막 부분'을 뜻한다.

응용 표현

- **finish preparing the thesis** 논문 준비를 마치다
- **finished products** 완제품
- **a gloss finish** 광택 마감칠
- **a natural wood finish** 자연적인 목재 마감

실전 예문

It is necessary to use a finer piece of sandpaper to <u>finish</u> the woodwork.
그 목공예를 마무리하기 위해 부드러운 사포를 이용하는 것이 필요하다.

final 형 마지막의, 최종적인 / 명 기말고사, 결승전

단어 어원 fin(끝내다) + al[형접]

final은 '마지막의, (특정 과정상의) 최종적인'이라는 뜻을 가지고 있다. 명사로 사용하면, '(대학의) 기말고사, 졸업 시험' 및 '(스포츠의) 결승전'을 뜻한다. 연관 단어로 last를 같이 기억하자.

✏️ 핵심 연관 단어

last 형 마지막의 / 동 지속되다

📢 응용 표현

- **the final decision** 최종 결정
- **reach the final** 결승전에 진출하다
- **finally settle the matter** 마침내 그 문제를 해결하다
- **the last line of the page** 그 페이지의 마지막 행
- **the lecture lasted one hour** 강의는 1시간 동안 지속되었다

🔍 실전 예문

He got through to the grand **final** of the competition.
그는 최종 결선전에 올라갔다.

마지막의 final, last

final은 '그야말로 최후의'라는 뜻이다. '그 뒤로는 더 이상 아무것도 없는 마지막'이라는 뜻이다. '기말고사'는 그 뒤에 시험이 더 이상 아무것도 없는 제일 마지막 시험이기 때문에 final exam이라고 한다. 한편 last는 '연속하는 것의 마지막'이라는 뜻이다.

The **final** result of the poll will be known tomorrow.
최종 개표 결과는 내일 발표될 것이다.

The **last** part of the race is all uphill.
그 경주의 마지막 구간은 모두 오르막이다.

WORD 09 | infinite 🔡무한한

단어 어원 in(아닌) + fin(끝내다) + ite[형접]

finite가 '한정된, 유한한'이라는 뜻이므로 부정 접두사 in이 결합된 infinite는 '무한한'이라는 뜻이다. 명사형은 infinity(🔡무한)이다.

🖋 핵심 연관 단어

infinitely 🔡무한하게, 대단히

📢 응용 표현

- **a finite number of possibilities** 한정된 수의 가능성
- **an infinite variety of plants** 무한히 다양한 식물들
- **a teacher with infinite patience** 무한한 인내심을 지닌 교사
- **infinitely adaptable** 적응력이 무한한

🔍 실전 예문

The **infinite** distances of space are too great for human mind to comprehend.
우주의 무한한 거리는 너무 방대해서 인간의 정신으로는 이해할 수 없다.

WORD 10 | confine 🔡한정하다, 가두다

단어 어원 con(완전히) + fine(끝내다)

confine은 '끝을 완전히 끝내다'라는 어원적 의미에서 '(활동, 지역, 주제 등을) 한정하다' 및 '(사람, 동물 등을 좁은 장소나 폐쇄된 곳에) 넣다, 가두다'라는 뜻으로 굳어졌다. confinement facility는 '수감 시설'을 뜻한다.

🖋 핵심 연관 단어

confinement 🔡가둠   **confined** 🔡좁고 사방이 막힌

📢 응용 표현

- **keep the dog confined in a case** 개를 개집에 가두다
- **be confined to bed with the flu** 독감으로 자리에 누워 있다
- **her confinement to wheelchair** 그녀의 휠체어에 얽매임

🔍 실전 예문

Let's **confine** today's discussion to this matter.
오늘의 의제는 이 문제로 국한합시다.

가두다 confine, jail, imprison

confine은 '한 장소에 감금하다'이고, jail은 '감옥에 넣다', imprison은 prison이 '교도소'이므로 '교도소에 넣다, 투옥하다'이다.

It is not good to confine a wild bird in a cage.
야생의 새를 새장에 가두는 것은 좋지 않다.

He was sentenced to 10 years in jail.
그는 10년의 금고형을 받았다.

The regime has chosen to imprison opponents.
그 정권은 반대론자들을 투옥시키기로 결정했다.

WORD 11

define 동 정의하다, 규정하다, 분명하게 밝히다

단어 어원 de(아래로) + fine(끝내다)

접두사 de는 여러 뜻이 있지만 '아래로'라는 뜻도 가지고 있다. define은 어원적 의미에서 '무엇인가의 끝을 종이 아래 적어 놓다' → '무엇인가의 끝을 명확히 해 두다' → '정의하다, 규정하다, 분명하게 밝히다'라는 뜻으로 굳어졌다. definition에는 '정의'라는 뜻도 있지만, '(TV 등의) 선명도'라는 뜻도 있다. 고화질 TV를 의미하는 HD TV는 High Definition TV의 약어이다.

✎ 핵심 연관 단어

definition 명 정의, 선명도
definite 형 확실한, 확고한, 분명한, 뚜렷한
definitely 부 분명히, 확실히

응용 표현

- **be difficult to define** 정의 내리기가 어렵다
- **define the scope of the study** 조사의 범위를 정하다
- **clear simple definition** 명확하고도 간결한 정의
- **be definite about** ~에 관해 확신하는
- **definitely remember** 분명히 기억하다

🔍 실전 예문

The researchers need to look at a clearer definition of the term.
연구원들은 그 용어의 좀 더 명확한 정의를 살펴볼 필요가 있다.

WORD 12

refine 통정제하다, 개선하다

단어 어원 re(다시) + fine(끝내다)

접두사 re는 '다시, 계속'이라는 뜻을 가지고 있다. refine은 어원적 의미에서 '끝까지 계속 반복해서 더 좋게 만들다' → '(어떤 물질을) 정제하다' 및 '(작은 변화를 주어서) 개선하다'라는 뜻으로 굳어졌다.

핵심 연관 단어

reinforce 통 강화하다, 보강하다   **refinement** 명 정제, 개선   **refinery** 명 정제 공장

응용 표현

- **refine petroleum** 석유를 정제하다
- **an oil refinery** 정유 공장
- **refined taste** 품위 있는 취향
- **be reinforced to withstand earthquakes** 지진에 견디도록 보강되다

실전 예문

The information system is constantly **refined** and updated.
그 정보 시스템은 끊임없이 개선되고 업데이트된다.

WORD 13

finance 명금융, 재무, 재정 / 통자금을 대다

단어 어원 fin(끝내다) + ance[명접]

finanece는 어원적 의미에서 '빚을 지거나 금융을 받아서 채무를 끝내다' → '금융, 재무, 재정'이라는 뜻으로 굳어졌다. 명사로 사용하지만 finance the project와 같이 동사로 사용하는 경우 '자금을 대다'라는 뜻이 있다. fund는 동사로 사용하는 경우 finance의 동의어가 된다.

동의어 fund 명 기금, 자금 / 통 자금을 대다

핵심 연관 단어

financial 형 재정적인   **financially** 부 재정적으로

응용 표현

- **obtain additional finance** 추가 재정을 얻다   • **financially sound company** 재무적으로 건전한 회사
- **finance the building project** 건설 사업에 자금을 대다   • **financial statements** 재무제표
- **be financed privately** 민간의 자금으로 진행되다

실전 예문

They struggle to get the necessary **finance** for the project.
그들은 그 프로젝트를 위한 필요한 재정을 얻기 위해 노력했다.

affinity 명 밀접한 관계, 유사성, 호감, 친밀감

단어 어원 af(~쪽으로) + fin(끝내다) + ity[명접]

다윈의 종 다양성을 보면 모든 종은 끝까지 거슬러 올라가면 밀접한 관계가 있다. 이런 내용과 관련이 있는 단어가 affinity이다. affinity는 '유사성' 외에도 '호감, 친밀감'이라는 뜻이 있는데, '주변 환경이나 천성에서 유래된 개인의 성향'이 바탕에 깔려 있다. 반면 attraction은 '사람의 마음을 끌게 하는 힘', 즉 '매력'을 뜻한다.

응용 표현

• **a close affinity between A and B** A와 B 사이의 밀접한 관계
• **have some affinity with the surroundings** 주변 환경과의 밀접함이 있다

실전 예문

He was born in the country and had a deep **affinity** with nature.
그는 시골에서 태어나서 자연에 대한 강한 친밀감을 갖고 있다.

UNIT 14

act / fac
행동하다   만들다

manu + fac + ture
manufacture

어근 act는 act(통 행동하다)와 뜻이 동일하다. 쉽게 알아 볼 수 있다. action은 '행동, 조치'이다. react는 re(다시) + act(행동하다)에서 '상대방에게 행동을 돌려주다'에서 '반응하다'가 되었다. 어근 fac은 factory(명 공장)에서 볼 수 있듯이 '만들다'라는 뜻을 가지고 있다. fact는 '만들다'라는 동사이고 fiction은 단어에서 알 수 있듯이 '만들어진 것' 즉 '소설, 허구'를 뜻한다. 반대말인 nonfiction은 꾸며낸 이야기가 아닌 실화를 바탕으로 한 이야기를 의미한다.

react 통 반응하다

단어 어원 re(다시) + act(행동하다)

react는 '누군가의 행동에 대해 다시 행동하다'라는 어원적 의미에서 '반응하다'라는 뜻으로 굳어졌다. 자동사로, 뒤에 전치사 to를 수반한다. react, respond, reply 모두 자동사이다.

✎ 핵심 연관 단어

reaction 명 반응   **respond** 통 응답하다   **response** 명 응답, 대답

📢 응용 표현

- **react positively to** ~에 긍정적으로 반응하다
- **respond promptly to** ~에 즉시 반응하다
- **his reaction to the news** 뉴스에 대한 그의 반응
- **in response to** ~에 응답해서
- **an allergic reaction to a drug** 약물에 대한 알레르기 반응

🔍 실전 예문

I don't know how to **react** to your words of praise.
당신의 칭찬에 몸 둘 바를 모르겠습니다.

retroactive 형 소급하는

단어 어원 retro(뒤로) + act(행동하다) + ive[형접]

접두사 retro는 '뒤로'라는 뜻을 가지고 있다. retrospect은 retro(뒤로) + spect(보다) 구성으로, '회고, 회상'이라는 뜻이다.
retroactive는 어원적 의미에서 '법이나 제도의 효력이 뒤로 돌아가서 작용하는' → '(법률, 승급 등의 효력이) 소급하는'이라는 뜻으로 굳어졌다.

✎ 핵심 연관 단어

retrospective 형 회고하는, 회상하는   **retroact** 통 거꾸로 작용하다

📢 응용 표현

- **in retrospect** 돌이켜 보면
- **a retrospective exhibition** 회고전
- **the wage increase retroacts to January 1** 임금 인상은 1월 1일부로 소급한다
- **apply a law retroactive to July 1** 7월 1일로 소급해서 법을 적용하다

🔍 실전 예문

The pay rise is **retroactive** to the beginning of last year.
임금 인상은 작년 초로 효력이 소급된다.

WORD 03

transact 통 거래하다

단어 어원 trans(가로질러) + act(행동하다)

접두사 trans는 '이동'의 뜻을 가지고 있다. transact는 '왔다 갔다 하면서 행동하다'라는 어원적 의미에서 '거래하다'라는 뜻으로 굳어졌다.

✎ 핵심 연관 단어

transport 통 수송하다   **transportation** 명 수송, 운송, 교통   **transaction** 명 거래, 매매

📢 응용 표현

- **transport passenger** 승객을 수송하다   • **financial transactions** 금융 거래
- **a preferred means of transportation** 선호하는 운송 수단
- **buyers and sellers transacting business** 거래를 하는 구매자와 판매자들
- **transaction receipt** 거래 명세서   • **make a transaction** 거래하다

🔍 실전 예문

I can imagine no better place out business to **transact**.
나는 우리의 사업상 거래를 할 더 좋은 곳을 상상할 수 없다.

WORD 04

enact 통 제정하다

단어 어원 en(만들다) + act(행동하다)

접두사 en은 '만들다'라는 뜻을 가지고 있다. sure(형 확실한)에 en이 붙어서 ensure가 되면 동사가 되어서 '보장하다, 반드시 ~하게 만들다'라는 뜻을 가진다.
enact는 어원적 의미에서 '국회에서 만들어 행동하다' → '제정하다'라는 뜻으로 굳어졌다. enact a privacy law는 '개인 정보 보호법을 제정하다'라는 뜻이다.

✎ 핵심 연관 단어

enable 통 가능하게 만들다   **enactment** 명 법률 제정

📢 응용 표현

- **ensure internal stability** 내실을 확실하게 다지다
- **enable you to access the Internet** 인터넷의 접속을 가능하게 만들다
- **legislation enacted by parliament** 의회에 의해서 제정된 법률
- **enact a bill** 법안을 제정하다
- **enact laws against cyber crimes** 사이버 범죄를 금지하는 법을 제정하다

🔍 실전 예문

Congress must **enact** new legislation to raise corporate taxes.
의회는 법인세를 인상하기 위한 새로운 법률을 제정해야 한다.

exact 형 정확한, 정밀한

단어 어원 ex(밖에) + act(행동하다)

exact는 '행동으로 옮겨 밖에 드러나다'라는 어원적 의미에서 '정확한, 정밀한'이라는 뜻으로 굳어졌다.

✎ 핵심 연관 단어

exactly 부 정확하게, 꼭, 틀림없이

📢 응용 표현

- **give an exact description of** ~을 정확히 묘사하다
- **not exactly** 전혀 ~가 아닌, 꼭 그런 것은 아니다

🔍 실전 예문

We need to know the **exact** time the incident occurred.
우리는 그 사건이 발생한 정확한 시간을 알 필요가 있다.

정확한 exact, accurate

exact는 '구체적인 세부 사항에서까지 정확하게 일치하다'라는 뜻으로 사용한다. 한편 accurate는 실수나 실패가 없다는 뜻에서 '정확한' 및 '옳고 그름을 따지는 데 있어서 옳은'이라는 뜻으로 사용한다.

She gave an <u>exact</u> description of the attacker.
그녀는 자기를 공격한 자를 정확히 묘사했다.

<u>Accurate</u> measurement is very important in science.
과학에서는 정확한 측정이 매우 중요하다.

actual 형 실제의, 사실의

단어 어원 act(행동하다) + ual[형접]

actual은 '실제로 행동하는'이라는 어원적 의미에서 '(사실임을 강조하여) 실제의' 및 '(중요한 부분을 강조하여) 사실의'라는 뜻으로 굳어졌다. actual은 실제가 아니거나 정확해 보이지 않는 무엇과 대조적으로 쓰인다.

✎ 핵심 연관 단어

actually 부 실제로, 정말로, 사실은 **actuality** 명 실제

📢 응용 표현

- **his actual words** 그가 실제로 한 말
- **need the actual figures** 실제의 정확한 수치가 필요하다
- **actual cost** 실제 경비
- **be actually quite fun** 사실은 재미있었다

🔍 실전 예문

We need the **actual** figures, not an estimate.
우리는 추정치가 아닌, 실제의 정확한 수치가 필요하다.

단어들의 알쏭달쏭 차이 ⟩ 실제의, 사실의 actual, true, real

세 단어는 '실제의'라는 뜻을 가지지만 뉘앙스에서 약간의 차이가 있다. actual은 '실제 일어난 행위(실제)'가 강조되는 단어이고 true는 '거짓이 없는 사실(진실)'이 강조되는 단어이다. 그리고 real은 '현재 속의 사실(현실)'이 강조되는 단어이다.

Actual delivery date will depend on the date of your order.
실제 배송 날짜는 귀사의 주문 날짜에 따라 결정됩니다.

All the rumors turned out to be **true**.
모든 소문이 사실로 드러났다.

The movie is based on a **real**-life incident.
그 영화는 실제 사건에 기반을 두고 있다.

WORD 07

factor 명 원인, 요소, 요인

단어 어원 fac(만들다) + tor[명접]

factor는 어원적 의미에서 '일이 일어나도록 만드는 것' → '원인, 요소, 요인'이라는 뜻으로 굳어졌다. factor는 '어떤 결정, 상황 등을 유발시키거나 영향을 끼치는 요소(요인)'를 뜻한다. element와 의미상 약간의 차이가 있다.

유의어 element = ele(하나) + ment[명접] 명 (물질이나 전체를 구성하는) 요소

응용 표현

- **economic factors** 경제 요소
- **the most significant factors** 가장 중요한 요소들
- **deciding factor** 결정적인 요소
- **a key element** 핵심 요소

실전 예문

Reading lots of books is an important **factor** for brain development.
많은 책을 읽는 것이 두뇌 개발에 중요한 요소이다.

WORD 08

faction 명 당파, 파벌

단어 어원 fac(만들다) + tion[명접]

faction은 어원적 의미에서 '뜻을 함께하는 사람들이 모여서 만든 것' → '당파, 파벌'이라는 뜻으로 굳어졌다. 요즘에는 역사적 사실에 상상력을 덧붙인 장르를 말할 때, 팩트(fact)와 픽션(fiction)을 합성한 팩션(faction)이라는 단어를 사용하기도 한다.

핵심 연관 단어

factionalism 명 파벌주의   **factional** 형 파벌의, 당파의   **factual** 형 사실에 기반을 둔

응용 표현

- **rival factions within the administration** 행정부 내에서 경쟁 관계에 있는 파벌
- **belong to the leading faction of the party** 그 당의 주류에 속하다
- **faction strife** 파벌주의 싸움
- **an factual account of events** 사실에 입각한 사건 설명

실전 예문

That senator belongs to the leading **faction** of his party.
그 상원의원은 당에서 주류에 속한다.

WORD 09

manufacture 통 제작하다, 제조하다, 꾸며 내다 / 명 제조

단어 어원 manu(손) + fac(만들다) + ture[명접]

어근 manu는 '손'을 뜻한다. manufacture는 '손으로 만들다'라는 어원적 의미에서 '(기계를 이용해서 상품을 대량으로) 제작하다, 제조하다, (이야기, 변명 등으로) 없던 사실을 꾸며 내다'라는 뜻으로 굳어졌다.

📢 응용 표현

- **manufactured goods** 제조된 상품
- **manufacture a story** 이야기를 꾸며 내다
- **manufacture of aircraft parts** 항공기 부품 제조
- **genetically manipulated organisms** 유전적으로 조작된 유기체

🔍 실전 예문

The factory was turned over to the **manufacture** of aircraft parts.
그 공장은 항공기 부품 제조로 전환되었다.

WORD 10

faculty 명 능력, 교수진, 학부

단어 어원 fac(만들다) + ulty[명접]

faculty는 '없는 것을 만들어 내는 힘'이라는 어원적 의미에서 '(타고난 신체적, 정신적) 능력'이라는 뜻으로 굳어졌다. (각각의 능력을 키우는 학부의) '교수진' 및 '학부'라는 뜻으로도 사용한다.
faculty members는 '교수진'을 뜻하고, the faculty of sight는 '시력'을 뜻한다.

✏️ 핵심 연관 단어

ability 명 능력   **capability** 명 능력, 역량   **capacity** 명 용량, 수용 능력, 생산 능력

📢 응용 표현

- **the faculty of sight** 시력
- **the faculty of understanding** 이해 능력
- **the Law School faculty** 법대 교수들
- **demonstrate the ability to 동사원형** ~할 수 있는 능력을 입증하다
- **be filled to capacity** 수용 능력까지 다 차다

🔍 실전 예문

We try to develop the student's critical **faculties**.
우리는 그 학생의 비판적 사고 능력을 개발하려고 한다.

능력 faculty, ability, capability

faculty는 '특수한 정신적 지능이나 신체적 기능'을, ability는 '특정한 업무를 수행할 수 있는 능력'을 뜻한다. capability는 최대치의 능력, 즉 '역량'을 뜻한다.

The boy has the <u>faculty</u> of understanding complex issues.
그 아이는 복잡한 사안들을 이해하는 능력을 가지고 있다.

These results are a further proof of his outstanding <u>ability</u>.
이 결과들은 그의 출중한 능력을 추가로 보여 주는 증거이다.

I'm sorry but his work is above my <u>capability</u>.
죄송하지만 이 일은 제 능력 밖입니다.

WORD 11

defect 명 결함

단어 어원 de(아래로) + fect(만들다)

defect는 '완성도가 아래로 가게 만들다'라는 어원적 의미에서 '결함'이라는 뜻으로 굳어졌다. 형용사형인 defective는 '결함이 있는'이라는 뜻이다.

🖉 핵심 연관 단어

fault 명 결점, 단점, 책임
flaw 명 결함, 흠, 결점

📢 응용 표현

- **contain serious defects** 심각한 결함을 가지고 있다
- **have a congenital heart defect** 선천적 심장질환을 가지고 있다
- **defective goods** 결함이 있는 제품
- **it was my entire fault** 그것은 전적으로 나의 책임이다
- **fundamental flaws** 근본적인 결함들

🔍 실전 예문

The accident was caused by its structural <u>defect</u>.
그 사고는 그것의 구조적인 결함에서 기인한 것이었다.

defect는 '제품이 잘못 만들어졌기 때문에 발생하는 이상'을 뜻한다. 한편 fault는 '기계의 일부 또는 장비에 있어 무엇인가로 인해 올바르게 작동되지 않음'을 뜻한다. flaw는 '대개 사람의 성격상의 결함'을 나타낼 때 사용한다.

The model was recalled because of a manufacturing <u>defect</u>.
그 모델은 제조상의 결함이 있어서 회수됐다.

The company compensated him for an injury caused by <u>faulty</u> machinery.
그 회사는 결함이 있는 기계 때문에 입은 부상에 대해 그에게 보상했다.

I think my biggest <u>flaw</u> is not having enough patience.
인내력이 부족한 것이 저의 가장 큰 약점이라고 생각합니다.

WORD
12

affect 통 ~로 작용하다, 영향을 미치다
단어 어원 af(~쪽으로) + fect(만들다)

affect는 '~쪽으로 하게 만들다'라는 어원적 의미에서 '~로 작용하다, 영향을 미치다'라는 뜻으로 굳어졌다. effect와 혼동할 수 있으니 주의하자. affect는 타동사인 반면, effect는 명사이다. have an effect on과 같은 형태로 사용한다.

응용 표현

- **be deeply affected by** ~에 의해 깊게 영향을 받다
- **affect children's behavior** 아이들의 행동에 영향을 미치다
- **be likely to affect the environment** 환경에 영향을 미칠 것 같다
- **have a considerable effect on** ~에 상당한 영향을 미치다

실전 예문

We need to suspend the developments that are likely affect the environment
우리는 환경에 영향을 미칠 수 있는 개발을 중단해야 한다.

certificate 명 증명서, 자격증

단어 어원 certi(확실한) + fic(만들다) + ate[명접]

certificate는 어원적 의미에서 '어떤 자격이 있음을 확실하게 만들어 주는 것' → '증명서, 자격증'이라는 뜻으로 굳어졌다. 가산 명사로 구체적인 자격증이나 증명서를 뜻한다. 불가산 명사인 certification과 헷갈리지 말자.

유의어 certification 명 자격, 증명

★ certification은 테스트를 걸쳐서 보증서(certificate)를 발급해 주는 것(ion)이다.

✎ 핵심 연관 단어

certify 동 증명하다, 자격증을 교부하다   **certified** 형 공인된

📢 응용 표현

- **This is to certify that 주어 + 동사** 이 증서는 ~임을 증명한다
- **a birth certificate** 출생 증명서   • **a certificate of authenticity** 정품 인증서
- **a certificate of origin** 원산지 증명서   • **certified public accountant** 공인 회계사

🔍 실전 예문

He was awarded a **certificate** of language proficiency.
그는 언어 능력 인증서를 받았다.

effect 명 효과, 영향, 소지품

단어 어원 ef(밖에) + fact(만들다)

effect는 '안에서 이루어진 것을 밖에 만들다'라는 어원적 의미에서 '영향, 효과'라는 뜻으로 굳어졌다. 주로 have an effect on(~에 영향을 미치다)이라는 형태로 사용한다. 복수형으로 사용하면 '소지품'이라는 의미가 된다. 그래서 personal effects는 '개인 소지품'을 뜻한다.

✎ 핵심 연관 단어

effects 명 물건, 물품   **effective** 형 효과적인   **effectively** 부 효과적으로

📢 응용 표현

- **have an effect on** ~에 영향을 미치다   • **effectively manage** 효과적으로 관리하다
- **effective treatment** 효과적인 치료   • **personal effects** 개인 소지품

🔍 실전 예문

Her criticism had the **effect** of discouraging him completely.
그녀의 비난은 그를 완전히 좌절시키는 효과가 있었다.

efficient 형 능률적인, 효율적인

단어 어원 ef(밖에) + fic(만들다) + ient[형접]

접두사 ef는 ex가 변형된 것으로 '밖에'라는 의미를 가지고 있다. efficient는 어원적 의미에서 '좋은 결과를 만들어 밖에 내놓는' → '효율적인, 능률적인'이라는 뜻으로 굳어졌다.

🖊 핵심 연관 단어

efficiently 부 효율적으로

📢 응용 표현

• **improvements in efficiency** 효율성 개선
• **a perfectly efficient system** 완벽하게 효율적인 시스템
• **deal with the issues promptly and efficiently** 그 문제를 지체 없이 효율적으로 처리하다

🔍 실전 예문

The heating system is very **efficient** in its use of fuel.
그 난방 시스템은 연료의 사용에 있어서 매우 효율적이다.

infect 동 감염시키다

단어 어원 in(안으로) + fect(만들다)

infect는 '밖에서 이루어진 것을 안으로 가져와서 만들다'라는 어원적 의미에서 '감염시키다'라는 뜻으로 굳어졌다. infect는 '세균 등으로 감염시키다'라는 뜻이고 contage는 '접촉을 통해서 전염시키다'라는 뜻이다.

🖊 핵심 연관 단어

infection 명 감염, 전염병   **infectious** 형 전염되는   **disinfect** 동 살균소독하다

📢 응용 표현

• **infect the respiratory tract** 호흡기를 감염시키다
• **infectious diseases** 감염성 질병
• **a highly infectious disease** 전염성이 매우 높은 질병
• **be exposed to infection** 감염에 노출되다
• **contract infection** 전염병에 걸리다
• **a virus infection** 바이러스 감염

🔍 실전 예문

Be careful not to **infect** children with your cold.
당신의 감기를 아이들에게 감염시키지 않도록 조심하세요.

WORD 17

artificial 형 인공적인, 인위적인

단어 어원 art(기술) + fic(만들다) + ial[형접]

접두사 art는 '기술'이라는 뜻을 가지고 있다. artifact는 art(기술) + ifact(만들다) 구성으로, '기술로 만든 것'이라는 어원적 의미에서 '인공물, 가공물'이라는 뜻으로 굳어졌다.
artificial은 '사람의 기술로 만들어 낸'이라는 어원적 의미에서 '인공적인, 인위적인'이라는 뜻으로 굳어졌다. artificial flower는 '조화'를 뜻한다.

유의어 synthetic = syn(같이) + thet(놓다) + ic[형접] 형 합성된

✏️ 핵심 연관 단어

artisan 명 직공, 장인   **artificially** 부 인공적으로

📢 응용 표현

• **an interesting artifact** 흥미로운 가공물   • **artificial flowers** 조화
• **a famous artisan of pottery** 유명한 도자기 장인
• **an artificial sweetener** 인공 감미료   • **artificially inducing rainfall** 인공적으로 유도된 강우

🔍 실전 예문

The bread is completely free from **artificial** preservation.
이 빵에는 인공 방부제가 전혀 들어 있지 않다.

WORD 18

superficial 형 표면적인, 피상적인, 가벼운

단어 어원 super(위에) + fic(만들다) + ial[형접]

접두사 super는 '위에서, 위에'라는 뜻을 가지고 있다. superstition은 super(위에) + station(서는 것) 구성으로, 어원적 의미에서 '종교 위에 선 것' → '미신'이라는 뜻으로 굳어졌다.
superficial은 '맨 위에 만들어 놓은'이라는 어원적 의미에서 '표면적인, 피상적인' 및 '(진지성이나 중요성이 없는) 가벼운'이라는 뜻으로 굳어졌다.

✏️ 핵심 연관 단어

superstitious 형 미신적인   **superficially** 부 피상적으로

📢 응용 표현

• **engage in superficial chatter** 가벼운 한담을 나누다   • **superficial analysis** 깊이 없는 분석
• **superficial understanding** 얄팍한 이해   • **superstitious beliefs** 미신적인 믿음

🔍 실전 예문

The analysis of the economic situation is too **superficial**.
그 경제 상황에 대한 분석은 너무 피상적이다.

WORD 19

figure 통계산하다 / 명숫자, 인물

단어 어원 fig(만들다) + ure[명접]

figure는 어원적 의미에서 '사람이나 물건을 세기 위해 만든 것' → '(공식적인 자료로 제시되는) 숫자'라는 명사적 뜻과 '계산하다'라는 동사적 뜻으로 굳어졌다.

응용 표현

- sales figures 매출액
- figure out 이해하다
- a leading figure in the industry 그 산업에서 주요 인물

실전 예문

The rate of inflation has now reached double **figures**.
인플레이션율은 이제 두 자리 숫자에 도달했다.

WORD 20

feature 명특징, 용모 / 통특징으로 삼다, 선보이다

단어 어원 feat(만들다) + ure[명접]

feature는 어원적 의미에서 '부모가 자식에게 만들어 준 것' → '용모, 특징'이라는 뜻으로 굳어졌다. 동사로 사용하면 '~을 특징으로 삼다, 선보이다'라는 뜻이 된다. special features는 '(신문, 텔레비전 등의) 특집 기사, 특집 방송'을 뜻한다.

응용 표현

- an interesting feature of the city 그 도시의 흥미로운 특징
- a distinctive feature of the poem 그 시의 독특한 특징
- a special feature of the July issue 7월호의 특집 기사
- be featured in a special documentary 특별 다큐멘터리에서 선보이다

실전 예문

The house retains most of its original **features**.
그 집은 대부분 원래 특징을 보유하고 있다.

특징 feature, characteristic

feature는 주로 '무생물의 기능적 특징, 특색'을 말할 때 사용하고, characteristic은 주로 '성격적인 특징이나 생물의 특징'을 말할 때 사용한다.

These new **features** make the car even more attractive.
이런 새로운 특징들이 이 자동차를 보다 멋지게 만들다.

Personal **characteristics**, such as age and sex are taken into account.
연령, 성별과 같은 개인적인 특징도 고려된다.

feasible 형 실행 가능한, 그럴듯한

단어 어원 **feas**(만들다) + **ible**[형접]

feasible은 '실제로 만들어 낼 수 있는'이라는 어원적 의미에서 '실행 가능한, 그럴듯한'이라는 뜻으로 굳어졌다. 국가 사업을 할 때 미리 진행하는 '타당성 조사'를 feasibility study라고 한다.

✐ 핵심 연관 단어

feasibility 명 실행 가능성
feasibly 부 실행 가능하게

📢 응용 표현

• **feasible plans** 실행 가능한 계획
• **economically feasible** 경제적으로 실행 가능한
• **proved feasible** 실행 가능한 것으로 판명되었다
• **feasibility study** 타당성 조사, 예비 조사

🔍 실전 예문

It is perfectly **feasible** to produce electricity without creating pollution.
오염을 야기하지 않고 전기를 생산하는 것이 완벽하게 실행 가능하다.

실행 가능한 feasible, viable

feasible은 '생각이나 계획 등이 실행 가능한'이라는 뜻이다. 한편 viable은 '실행 가능한'이라는 뜻도 있지만, '성공할 수 있는, 독자 생존이 가능한'이라는 뜻이 더욱 강하다.

The amendment is neither necessary nor <u>feasible</u>.
그 개정안은 필수적이지도, 실행 가능하지도 않다.

Such projects are not financially <u>viable</u> without government funding.
그러한 사업들은 정부 기금 없이 재정적으로 가능하지가 않다.

magnificent 형 거대한, 장엄한, 엄청난

단어 어원 magni(큰) + fic(만들다) + ent[형접]

접두사 magni는 '큰'이라는 뜻을 가지고 있다. magnitude는 magni(큰) + tude(정도) 구성으로, '규모, 광도, 지진 규모'라는 뜻이다.
magnify는 '(렌즈, 현미경 등으로 더 크게 보이도록) 확대하다'라는 뜻이다. 이의 파생 단어인 magnificent는 '크게 만들어진'이라는 어원적 의미에서 '거대한, 장엄한, 엄청난'이라는 뜻으로 굳어졌다.

✎ 핵심 연관 단어

magnify 동 확대하다　　**magnificence** 명 장려, 장엄　　**magnificently** 부 거대하게, 장대하게

📢 응용 표현

• **magnify the sound** 소리를 확대하다
• **The place shows nothing of its former magnificence** 그곳은 이제 옛날의 장대함은 흔적조차 없다
• **a magnificent spectacle** 굉장한 볼거리
• **be magnificently sited** 장대하게 위치하고 있다

🔍 실전 예문

There were **magnificent** views of the surrounding countryside.
주변 시골 지역의 경관이 너무나 훌륭했다.

defeat 명 패배 / 동 패배시키다

단어 어원 de(아래로) + feat(만들다)

defeat는 어원적 의미에서 '상대가 나의 발 아래로 가게 만들다' → '패배시키다'라는 뜻으로 굳어졌다.
defeat는 '패배시키다'이므로 win(동 이기다)과 비교할 수 있다. win은 목적어로 사람이 아닌 승리를 한 분야나 얻어 낸 것이 온다. 반면 defeat는 목적어로 사람이 수반된다.

✎ 핵심 연관 단어

defeated 형 패배한

📢 응용 표현

• **win five gold medals** 5개의 금메달을 따다　　　　• **admit defeat** 패배를 인정하다
• **be defeated narrowly in the final** 결승전에서 아깝게 패배했다
• **ended in a humiliating defeat** 치욕적인 패배로 끝났다

🔍 실전 예문

Our team was narrowly **defeated** in the final.
우리 팀은 결승전에서 아깝게 패배했다.

UNIT
15

spir / claim /
숨쉬다   외치다
nounce
발표하다

ac + claim
acclaim

어근 spir는 '숨쉬다'라는 뜻을 가지고 있다. spirit(명 영혼)의 원래 뜻은 '호흡'이다. 생명력의 근원은 호흡 안에 있다고 예전부터 여겼다. 어근 claim은 '외치다'라는 뜻을 가지고 있다. acclaim은 '누군가를 향해 소리지른다'에서 '환호하다, 박수갈채하다'가 되었고 exclaim은 ex(밖으로) + claim(외치다)에서 '소리치다'가 되었다. 어근 nounce는 '발표하다'라는 뜻을 가지고 있다. 그래서 방송을 진행하는 사람을 announcer라고 하고, pronounce는 pro(앞으로) + nounce(발표하다)에서 '발음하다, 공식적으로 선언하다'가 되었다.

WORD 01

aspire 통 열망하다, 염원하다

단어 어원 as(~쪽으로) + spire(호흡하다)

aspire는 어원적 의미에서 '이루고자 하는 것을 향해 호흡하다' → '열망하다, 염원하다'라는 뜻으로 굳어졌다. long도 동사로 사용하면 '열망하다'라는 뜻이 되는데, 둘은 뒤에 나오는 전치사로 구분한다. 'aspire to', 'long for'와 같이 사용한다.

유의어 eager = e(밖으로) + age(일) 형 열망하는
anxious = anx(매달리다) + ous[형접] 형 안달하는

✏️ 핵심 연관 단어

aspiration 명 열망, 염원   long 동 열망하다

📢 응용 표현

• **aspire to a scientific career** 과학계에 진출하기를 열망하다
• **aspiring musician** 가수 지망생   • **long for a brother** 남동생을 갖게 되길 열망하다
• **political aspiration** 정치적인 열망   • **be eager to help** 도움을 주기를 열망하다

🔍 실전 예문

We try to teach our children to **aspire** to higher ideals.
우리는 우리의 어린이들에게 높은 이상을 품도록 가르치려 노력한다.

WORD 02

conspire 통 음모하다, 공모하다

단어 어원 con(함께) + spire(호흡하다)

접두사 con은 '함께'라는 뜻을 가지고 있다. conspire는 어원적 의미에서 '일을 도모하기 위해 함께 호흡을 맞추다' → '음모하다, 공모하다'라는 뜻으로 굳어졌다. conspire는 자동사로 against, with 등의 전치사를 수반한다.

✏️ 핵심 연관 단어

conspiracy 명 음모, 공모   conspiratorial 형 음모의, 공모의

📢 응용 표현

• **conspire against** ~에 대항해서 공모하다   • **conspiracy theory** 음모설
• **conspire with** ~와 공모하다
• **be accused of conspiring against the king** 왕에 대한 음모의 혐의를 받다
• **a conspiracy to overthrow the government** 정부 전복 음모

🔍 실전 예문

Some companies **conspire** together to maintain high prices.
일부 회사들은 높은 가격을 유지하기 위해서 같이 공모한다.

expire 통 죽다, 만기가 되다

단어 어원 ex(밖에) + spire(호흡하다)

expire는 어원적 의미에서 '마지막 숨을 밖으로 호흡하다' → '죽다, 만기가 되다'라는 뜻으로 굳어졌다. expiration date는 '유효 기간, 유통 기간'을 뜻한다.

✎ 핵심 연관 단어

expiration 명 만기   deadline 명 마감일

📢 응용 표현

- **the driver's license expired** 운전 면허증이 만기가 되었다
- **his term of office expired** 그의 임기가 끝났다
- **check the expiration date** 만기일을 확인하다
- **a very tight deadline** 빡빡한 마감일

🔍 실전 예문

My visa **expires** this month.
나의 비자는 이번 달에 만기가 된다.

inspire 통 격려하다, 영감을 불어넣다

단어 어원 in(안에) + spire(호흡하다)

inspire는 어원적 의미에서 '마음속에 정신과 기운을 불어넣다' → '(욕구 자신감, 열의를 갖도록) 격려하다, 영감을 불어넣다'라는 뜻으로 굳어졌다.
encourage(통 용기를 불어넣다, 고무시키다), motivate(통 동기 부여하다), inspire(영감을 불어넣다) 등의 동사는 뒤에 목적어가 오고, 목적격 보어로 부정사가 수반된다. 'inspire Sby to 동사원형'의 형태로 사용한다.

✎ 핵심 연관 단어

inspiration 명 영감   inspired 형 영감을 받은   inspiring 형 고무하는

📢 응용 표현

- **be inspired by** ~에 의해서 영감을 받은
- **a rich source of inspiration** 풍부한 영감의 원천
- **draw inspiration from** ~로부터 영감을 얻다
- **get the inspiration for** ~을 위한 영감을 받다
- **inspiring sermons** 영감을 주는 설교

🔍 실전 예문

His speech **inspired** me with confidence.
그의 연설은 나에게 자신감을 불어넣어 줬다.

respire 통 호흡하다

단어 어원 re(계속) + spire(숨쉬다)

respire는 '계속해서 숨쉬다'라는 어원적 의미에서 '호흡하다'라는 뜻으로 굳어졌다. 일반적인 '숨쉬다'를 표현할 때는 breathe를 사용한다. 헷갈리지 말자.

✏️ 핵심 연관 단어

respiration 명 호흡 **respiratory** 형 호흡 기관의

📢 응용 표현

- **respiratory disease** 호흡기 질환
- **respiratory organ** 호흡 기관
- **respiration difficulties** 호흡 장애
- **artificial respiration** 인공호흡
- **breathe deeply** 깊게 숨쉬다

🔍 실전 예문

He couldn't **respire** because he was pressed into the water.
그는 물속에서 수압으로 인해 호흡할 수가 없었다.

perspire 통 땀을 흘리다

단어 어원 per(통해서) + spire(숨쉬다)

perspire는 '피부를 통해서 숨을 쉬다'라는 어원적 의미에서 '땀을 흘리다'라는 뜻으로 굳어졌다. 명사형 perspiration은 '땀'이라는 뜻 말고도 '땀 흘리기, 발한'이라는 뜻도 가지고 있다.

유의어 sweat = swea(= hot) + t 명 땀

✏️ 핵심 연관 단어

perspiratory 형 발한의, 땀의

📢 응용 표현

- **It makes me perspire** 땀난다
- **wipe the perspiration** 땀을 닦다
- **beads of perspiration** 땀방울
- **be soaked in perspiration** 땀에 흠뻑 젖다
- **sweat profusely** 땀을 엄청 많이 흘리다

🔍 실전 예문

Stuart was **perspiring** in his thick woolen suit.
Stuart는 두터운 모직 정장을 입고 땀을 흘리고 있었다.

claim 통 요구하다, 주장하다 / 명 요구, 주장

단어 어원 claim(외치다)

claim은 동사와 명사로 사용하며 '(~이 사실이라고) 주장하다' 및 '(자기 권리나 재산이라고 여겨) 요구하다'라는 뜻이다. 목적어로 물건이나 재산이 나오면 '소유권을 주장하다'라는 뜻이 된다. 그래서 공항에서 수화물을 찾는 곳이 baggage claim area이다.

응용 표현

• **claim that** 주어 + 동사 ~라고 주장하다
• **be entitled to claim compensation** 보상을 주장할 수 있는 권리가 있다
• **discard the unclaimed items** 주인이 나타나지 않은 물건들을 버리다

실전 예문

A lot of property is never claimed.
많은 분실물들은 주인이 나타나지 않는다.

주장하다 claim, assert, declare

claim은 '어떤 것이 사실이라고 주장하다'라는 뜻이다. 한편 assert는 '적극적으로 단언하다'라는 뜻이다. 그리고 declare는 '강하고 확고하게 선언하다'라는 뜻이다.

I don't claim to be an expert.
제가 전문가라고 주장하는 것은 아닙니다.

This is certainly too early to assert.
이것은 단언하기에는 너무 이르다.

Few people dared to declare their opposition to the regime.
감히 그 정권에 대해 반대를 선언하는 사람은 거의 없었다.

acclaim 통환호하다, 박수갈채하다, 칭송하다 / 명칭찬, 찬사

단어 어원 ac(~쪽으로) + claim(외치다)

acclaim은 어원적 의미에서 '누군가의 쪽으로 가서 박수를 치며 외치다' → 환호하다, 박수갈채하다, 칭송하다'라는 뜻으로 굳어졌다. 명사로 사용하면 '(특히 예술적 업적에 대한) 칭찬, 찬사'를 뜻한다.

✏ 핵심 연관 단어

acclaimed 형 칭찬을 받고 있는

📢 응용 표현

- **a widely acclaimed performance** 널리 환호받는 공연
- **receive a critical acclaim** 비평단의 찬사를 받다
- **be acclaimed as a masterpiece** 걸작으로 칭송받다

🔍 실전 예문

His latest novel has won great critical **acclaim**.
그의 최근 소설은 비평가들로부터 대단한 찬사를 받았다.

환호하다, 칭송하다 acclaim, applaud

acclaim과 applaud가 비슷한 뜻 같지만, acclaim은 '특히 예술적 업적에 대해서 환호하다, 칭송하다'이고 applaud는 '따뜻하게 맞이하기 위해서 박수갈채하다'이다.

His unique talent continues to draw critical **acclaim** around the world.
그의 독특한 재능은 전 세계 비평가들의 찬사를 계속 이끌어 내고 있다.

The singer's appearance on the stage caused everyone to **applaud**.
무대 위로 그 가수가 등장하자 모든 사람들이 박수를 보냈다.

exclaim 통소리치다, 외치다

단어 어원 ex(밖으로) + claim(외치다)

exclaim은 '목소리를 밖으로 외치다'라는 어원적 의미에서 '(특히 감정이 격해져서) 소리치다, 외치다'라는 뜻으로 굳어졌다. exclaim in despair는 '비명을 지르다'이다.

✏️ 핵심 연관 단어

exclamation 명 감탄사

📢 응용 표현

- **exclaim angrily** 화가 나서 소리치다
- **exclaimed with delight** 기쁨으로 소리쳤다
- **exclaimed to his companions** 그의 동료들에게 소리쳤다
- **give a loud exclamation of delight** 기쁨으로 탄성을 지르다

🔍 실전 예문

She **exclaimed** with delight at the sight of the presents.
그녀는 선물을 보고 기쁨으로 소리쳤다.

WORD 10

proclaim 동 선언하다, 선포하다

단어 어원 pro(앞으로) + claim(외치다)

proclaim은 '대중 앞으로 외치다'라는 어원적 의미에서 '선언하다, 선포하다'라는 뜻으로 굳어졌다. 명사형인 proclamation은 '선언서, 성명서'이다. 그래서 the proclamation of war가 '선전 포고'이다.

📢 응용 표현

- **proclaim a state of emergency** 국가 비상사태를 선포하다
- **continue to proclaim his innocence** 그의 무죄를 계속해서 주장하다
- **loudly proclaim** 큰 소리로 선언하다
- **publicly proclaim** 공개적으로 선포하다

🔍 실전 예문

She repeatedly **proclaimed** her devotion to the cause.
그녀는 그 대의명분에 대해 헌신할 것을 반복적으로 선언했다.

선언하다 proclaim, declare

proclaim은 '보다 격식을 갖추어 사회적으로 중대한 일을 공식적으로 널리 알리다'라는 뜻으로 사용한다. 한편 declare는 '여러 사람 앞에서 확실히 밝히다, 선언하다'라는 뜻이다.

Newly elected political leaders are always ready to proclaim 'change'.
새로 선출된 정치 지도자들은 항상 '변화'를 선언할 준비가 되어 있다.

Poor sales forces the company to declare bankruptcy.
저조한 매출액은 회사로 하여금 파산을 선언하게 만들었다.

reclaim 통 되찾다, 매립하다, 개간하다

단어 어원 re(뒤로) + claim(외치다)

reclaim은 어원적 의미에서 '외쳐서 원래 상태로 되돌리다' → '(분실하거나 빼앗긴 물건 등을) 되찾다, (늪지 등을) 매립하다, (황무지 등을) 개간하다'라는 뜻으로 굳어졌다.

✏️ 핵심 연관 단어

reclamation 명 개간, 간척 **recover** 통 회복하다, 되찾다 **retrieve** 통 되찾다, 회수하다

📢 응용 표현

- **reclaim his wallet** 지갑을 되찾다
- **reclaim the swamp** 습지를 매립하다
- **reclaimed marshland** 매립한 습지대
- **recover from his operation** 수술에서 회복하다
- **retrieve some of the stolen money** 도난 당한 돈의 일부를 되찾다

🔍 실전 예문

You have to go to the police station to **reclaim** your wallet.
당신 지갑을 되찾으려면 경찰서를 가야 한다.

He went back to the station to **retrieve** the backpack left in the train.
그는 기차에 두고 온 가방을 찾기 위해서 역으로 다시 돌아갔다.

announce 통 발표하다, 알리다

단어 어원 an(이동) + nounce(발표하다)

announce는 '사람들에게 이동해서 소식을 전하다'라는 어원적 의미에서 '발표하다' 및 '(공공장소에서 방송으로) 알리다'라는 뜻으로 굳어졌다. 따라서 announcer를 '방송진행자'라고 한다.
'알리다'라는 뜻을 가진 단어로 inform, notify 등이 있다. announce는 3형식 동사로 바로 뒤에 말하는 내용이 나오고, inform과 notify는 뒤에 사람이 수반된다.

✏️ 핵심 연관 단어

announcer 명 방송 진행자 **announcement** 명 발표
inform 통 알려 주다, 통보하다 **notify** 통 통보하다

📢 응용 표현

- **formally announce their engagement** 그들의 약혼을 공식적으로 발표하다
- **proudly announced the launch of the new product** 신제품의 출시를 자랑스럽게 발표했다
- **be pleased to announce that** 주어 + 동사 ~을 알리게 되어서 기쁘다
- **make an announcement about** ~에 관해 발표하다
- **inform me of your decision** 당신의 결정을 알려 주세요

실전 예문

The company proudly **announced** the launch of its new range of cars.
그 회사는 새로운 차종의 출시를 자랑스럽게 발표했다.

We regret to **inform** you that your application has not been successful.
유감스럽게도 당신의 지원이 성공적이지 못했음을 알려 드립니다.

WORD 13 **denounce** 동 비난하다

단어 어원 de(아래로) + nounce(발표하다)

denounce는 '상대방을 아래로 두는 발표를 하다'라는 어원적 의미에서 '(맹렬히) 비난하다'라는 뜻으로 굳어졌다.

핵심 연관 단어

blame 동 책망하다, 탓하다
criticize 동 비난하다, 비평하다

criticism 명 비난, 비평
denouncement 명 비난

응용 표현

- **publicly denounce** 공개적으로 비난하다
- **be denounced as spies** 스파이로 비난받다
- **blame him for the mistake** 실수로 그를 책망하다
- **openly criticize the government** 정부를 공개적으로 비난하다
- **merciless denouncement** 가차 없는 비난
- **arouse criticism** 비난을 불러일으키다

실전 예문

He was publicly **denounced** as a traitor.
그는 변절자라고 공개적으로 비난받았다.

?? 단어들의 알쏭달쏭 차이 > 비난하다 denounce, criticize, blame

denounce는 '공공연하게 비난하다'라는 뜻이다. criticize는 '결점을 찾아서 비난하다', blame은 '잘못, 과실 따위의 책임을 물어서 책망하다'라는 뜻으로 사용한다.

The police was quick to **denounce** Monday's attack.
경찰은 월요일에 있었던 공격을 빠르게 비난했다.

He had presumption to **criticize** my work.
그가 주제넘게도 내 작품을 비난했다.

She doesn't **blame** anyone for her father's death.
그녀는 아버지의 죽음에 대해 아무도 탓하지 않는다.

WORD 14

pronounce 통 발음하다, 선언하다

단어 어원 pro(앞으로) + nounce(발표하다)

접두사 pro는 '앞으로, 이전'이라는 뜻을 가지고 있다. pronounce는 '앞으로 소리내어 발표하다'라는 어원적 의미에서 '발음하다'라는 뜻으로 굳어졌다. 어원적 의미에서 '사람들 앞에서 격식을 차려 공개적으로 발표하다' → '선언하다'라는 뜻으로도 사용한다.

반의어 mispronounce = mis(잘못) + pronounce(발음하다) 통 잘못 발음하다

🖊 핵심 연관 단어

pronouncement 명 공표, 선언

📢 응용 표현

- **can't pronounce my name correctly** 나의 이름을 제대로 발음하지 못하다
- **pronounce in favor of the merger** 합병에 찬성을 선언하다
- **pronounce sentence** 선고를 내리다

🔍 실전 예문

Very few people can pronounce my name correctly.
내 이름을 제대로 발음할 수 있는 사람은 드물다.

WORD 15

renounce 통 포기하다, 단념하다, 버리다, 그만두다

단어 어원 re(뒤로) + nounce(발표하다)

renounce는 어원적 의미에서 '뒤로 물러나겠다고 발표하다' → '(직함, 직책 등을 공식적으로) 포기하다, 단념하다' 및 '(신조, 행위 등을 공식적으로 선언하며) 버리다, 그만두다'라는 뜻으로 굳어졌다.

🖊 핵심 연관 단어

renouncement 명 포기

📢 응용 표현

- **renounce a claim** 청구를 포기하다
- **renounce the right to 동사원형** ~할 수 있는 권리를 포기하다
- **renounce principles** 원칙을 버리다
- **renounce the Korean nationality** 한국 국적을 포기하다

🔍 실전 예문

The non-profit organization was criticized for renouncing the principles.
그 비영리 단체는 원칙을 포기했다는 비난을 받았다.

포기하다, 단념하다 renounce, relinquish, waive

renounce는 '공식적으로 확실하게 단념하는 것을 선언하다'라는 뜻이다. 한편 relinquish는 '마지못해 소유권 따위를 포기하거나 단념하다'라는 뜻으로 사용한다. 그리고 waive는 '권리 등을 포기하다'라는 뜻으로 사용한다. 따라서 '요금을 면제해 주다'라는 의미로는 waive fees를 사용한다.

I had to **renounce** friendship because everything was not the same.
모든 것이 전과 달라졌기 때문에 나는 친구와 절교해야 했다.

He was forced to **relinquish** custody of the children.
그는 아이들의 양육권을 포기해야만 했다.

The court ordered that the government should **waive** the fees for nonprofit organizations.
법원은 정부가 비영리 단체에게는 요금을 면제해야 한다고 명령했다.

frag / rupt
깨다   터지다

frag + ile

fragile

어근 frag는 '깨다'라는 뜻을 가지고 있다. 유리제품이나 가전제품 등이 포장된 박스 표면에 써 있는 fragile은 frag(깨다) + ile(경향이 있는)으로 '깨지기 쉬운, 취급주의'라는 뜻으로 사용되고 fracture는 뼈가 부러지는 골절상을 뜻한다.

어근 rupt는 '터지다'라는 뜻을 가지고 있다. erupt는 e(앞으로) + rupt(터지다)에서 '화산·용 암·감정 등이 분출하다, 터져나오다'가 되었고 rupture는 '파열, 결절, 불화' 등의 의미로 말 그 대로 '깨뜨려진 것'을 의미한다.

fragile 형 깨지기 쉬운

단어 어원 frag(깨다) + ile[형접]

접미사 ile은 able이 변형된 것이다. 그래서 fragile은 어원적 의미 그대로 '깨지기 쉬운'이라는 뜻이다. 공항에서 수하물 탁송 시 깨지기 쉬운 수하물에는 Fragile이라는 꼬리표를 붙인다.

🖉 핵심 연관 단어

fragility 명 깨지기 쉬움
fragilely 부 깨지기 쉽게

📢 응용 표현

- **fragile china** 깨지기 쉬운 도자기
- **damage the fragile ecology** 연약한 생태계를 훼손하다
- **remain extremely fragile** 극도로 취약한 상태로 있다
- **fragile parcel** 취급주의 소포

🔍 실전 예문

The economy remains extremely **fragile**.
경제가 계속 극도로 취약하다.

연약한 fragile, vulnerable

fragile은 '물리적으로 깨지기 쉬운, 손상되기 쉬운'이라는 뜻이다. vulnerable은 be vulnerable to Sth의 형태로 사용하며, '신체적, 정서적으로 상처받기 쉬운'이라는 뜻이다.

Glass is very **fragile**, so we must be careful when handling it.
유리는 깨지기 쉬우니 다룰 때 조심해야 한다.

Children are easily **vulnerable** to secondhand smoke.
어린이들은 간접 흡연에 피해를 당하기 쉽다.

fragment 명 조각, 파편 / 통 산산이 부수다, 부서지다

단어 어원 frag(깨다) + ment[명접]

fragment는 '깨진 것'이라는 어원적 의미에서 '조각, 파편'이라는 뜻으로 굳어졌다. 동사로 사용하면 '산산이 부수다, 부서지다'라는 뜻이다.

🖊 핵심 연관 단어

fragmentation 명 분열
fragmentary 형 단편적인

📢 응용 표현

- **fragments of glass** 유리 조각
- **overhear a fragment of the conversation** 대화의 일부를 귓결로 듣다
- **fragmentary memories** 단편적인 기억
- **fragmentary knowledge** 단편적인 지식

🔍 실전 예문

You can see the **fragment** of the plane from the hilltop.
언덕 꼭대기에서는 그 비행기의 잔해를 볼 수 있다.

조각, 파편 fragment, scrap

fragment는 '파손된 조각이나 파편'을 뜻한다. scrap은 '큰 덩어리에서 잘라졌거나 깨진 것 또는 떨어져 나온 작은 자투리'를 뜻한다.

Actually this is what is called a sentence **fragment**.
사실 이것은 문장의 단편이라 불리는 것입니다.

Put the **scrap** of paper in the waste bin.
종이 조각들을 쓰레기통에 넣어라.

WORD 03

fracture 동 부수다, 부서지다, 골절되다 / 명 균열, 골절

단어 어원 frac(깨다) + ture[명접]

fracture는 어원적 의미에서 '뼈가 부서지는 것' → '골절'이라는 뜻이 생겼다. '부수다'라는 뜻을 가진 단어로 여러 단어가 있는데, 가장 일반적이고 광범위한 뜻으로 사용하는 것은 break이다. facture는 '뼈나 단단한 물체가 골절하다, 부러지다'이다. 그 외 crack, shatter, crush 등이 있다.

유의어 crack 동 금이 가다
shatter 동 산산이 부서지다
crush 동 (외부로부터 강력한 힘이나 압력을 받아) 으스러지다

📢 응용 표현

- **a fracture of the leg** 다리 골절
- **be prone to fracture** 골절되기 쉽다
- **the ice cracked** 얼음에 금이 가다
- **be completely crushed** 완전히 으스러지다

🔍 실전 예문

Old people's bones are more prone to **fracture**.
노인들의 뼈는 골절되기가 더 쉽다.

WORD 04

fraction 명 부분, 일부, (수학에서) 분수

단어 어원 frac(깨다) + tion[명접]

fraction은 어원적 의미에서 '깨진 수' → '수학의 분수'라는 뜻으로 굳어졌다. 이뿐만 아니라 '(무엇인가에서 깨져서 분리된) 부분, 일부'라는 뜻도 가지고 있다. '부분'을 뜻하는 유의어로 portion과 proportion도 있다.

유의어 portion 명 (어떤 것의 일부의 덩어리인) 부분
proportion = pro(앞에) + portion(부분) 명 비율

✏️ 핵심 연관 단어

fractionation 명 분류

📢 응용 표현

- **a small fraction of the deposits** 예금의 적은 부분
- **a fractional decline in earnings** 소액의 소득 감소
- **a significant portion of** ~의 상당한 부분
- **a high proportion of** ~의 높은 비율

🔍 실전 예문

The workers only get a small **fraction** of what they've earned.
노동자들은 그들이 번 것의 소량만 가져간다.

fragrance 명 향기, 향수

단어 어원 frag(깨다) + ance[명접]

fragrance는 어원적 의미에서 '꽃에서 깨어져 분리되어 나오는 것' → '향기'라는 뜻으로 굳어졌다. fragrance에는 '향수' 이외에도 '좋은 향기'라는 뜻도 있다.

동의어 perfume = per(통해서) + fume(연기) 명 향수

✎ 핵심 연관 단어

fragrant 형 향기로운 　　　　　　**fragrantly** 부 향기롭게

📢 응용 표현

- **come in various fragrances** 여러 향으로 출시되다
- **an exciting new fragrance** 흥미로운 새로운 향수
- **spray some perfume on her wrist** 손목에 향수를 뿌리다

🔍 실전 예문

The room was full of fragrance of roses.
그 방은 장미향으로 가득했다.

infraction 명 위반, 침해

단어 어원 in(안으로) + frac(깨다) + tion[명접]

infraction은 '깨고 안으로 들어가는 것'이라는 어원적 의미에서 '위반, 침해'라는 뜻으로 굳어졌다. 보다 일반적 뜻을 가진 단어로 violation이 있다. 이는 '(법, 합의 등의) 위반'이라는 뜻이다.

✎ 핵심 연관 단어

infract 동 (법률 등을) 어기다, 위반하다

📢 응용 표현

- **infract the rules** 규칙을 깨다
- **minor infractions of the regulations** 사소한 규정의 위반
- **minor infractions of EU regulations** 유럽연합 규정의 사소한 위반
- **be seen as an infraction of the rules** 규칙을 위반하는 것으로 보이다
- **commit an infraction** 위반하다

🔍 실전 예문

Any attempt to influence the judges will be seen as infraction of the rules.
판사에게 영향력을 행사하려는 어떤 시도도 규칙을 위반하는 것으로 보일 것이다.

WORD 07 infringe 통 위반하다, 침해하다, 제한하다

단어 어원 in(안으로) + fringe(깨다)

infringe는 '안으로 깨고 들어가다'라는 어원적 의미에서 '위반하다, (법적 권리를) 침해하다, 제한하다' 라는 뜻이 생겼다.

✎ 핵심 연관 단어

infringement 명 위반

📢 응용 표현

- **infringe a copyright** 판권을 침해하다
- **infringe copyright** 저작권을 위반하다
- **an infringement of liberty** 자유 제한
- **infringe a business contract** 계약을 어기다
- **infringe personal liberties** 개인의 자유를 침해하다

🔍 실전 예문

The material can be copied without infringing copyright.
그 자료는 저작권을 위반하지 않고 복사할 수 있다.

WORD 08 fractious 형 화를 잘 내는, 짜증을 잘 내는

단어 어원 frac(깨다) + tious[형접]

fractious는 '무엇인가를 잘 깨부수는'이라는 어원적 의미에서 '짜증을 잘 내는, 화를 잘 내는'이라는 뜻 으로 굳어졌다. get fractious는 '짜증을 내다'라는 뜻이다.

✎ 핵심 연관 단어

fractiously 부 성마르게, 까다롭게

📢 응용 표현

- **get fractious and tearful** 짜증을 내고 울다
- **tired and fractious** 피곤하고 짜증나는

🔍 실전 예문

Children often get fractious when tired.
어린이들은 지치면 짜증을 낸다.

abrupt 혱 돌연한, 갑작스러운
단어 어원 ab(떨어져서) + rupt(터지다)

abrupt는 '무엇인가가 떨어져서 터지다'라는 어원적 의미에서 '돌연한, 갑작스러운'이라는 뜻으로 굳어 졌다. abruptly는 '동작이 갑작스러울 때' 사용한다.

유의어 suddenly

★ suddenly는 갑작스러운 상황을 나타낼 때 사용한다.

🖉 핵심 연관 단어

abruptly 분 갑자기

📢 응용 표현

• **an abrupt remark** 갑작스러운 말
• **come to an abrupt end** 갑자기 끝나다
• **an abrupt change** 갑작스러운 변화
• **leave the room abruptly** 갑자기 방을 떠나다
• **stop abruptly** 갑자기 멈추다

🔍 실전 예문

The thought brought her to an **abrupt** halt.
그 생각에 그녀는 하던 일을 갑자기 멈추었다.

---

bankrupt 명 파산 / 혱 파산한
단어 어원 bank(은행) + rupt(터지다)

1500년대에 이탈리아에서 처음으로 금융업을 했던 사람들을 banca라 불렀는데, 이 단어가 오늘날 bank의 유래이다. 이들이 파산을 했을 때는 상징적으로 탁자를 부숴 버렸는데, 이때부터 bankrupt은 '파산'이라는 뜻으로 굳어졌다.

📢 응용 표현

• **be declared bankrupt** 파산 선고를 받다
• **go bankrupt** 파산하다
• **file for bankruptcy** 파산 신청을 하다
• **face bankruptcy** 파산에 직면하다

🔍 실전 예문

Hundreds of companies went **bankrupt** during the recession.
그 경제 침체기 동안 수백 개의 회사들이 파산하였다.

지급불능, 파산 insolvency, bankruptcy

insolvency는 '자금상 어려움이 있어서 부채를 갚지 못하는 상태'를 뜻하고, bankruptcy는 insolvency를 해결하기 위한 법적 절차를 뜻한다.

Most of the domestic distribution companies were teetering on the edge of <u>insolvency</u>.
대부분의 국내 유통 회사들이 파산의 경계에서 흔들렸다.

The company is heading toward inevitable <u>bankruptcy</u>.
회사는 피할 수 없는 파산으로 나아가고 있다.

WORD 11

disrupt 통 막다, 방해하다

단어 어원 dis(분리) + rupt(터지다)

disrupt는 어원적 의미에서 '물건을 부서지게 해서 못쓰게 하다' → '막다, 방해하다'라는 뜻으로 굳어졌다. disrupt는 '존재하는 상황에 뛰어 들어 정상적인 상황 유지를 방해하는 것'이다. interrupt와 사용할 때가 약간 다르다.

interrupt = inter(중간, 사이) **+ rupt**(터지다) 통 끼어들다, 방해하다, 중단하다
★ interrupt는 중도에 끼어들어 진행을 방해할 때 사용한다.

✐ 핵심 연관 단어

disruption 명 중단, 분열
disruptive 형 지장을 주는
disruptively 부 분열시켜

📢 응용 표현

- **disrupt a meeting** 회의를 방해하다
- **seriously disrupt the supplies of** ~의 공급에 심각하게 지장을 주다
- **environmental disruption** 환경파괴
- **cause some serious disruption** 심각한 분열을 야기하다

🔍 실전 예문

They warned that climate change could potentially disrupt economic activity.
그들은 기후 변화가 잠재적으로 경제 활동을 방해할 것이라고 경고했다.

방해하다 disrupt, disturb

disrupt는 '부수다, 파괴하다'라는 어감이 강하고, disturb는 '소란을 일으키다'라는 어감이 강하다.

The conflict seemed likely to <u>disrupt</u> the government.
그 갈등으로 정부가 분열될 것 같다.

You shouldn't <u>disturb</u> people in the library.
도서관에 있는 사람들을 방해하면 안 된다.

WORD 12

corrupt 형 타락한, 부패한, 오류가 생긴 / 통 부패하게 만들다

단어 어원 cor(완전히) + rupt(터지다)

corrupt는 '완전히 터지다'라는 어원적 의미에서 '(사람이나 행동이) 타락한, 부패한' 및 '(컴퓨터가) 오류가 생긴'이라는 뜻으로 굳어졌다. corrupt software는 '오류가 생긴 소프트웨어'를 뜻한다.

✐ 핵심 연관 단어

corruption 명 부패, 변질, 부조리
corruptible 형 부패할 수 있는

📢 응용 표현

- **be corrupted by power** 권력으로 인해 타락하다
- **corruption and irregularities** 부정부패
- **a corrupt regime** 부패 정권
- **strive against corruption** 부패 방지를 위해 분투하다
- **allegations of bribery and corruption** 뇌물 수수 및 부패 혐의들
- **corruptible politicians** 부패하기 쉬운 정치인들

🔍 실전 예문

The whole regime is thoroughly corrupt.
그 정권 전체가 완전히 부패되어 있다.

WORD 13

erupt 圄 분출하다, 터뜨리다, 폭발하다

단어 어원 e(밖으로) + rupt(터지다)

erupt는 '무엇인가가 밖으로 터져 나오다'라는 어원적 의미에서 '(화산이나 용암이) 분출하다' 및 '(강한 감정을, 특히 고함과 함께) 터뜨리다, 폭발하다'라는 뜻으로 굳어졌다.

유의어 explode = ex(밖으로) + plode(부딪치는 소리) 圄 폭발하다
burst 圄 폭발하다

✏️ 핵심 연관 단어

eruption 圐 분출, 분화

explosion 圐 폭발

📢 응용 표현

- **a volcano erupted** 화산이 폭발했다
- **His anger suddenly erupted** 그의 화가 갑자기 폭발했다
- **a major volcanic eruption** 거대한 화산 분출
- **a bomb exploded** 폭탄이 폭발했다
- **a nuclear explosion** 핵 폭발

🔍 실전 예문

A volcano **erupt**ed violently last month.
지난 달에 화산이 격렬하게 폭발했다.

WORD 14

interrupt 圄 끼어들다, 방해하다, 중단하다

단어 어원 inter(중간, 사이) + rupt(터지다)

interrupt는 '중간에 끼어들어서 흐름을 터뜨리다'라는 어원적 의미에서 '끼어들다, 중단하다, 방해하다'라는 뜻으로 굳어졌다. Please excuse my interruption은 '잠깐 방해되겠습니다만, 용서하십시오'라는 표현이다.

✏️ 핵심 연관 단어

interruption 圐 방해, 중단, 가로막음   **interruptive** 圀 방해하는   **interruptedly** 囝 가로막혀서

📢 응용 표현

- **interrupt a speaker** 연설을 방해하다
- **I didn't mean to interrupt** 방해할 뜻은 없었어요
- **sorry to interrupt** 방해해서 죄송해요
- **be interrupted several times by rain** 비 때문에 여러 차례 중단되다
- **be constantly interrupted by phone calls** 전화로 끊임없이 방해받았다

🔍 실전 예문

Sorry to **interrupt**, but there is someone to see you.
방해해서 죄송하지만, 어떤 분이 찾아왔어요.

단어들의 알쏭달쏭 차이 ?? 방해하다, 중단하다 interrupt, disrupt

'방해하다'라는 뜻을 가진 단어 interrupt와 disrupt는 자주 혼동이 된다. interrupt는 단어의 어근에서 볼 수 있듯이 '대화나 말을 중간에 끊어서 방해하다'라는 뜻으로 사용한다. disrupt는 '어떤 과정, 체계 등이 더 이상 진행될 수 없을 정도로 방해하다'라는 뜻으로 '부수다, 파괴하다'라는 어감이 강하다.

Too many examples can <u>interrupt</u> the smooth flow of the text.
너무 많은 예는 본문의 순조로운 흐름을 방해할 수 있다.

Thousands of protestors tried to <u>disrupt</u> a meeting of the world finance ministers.
수천 명의 시위자들이 세계 재무 장관 회의를 방해하려 했다.

WORD 15 rupture 명 파열, 결렬, 불화

단어 어원 rupt(터지다) + ure[명접]

rupture는 '터지는 것'이라는 어원적 의미에서 '(인체 내부의 장기나 수도관 등의) 파열' 및 '(관계의) 결렬, 불화'라는 뜻으로 굳어졌다.

유의어 fracture = frac(깨다) + ture[명접] 동 부수다, 부서지다, 골절되다 / 명 골절

응용 표현

• **the rupture of water pipelines** 수도관 파열
• **a rupture in relations between** ~사이에서의 관계의 결렬
• **a fracture of the leg** 다리 골절

실전 예문

A pipe ruptured, leaking water all over the house.
수도관이 파열되어서 온 집에 물이 새어 나왔다.

UNIT
17

van / ple
비우다   채우다

com + ple + ment
complement

어근 van은 '비우다'라는 뜻을 가지고 있다. vanish는 동사로 '사라지다'라는 의미이고 vain은 형용사로 '헛된, 소용없는'이라는 의미이다. 그리고 vanity는 명사로 '허영심'을 의미한다.

어근 ple은 '채우다'라는 뜻을 가지고 있다. plenty는 'ple(n)(채우다) + ty[명접]'으로, '풍부한 양'을 의미한다. complete는 'com(완전히) + ple(te)(채우다)'로, 동사로는 '완성시키다, (양식)을 기입하다'이고 형용사로는 '온전한, 완벽한'이라는 의미이다.

vacant 형 비어 있는, 공석의

단어 어원 vac(비우다) + ant[형접]

vacant는 '(공간적으로) 텅 빈' 및 '(회사 내의 자리가) 비어 있는, 공석의'라는 뜻을 가지고 있다. vacant lot은 '건물이 세워지지 않은 미이용 토지 구획'을 뜻하고 vacant position은 '회사 내의 공석'을 뜻한다.

✏️ 핵심 연관 단어

vacation 명 방학, 휴가　　　　　　　**vacancy** 명 빈 자리, 공석

📣 응용 표현

- **vacate the premises** 구내를 비우다
- **go on a vacation** 휴가를 가다
- **vacant properties** 비어 있는 건물들
- **fill the vacant positions** 공석을 충원하다
- **be left vacant** 비어지다

🔍 실전 예문

The job will be kept vacant for a few more weeks.
그 일자리는 몇 주 더 공석으로 비어 있을 것이다.

vacuum 명 진공 / 동 진공청소하다

단어 어원 vacu(비우다) + um[명접]

vacuum은 '비어 있는 상태'라는 어원적 의미에서 '진공'이라는 뜻으로 굳어졌다. 동사로 사용하는 경우 '진공청소기로 청소하다'라는 뜻이다. '일반적 의미의 청소하다'는 clean이다. 이 외에 sweep, mop, wipe 등이 있다.

✏️ 핵심 연관 단어

sweep 동 쓸다　　　　**mop** 동 걸레질을 하다　　　　**wipe** 동 닦다, 눈물 등을 훔치다

📣 응용 표현

- **clean the floor** 마루를 청소하다
- **vacuum stairs** 계단을 진공청소하다
- **vacuum clearner** 진공청소기
- **sweep the floor** 바닥을 쓸다
- **mop the floor** 바닥을 걸레질하다

🔍 실전 예문

Vacuum cleaners work by suction.
진공청소기는 흡입을 이용해 일을 한다.

vacate 통 비우다

단어 어원 vac(비우다) + ate[동접]

vacate는 어원적 의미에서 '건물 등의 공간을 비우다'라는 뜻으로 굳어졌다. '건물, 좌석 등을 특히 다른 사람이 이용할 수 있도록 비우다'라는 뜻이 강하다. 명사형인 vacation은 '집을 비우고 떠나는 것' → '방학, 휴가'라는 뜻으로 굳어졌다.

🖉 핵심 연관 단어

vacancy 명 빈 자리, 공석
vacant 형 비어 있는, 공석의

📢 응용 표현

• **vacate a house** 집을 비우다
• **go on a vacation** 휴가 가다
• **vacant properties** 비어 있는 건물들
• **vacant positions** 공석

🔍 실전 예문

Guests are requested to **vacate** their rooms by noon on the day of departure.
투숙객들은 출발 당일 정오까지 객실을 비워 주시기 바랍니다.

비우다 vacate, empty, drain

vacate는 '건물, 좌석 등을 다른 사람이 이용할 수 있도록 비우다'라는 뜻이다. 한편 empty는 '그릇에 든 것을 비우다'라는 뜻이다. 그리고 drain은 '물이나 액체를 빼내다'라는 뜻이다.

You are hereby ordered to **vacate** the premises immediately.
당신은 이에 의해서 부지를 즉시 비울 것을 명합니다.

I had to **empty** out the drawer to find the paper.
나는 그 서류를 찾기 위해 서랍 속에 있던 것을 다 꺼내야 했다.

We had to **drain** the oil out of the engine.
우리는 엔진에서 오일을 따라 내 버려야 했다.

vanish 통 사라지다

단어어원 van(비우다) + ish[동접]

vanish는 '자리를 비우다'라는 어원적 의미에서 '사라지다'라는 뜻으로 굳어졌다. '무엇인가가 갑자기 또는 불가사의하게 사라지다'라는 뜻이 강하다.

🖋 핵심 연관 단어

vanishment 명 소멸   **vanishing** 형 사라지는

📢 응용 표현

• **the vanishing woodlands** 사라지는 삼림지
• **a man who mysteriously vanished from his home last month**
  지난 달에 자신의 집에서 의문스럽게 사라졌던 사람
• **vanish into the mist** 안개 속으로 사라지다

🔍 실전 예문

Our only source of income will **vanish**.
우리의 유일한 수입원은 사라질 것이다.

사라지다 vanish, disappear

vanish는 '빛이나 색 따위가 희미해져서 사라지다'라는 뜻이 강하고, disappear는 '자취를 감춰서 사라지다'라는 뜻이 강하다.

I don't expect that all our problem can just **vanish**.
나는 우리 모두의 문제가 그저 사라질 수 있다고 기대하지 않는다.

They watched the bus **disappear** into the distance.
그들은 버스가 멀리 사라져 가는 것을 지켜보았다.

WORD 05 vanity 명 헛됨, 허영심, 자만심

단어 어원 van(비우다) + ity[명접]

vanity는 어원적 의미에서 '실속은 비어 있는' → '헛됨, 허영심, 자만심'이라는 뜻으로 굳어졌다. vanity 는 '다른 사람에 대한 우월감이라기보다는 자신에 대한 비현실적인 존경과 사랑에 기초를 둔 자만심'이 다. conceit와 어감상 약간의 차이가 있다.

유의어 conceit = con(함께) + ceit(잡은) 명 자만심

✏️ 핵심 연관 단어

vain 형 헛된   vainly 부 헛되게

📢 응용 표현

- **be full of conceit** 자만심으로 가득 찬   **the vanity of human ambition** 인간의 야망의 헛됨
- **in a vain attempt to 동사원형** ~하려는 헛된 시도에서   **in vain** 헛되이

🔍 실전 예문

It was an affront to his **vanity** that you should disagree with him
네가 그에게 이의를 제기한 것은 그의 자만심에 대한 모독이었다.

WORD 06 devastate 동 황폐화시키다, 완전히 파괴하다, 충격을 주다

단어 어원 de(분리) + vas(비우다) + tate[동접]

devastate는 '모든 것을 분리시켜서 텅 비게 만들다'라는 어원적 의미에서 '(한 장소나 지역을) 황폐화시 키다, 완전히 파괴하다' 및 '(사람에게) 엄청난 충격을 주다'라는 뜻으로 굳어졌다. devastated area는 '재해 지역'이라는 뜻이다.

✏️ 핵심 연관 단어

devastation 명 대대적인 파괴   devastating 형 엄청나게 파괴적인, 대단히 충격적인

📢 응용 표현

- **devastate the domestic economy** 국내 경제를 황폐화시키다
- **devastated areas** 재해 지역
- **a devastating fire** 엄청난 손상을 가한 화재
- **the devastating news** 충격적인 소식

🔍 실전 예문

The tsunami **devastated** the tropical Asian resort areas.
그 지진 해일은 아시아의 유명 관광지를 폐허로 만들어 버렸다.

파괴하다 destroy, demolish, devastate

보통 '어떤 장소나 건물을 파괴하다'라고 할 때는 destroy를 사용한다. destroy보다 더 강하고 철저하게 파괴하는 것이 demolish이고, 국토나 토지 따위를 흔적조차 남지 않을 정도로 파괴하는 것이 devastate이다.

The earthquake will destroy most of the old building in the city.
지진은 그 도시의 오래된 건물 대부분을 파괴할 것이다.

In some areas, communities have opposed plans to demolish and rebuild homes.
몇몇 지역에서는, 지역 사회에서 집을 철거하고 재건축하는 계획을 반대해 오고 있다.

I feel like it's about to devastate everything I know.
내가 아는 모든 것을 파괴할 것 같다.

avoid 동 피하다

단어 어원 a(이동) + void(비우다)

avoid는 '이동해서 머물러 있던 장소를 비우다'라는 어원적 의미에서 '피하다'라는 뜻으로 굳어졌다. 뒤에 목적어로는 부정사가 아닌 동명사가 수반된다.

✐ 핵심 연관 단어

avoidance 명 회피
avoidable 형 피할 수 있는
avoidably 부 피할 수 있게

응용 표현

• **avoid the conflict** 갈등을 피하다
• **narrowly avoid the defeat in the semi-final** 준결승에서 패배를 간신히 피하다
• **be anxious to avoid any further misunderstanding** 어떠한 추가적인 오해를 피하기를 열망하다

실전 예문

It is sometimes impossible to avoid conflict altogether.
갈등을 완전히 피하는 것은 종종 불가능하다.

avoid는 일반적인 의미의 '피하다'이다. '눈이나 시선을 돌려 피하거나 외면하다' 및 '무엇인가를 미연에 방지하다'를 표현하고자 할 때는 avert를 사용한다.

Most managements are keen to <u>avoid</u> strikes.
대부분의 경영진들이 파업은 꼭 피하고 싶어 한다.

I have to <u>avert</u> my eyes every time they appear on a screen.
나는 그들이 스크린에 나타날 때마다 눈을 돌려야 했다

WORD 08

devoid 형 전혀 없는, ~이 결여된

단어 어원 de(분리) + void(비우다)

devoid는 '안에 있는 것이 모두 분리되어 텅 비어 있는'이라는 어원적 의미에서 '전혀 없는, ~이 결여된'이라는 뜻으로 굳어졌다. devoid of와 같이 전치사 of와 함께 사용한다.

응용 표현

• **devoid of common sense** 일반 상식이 결여된
• **devoid of all comforts** 편의시설이 전혀 없는
• **be devoid of vitality** 생기가 없는

실전 예문

The letter was devoid of warmth and feeling.
그 편지에는 따뜻함과 감정이 전혀 들어 있지 않았다.

WORD 09 **vague** 형 흐릿한, 모호한

단어 어원 **vag**(비우다) **+ ue**[형접]

vague는 원래 전쟁으로 텅 빈 들판을 묘사해서 '막연한'이라는 뜻을 가졌지만, 최근에는 '(기억 등이) 흐릿한, 애매모호한'이라는 뜻으로 많이 사용한다. '형체나 기억이 희미한'을 나타낼 때는 vague를 사용하고, '빛, 소리, 냄새가 희미한'을 나타낼 때는 faint를 사용한다.

핵심 연관 단어

vaguely 부 흐릿하게, 모호하게

응용 표현

- **have a vague impression on** 흐릿한 인상을 가지고 있다
- **vague manner** 모호한 태도
- **the vague outline of the church** 교회의 흐릿한 윤곽
- **vaguely remember** 희미하게 기억하다

실전 예문

The statement was **vague** in its wording.
그 성명서는 표현이 애매모호했다.

흐릿한 vague, cloudy, blurry

vague는 '기억 등이 희미한'이라는 뜻이다. 한편 cloudy는 '날씨가 흐린'이라는 뜻이다. 그리고 '형체가 흐릿한'은 blurry를 사용한다.

He had only **vague** notion of what might happen.
그는 무슨 일이 있을 것인지에 대해 막연한 생각만 갖고 있었다.

It's gloomy, **cloudy** day outside.
밖은 어두침침하고 흐리다.

Your vision will be **blurry** for about a day after the procedure.
당신의 시력은 수술(절차) 후 약 하루 동안 흐릿해질 것이다.

WORD 10

evacuate 통 대피시키다

단어 어원 e(밖으로) + vac(비우다) + uate[동접]

evacuate는 '사람들을 내보내고 장소나 건물을 비우다'라는 어원적 의미에서 '(위험 지역에서) 대피시키다'라는 뜻으로 굳어졌다. 피난과 관련된 몇 가지 단어를 같이 외우자.

✏ 핵심 연관 단어

evacuation 명 대피   **shelter** 명 피난처, 보호소   **refugee** 명 난민

🗣 응용 표현

- **be urged to evacuate the offices immediately** 즉시 사무실에서 나가라고 재촉받다
- **evacuate all civilians** 모든 시민들을 대피시키다
- **help evacuate refugees** 난민이 대피하는 데 도움을 주다
- **need food, clothing and shelter** 의식주가 필요하다
- **a steady flow of refugees** 끊임없이 밀려오는 난민들

🔍 실전 예문

In case of fire, use the stairs to **evacuate**.
화재 시 층계를 이용해서 대피하세요.

WORD 11

complete 통 완성시키다, 작성하다 / 형 완전한

단어 어원 com(완전히) + ple(채우다) + te[동접]

complete는 '완전히 다 채워져 있다'라는 어원적 의미에서 '(필요한 모든 것이 갖춰진) 완전한'이라는 뜻으로 굳어졌다. 동사로 사용할 경우 '완성시키다'라는 뜻도 있지만, '(신청서나 양식을) 작성하다'라는 뜻도 있다.

✏ 핵심 연관 단어

completion 명 완성   **completely** 부 완전히

🗣 응용 표현

- **almost complete the work** 그 일을 거의 완성하다
- **complete the questionnaire** 설문조사지를 작성하다
- **come complete with tools and instructions for assembly** 조립용 도구와 안내서까지 포함되어 있다
- **a complete stranger** 전혀 모르는 사람
- **complete a form** 서식을 작성하다
- **bring Sth to completion** ~을 완성시키다

🔍 실전 예문

A very **complete** index provides easy reference to topics in the book.
매우 완벽한 색인은 책에 있는 토픽에 대한 쉬운 참고를 제공한다.

complete는 '모든 부분을 갖춘'이라는 뜻이 강하며, '객관적으로 봤을 때 있어야 할 것들이 다 있는'이라는 뜻이다. 반면, absolute는 '절대적인, 제한 없는, 완전한'이라는 뜻으로 주관적인 판단이 많이 들어가 있을 때 사용하는 단어이다.

I read the <u>complete</u> work of Dante.
나는 단테의 전집을 다 읽었다.

He said the <u>absolute</u> truth.
그는 절대적인 진실을 말했다.

WORD 12

complement 图 보완하다

단어 어원 com(함께) + ple(채우다) + ment[명접]

complement는 '부분을 함께 채워 주다'라는 어원적 의미에서 → '보완하다'라는 뜻으로 굳어졌다. 형용사형인 complementary는 be complementary to와 같이 사용한다.

✎ 핵심 연관 단어

complementary 형 보완적인
complementarily 부 보완적으로

◌ 응용 표현

- **complement each other perfectly** 서로 완벽히 보완되다
- **be complementary to** 보완적이다
- **complementary color** 보색

◌ 실전 예문

The excellent menu is complemented by a good wine list.
이 뛰어난 메뉴는 훌륭한 와인 목록으로 보완된다.

replenish 图 다시 채우다, 보충하다

단어 어원 re(다시) + ple(채우다) + nish[동접]

plenish는 '채우다, 저장하다'라는 뜻이다. 여기에 '다시'를 의미하는 re가 붙었으니 replenish는 '다시 채우다, 보충하다'라는 뜻이다. 구체적으로는 '보급품이나 용품 등을 다시 채우다'라는 뜻이다.

유의어 refill 图 (액체를) 다시 채우다

✐ 핵심 연관 단어

plenish 图 채우다   replenishment 图 보충, 보급

응용 표현

- **replenish food and water supplies** 식품과 식수 비축 물자를 보충하다
- **replenish fuel** 연료를 보충하다
- **replenish with lots of fluids** 수분 섭취를 많이 하다
- **replenishment quantity** 보급 용량
- **refill her glass** 잔을 다시 채우다

◎ 실전 예문

The new worker is in charge of **replenishing** food and water supplies.
그 신입 사원은 식품과 식수 비축 물자를 보충하는 것을 담당하고 있다.

accomplish 图 이루다, 달성하다, 완성하다

단어 어원 ac(이동) + com(완전히) + pli(채우다) + sh[동접]

accomplish는 어원적 의미에서 '자신이 원하는 곳으로 움직여서 목표를 완전히 채우다' → '이루다, 달성하다, 성취하다'라는 뜻으로 굳어졌다. accomplish one's mission은 '자신의 소임을 다하다'이다.

✐ 핵심 연관 단어

accomplishment 图 업적, 공적   accomplished 图 기량이 뛰어난, 재주가 많은

응용 표현

- **accomplish a great achievement** 엄청난 업적을 이루다
- **a major accomplishment** 주요 업적
- **be successfully accomplished** 성공적으로 달성되었다
- **an accomplished artist** 기량이 뛰어난 화가

◎ 실전 예문

The first part of the plan has been safely **accomplished**.
계획의 첫 부분은 안전하게 달성되었다.

달성하다 accomplish, achieve

accomplish와 achieve가 혼동되는데, accomplish는 '하나하나의 미션을 달성하다'라는 뜻이다. 한편 achieve는 '여러 가지 미션을 달성해서 최고 목표까지 오르다, 성공하다'라는 뜻이다.

In order to **accomplish** this task, we need people with a proven track record.
이 일을 달성하기 위해서는 능력이 검증된 인재가 필요하다.

Many people **achieve** self-realization through their work.
많은 사람들이 일을 통해서 자아 실현을 한다.

WORD 15

compliment 图 칭찬하다, 찬사하다 / 명 칭찬

단어 어원 com(함께) + pli(채우다) + ment[명접/동접]

compliment는 어원적 의미에서 '한 사람이 달성한 업적을 함께 모여서 채우다' → '칭찬하다, 찬사하다'라는 뜻으로 굳어졌다. complement와 혼동하지 않도록 조심해야 한다.

유사 형태어 complement = com(함께) + ple(채우다) + ment[동접] 图 보완하다

✎ 핵심 연관 단어

complimentary 형 무료의, 칭찬하는

📢 응용 표현

- **pay Sby a compliment** ~에게 칭찬하다
- **take that a compliment** 칭찬으로 받다
- **complimentary ticket for the show** 그 쇼의 무료 티켓

🔍 실전 예문

It's a great **compliment** to be asked to do the job.
그 일을 해 달라는 요청을 받는 것은 대단한 찬사이다.

WORD
16

complicate 통복잡하게 만들다

단어 어원 com(함께) + pli(접다) + cate[동접]

complicate는 '하나의 공간에 여러 개를 접다'라는 어원적 의미에서 '복잡하게 만들다'라는 뜻으로 굳어졌다. 형용사인 complicated는 다소 부정적 상황과 같이 쓰인다.

✎ 핵심 연관 단어

complication 명 문제, 합병증
complicated 형 복잡한

📢 응용 표현

- **complicate the situation** 상황을 복잡하게 만들다
- **develop complications** 합병증이 생기다
- **a complicated system** 복잡한 시스템

🔍 실전 예문

I don't want to **complicate** the task more than is necessary.
필요 이상으로 그 업무를 복잡하게 만들고 싶지 않다.

단어들의 알쏭달쏭 차이 복잡한, 정교한 complicated, sophisticated, intricate

complicated는 '너무 복잡한'이라는 부정적인 뜻이 강하다. sophisticated는 '(기계 장치가) 정교한' 또는 '(취향 등이) 세련된'이라는 긍정적인 뜻이 강하다. intricate는 '구성 요소가 너무 많아서 이해하거나 실행하기 어려운'이라는 뜻이다.

His explanation sounds very **complicated**.
그의 설명은 아주 복잡하게 들린다.

Everyone considers her a **sophisticated** woman.
모두가 그녀를 세련된 여성으로 생각한다.

The mystery novel has an **intricate** plot.
이 미스터리 소설은 구성이 복잡하다.

implement 통 실행하다, 시행하다 / 명 도구

단어 어원 im(안으로) + ple(채우다) + ment[동접]

implement는 '안으로 채워 넣다'라는 어원적 의미에서 명사로는 '도구'라는 뜻으로, 동사로는 '(변화, 결정, 방침 등을) 실행하다, 시행하다'라는 뜻으로 굳어졌다.

✐ 핵심 연관 단어

implementation 명 실행

📢 응용 표현

- **implement new policies** 새로운 방침을 시행하다
- **agricultural implements** 농기구
- **be successfully implemented** 성공적으로 시행되었다
- **the implementation of the new system** 새로운 시스템의 시행

🔍 실전 예문

The proposed changes were never actually **implemented**.
그 제안된 변화는 사실상 시행되지 않았다.

?? 단어들의 알쏭달쏭 차이 ▶ 실행하다 implement, conduct, fulfill

implement는 '계획, 결정, 방침 등을 실행하다'라는 뜻, conduct는 '조사나 검사 등 특정 활동을 실행하다'라는 뜻이다. 그리고 fulfill은 '의무, 약속, 직무를 이행하다, 수행하다'라는 뜻이다.

The fund will cover the cost of **implementing** the new school policies.
그 기금은 새 학교 정책을 실행하는 데 드는 비용을 충당할 것이다.

The first step is to **conduct** a survey with as many as participants as possible.
첫 번째 단계는 최대한 많은 참가자들과 함께 설문조사를 실시하는 것이다.

The new employee knew the position would be difficult to **fulfill**.
그 신입사원은 그 직책이 수행하기 어려운 자리란 것을 알았다.

plenary 형 전원 출석의

단어 어원 ple(채우다) + nary[형접]

plenary는 어원적 의미에서 '구성 멤버가 다 채워지는' → '전원 출석의'라는 뜻으로 굳어졌다. '총회'는 a plenary meeting 혹은 general meeting이라고 한다.

- **plenary session** 총회
- **general meeting** 총회

🔍 **실전 예문**

The new committee holds its first **plenary** session this week.
새 위원회는 이번 주에 첫 총회를 개최한다.

The committee has six scheduled **plenary** meetings a year.
그 위원회는 연간 6회의 총회를 열 예정이다.

WORD 19

supplement 명 부록, 보충(물), 영양제 / 통 보충하다

단어 어원 sup(아래에) + ple(채우다) + ment[명접/동접]

supplement는 '아래에서 채우다'라는 어원적 의미에서 '부족한 것을 공급하다' → '보충하다'라는 뜻으로 굳어졌다. '책에서 부족한 부분을 보충해 주는 것' → '부록'이라는 뜻도 된다. 이 외에도 '(추가로 섭취하는) 보충물, 영양제'라는 뜻도 있다.

📢 **응용 표현**

- **a vitamin supplement** 비타민 보충제
- **dietary supplements** 식품 보충제
- **supplement his meager income** 그의 부족한 수입을 보충하다
- **supplementary information** 보충 정보
- **supplementary lessons** 보충 수업

🔍 **실전 예문**

He takes a vitamin **supplement** every morning.
그는 비타민 보충제를 매일 아침 먹는다.

?? 단어들의 알쏭달쏭 차이 | 보충하다, 보완하다 supplement, complement

supplement는 '무엇인가에 추가로 부가하여서 보충하다'라는 뜻이 강하다. 한편 complement는 '어떤 완전한 양이 있고 부족한 양만 보충, 보완하다'라는 뜻이 강하다.

The guides sometimes receive gratuities from the tourists which **supplement** their salaries.
가이드는 가끔 관광객들로부터 월급을 보충해 주는 팁을 받는다.

Two statement from different points of view may **complement** each other.
서로 다른 관점에서 본 두 진술은 서로 보완될 수 있다.

ceive / vert
잡다   바꾸다

ad + vert + ise
advertise

어근 ceive는 '잡다'라는 뜻을 가지고 있다. cept나 ceive로 변형되어 사용되기도 한다. 배구 경기에서 자신의 진영으로 넘어온 공을 다시(re) + 잡는(ceive) 행동이 리시브(receive)이다.

어근 vert는 '바꾸다, 변하다'라는 뜻을 가지고 있다. convert는 con(완전히) + vert(바꾸다)에서 '전환시키다'라는 뜻이 되었다. convertible은 '전환할 수 있는'이라는 의미의 형용사이지만 명사로 컨버터블(지붕을 접었다 폈다 또는 떼었다 붙였다 할 수 있는 승용차)을 말한다.

contracept 통 피임하다

단어 어원 contra(반대) + cept(잡다)

contracept는 '잡지 못하게 하다'라는 어원적 의미에서 '난자가 정자를 잡지 못하게 하다', 즉 '피임하다'라는 의미로 굳어진 표현이다.

✍ 핵심 연관 단어

contraception 명 피임, 피임법
contraceptive 형 피임의

📣 응용 표현

- **contraceptive pill** 피임약
- **contraceptive operation** 불임수술

🔍 실전 예문

Some Catholics feel there's nothing wrong with contracepting.
일부 카톨릭교도들은 피임에 대해 부정적으로 생각하지 않는다.

intercept 통 가로막다, 저지하다, 도청하다

단어 어원 inter(중간, 사이) + cept(잡다)

접두사 inter는 '중간, 사이'라는 뜻을 가지고 있다. intercept는 '무엇인가를 중간에서 잡다'라는 어원적 의미에서 '가로막다, 저지하다, 도청하다'라는 뜻으로 굳어졌다. 명사형인 interception은 축구나 농구를 할 때 공을 중간에 차단해서 빼앗는 것을 뜻한다.

✍ 핵심 연관 단어

intersect 동 가로지르다, 교차하다
intersection 명 교차로

📣 응용 표현

- **intercept a messenger** 전령을 도중에 붙잡다
- **intercept protesters** 시위자들을 가로막다
- **at the intersection of the street** 길의 교차로에서

🔍 실전 예문

Security forces tried to intercept the protestors.
보안대는 시위자들을 가로막으려고 했다.

WORD 03 · concept 명 개념, 생각

단어 어원 con(함께) + cept(잡다)

접두사 con은 com이 변형된 것으로 '함께'라는 뜻이 있다. concept은 어원적 의미에서 '마음속에 확실히 함께 자리 잡다' → '개념, 생각'이라는 뜻으로 굳어졌다. 또 다른 명사형인 conception과 짝을 이뤄 외우자.

✏️ 핵심 연관 단어

concord 명 일치, 화합
conception 명 생각, 구상, 신념
conceptual 형 개념의, 구상의
misconception 명 오해

📣 응용 표현

- **have a clear concept of** ~의 명확한 개념을 가지다
- **be difficult to grasp abstract concept** 추상적인 개념을 이해하기 어렵다
- **a slippery concept** 다루기 힘든 개념
- **live in concord with** ~와 화합해서 살다

🔍 실전 예문

The **concept** of the book is very simple.
그 책의 개념은 상당히 단순하다.

WORD 04 · recipe 명 요리법, 비법, 비결

단어 어원 re(계속) + cip(잡다) + e[명접]

recipe는 '시험이나 실험을 계속해서 잡은 최적의 결과'라는 어원적 의미에서, 어떤 요리를 만드는 비법, 즉 요리법이라는 의미가 파생되었다.

📣 응용 표현

- **low-fat recipes** 저지방 요리법
- **the perfect recipe for** ~을 위한 완벽한 비법
- **a recipe for success** 성공의 비법

🔍 실전 예문

This **recipe** will be enough for three servings.
이 조리법은 3인분으로 충분할 것이다.

recipient 명 수령자, 수상자

단어 어원 re(강조) + cip(잡다) + ient[명접]

recipient는 receive라는 동사의 사람 명사형이다. 어원적 의미에서 '도착한 물건을 잡는 사람' → '수령자'라는 뜻으로, '상을 잡는 사람' → '수상자'라는 뜻으로 굳어졌다.

주의 단어 nominees = nomi(이름) + nees(불리는 사람) 명 후보자

✎ 핵심 연관 단어

nominate 동 후보로 지명하다   **nominee** 명 후보

📢 응용 표현

• **receive a letter** 편지를 수령하다   • **the nominees for Best Director** 최고 감독상의 후보자들
• **intended recipients** 지정된 수취인
• **be nominated for the presidency** 의장 자리에 후보로 지명되다

🔍 실전 예문

He was the **recipient** of a distinguished service award.
그는 우수 서비스상의 수상자였다.

discipline 명 학과, 규율, 징계, 훈육 / 동 징계하다

단어 어원 dis(분리) + cip(잡다) + line[명접]

discipline은 어원적 의미에서 '각각의 적성과 능력별로 학생들을 분리해서 잡는 것' → '학과'라는 뜻으로 굳어졌다. 각 학과에서 정한 규율을 어기면 분리해서 징계하기 때문에 '징계, 규율, 훈육'이라는 뜻도 파생되었다.

📢 응용 표현

• **a high standard of discipline** 높은 훈육 수준
• **strict military discipline** 엄격한 군기
• **be disciplined for using racist language** 인종차별적인 발언으로 징계받다
• **discipline in the classroom** 교실 내의 규율
• **strict discipline is imposed on** ~에 엄격한 규율이 부과되다

🔍 실전 예문

The school has a reputation for high standards of **discipline**.
그 학교는 규율의 수준이 높다는 평판이 있다.

principal 형 주요한, 첫째의 / 명 학장, 총장, 원금

단어 어원 prin(첫째의) + cip(잡다) + al[형접]

접두사 prin은 '첫째의'라는 뜻을 가지고 있다. prime은 '제일의, 으뜸의', primary는 '일차적인, 중요한'
이라는 뜻이다.
principal은 어원적 의미에서 '조직에서 첫 번째 자리를 잡은 사람' → '주요한, 첫째의'라는 뜻으로 굳어
졌다. 명사로 사용하면 '학장, 총장' 및 '(꾸어 주거나 투자한) 원금'이라는 뜻을 가진다.

유사 형태어 principle = prin(첫째의) + cip(잡다) + al[명접] 명 원칙, 원리

🖉 핵심 연관 단어

principally 부 주요하게

📢 응용 표현

- **the prime minister** 수상
- **primary teachers** 초등학교 교사들
- **the principal reason for** ~의 주된 이유
- **the principal of the college** 그 대학의 학장
- **has high moral principles** 높은 도덕적 원칙을 가지고 있다

🔍 실전 예문

The **principal** reason for this omission is lack of time.
이것을 생략하는 주된 이유는 시간 부족이다.

principle 명 원칙, 원리

단어 어원 prin(첫째의) + cip(잡다) + le[명접]

principle은 '(개인의 도덕, 신념과 관련된) 원칙' 및 '(법, 규정 등의 기본이 되는) 원리'를 뜻한다. in principle
은 '원칙적으로'라는 뜻이다.

유사 형태어 principal = prin(첫째의) + cip(잡다) + al[형접] 형 주요한, 첫째의 / 명 학장, 총장, 원금

📢 응용 표현

- **the principle and practice of** ~의 원칙과 실제
- **in principle** 원칙적으로

🔍 실전 예문

He is interested in actual human relationships rather than abstract **principles**.
그는 추상적인 원리보다는 실제적인 인간 관계에 관심이 있다.

anticipate 图 예측하다, 예상하다, 기대하다, 고대하다

단어어원 anti(이전에) + cip(잡다) + ate[동접]

접두사 anti는 '이전에'라는 뜻과 '반대되는'이라는 뜻을 가지고 있다. anticipate는 '어떤 일이 발생하기 전에 미리 잡다'라는 어원적 의미에서 '(결과를) 예측하다, 예상하다' 및 '기대하다, 고대하다'라는 뜻으로 굳어졌다. eagerly anticipate는 '학수고대하다'라는 뜻이다.

✏ 핵심 연관 단어

antipathy 명 반감, 혐오   **anticipation** 명 예측, 예상, 기대, 고대   **anticipated** 형 예상된

📢 응용 표현

- **It is anticipated that 주어 + 동사** ~가 예상된다
- **anticipated arrival time** 예상 도착시간
- **the most eagerly anticipated event** 가장 열렬하게 기대되는 행사
- **have a mutual antipathy to each other** 서로 간에 반감을 가지다

🔍 실전 예문

The sales figures this quarter far higher than originally **anticipated**.
이번 분기의 매출액은 원래 예상했던 것보다는 훨씬 높았다.

participate 图 참여하다

단어어원 part(부분) + i + cip(잡다) + ate[동접]

participate는 어원적 의미에서 '모임이나 행사의 한 부분으로 잡고 있다' → '참여하다'라는 뜻으로 굳어졌다. participate actively in은 '~에 적극적으로 참여하다'라는 뜻이다.

✏ 핵심 연관 단어

participation 명 참석, 참여   **participant** 명 참석자, 참가자   **participating** 형 참석하는

📢 응용 표현

- **voluntarily participate in the study** 조사에 자발적으로 참여하다
- **participate enthusiastically in** ~에 열정적으로 참여하다
- **an active participant in** ~의 활발한 참가자
- **be available at all participating stores** 참여하는 모든 매장에서 이용 가능한

🔍 실전 예문

The vocational school teaches students how to **participate** effectively in our society.
그 직업 학교는 학생들에게 우리 사회에 어떻게 효과적으로 참여하는지를 가르친다.

참여하다, 참석하다 participate, attend, present

participate는 자동사로, 항상 'participate in'과 같이 전치사 in을 수반한다. 반면 attend는 타동사로, 뒤에 전치사 없이 바로 목적어를 수반한다. 그리고 present는 형용사로, 'be present at'과 같이 사용한다. '참여하다, 참석하다'라는 뜻을 가진 표현으로 take part in도 많이 사용한다.

The Ministry recently said athletes must <u>participate</u> in all their classes.
교과부는 최근에 선수들이 모든 수업에 참여해야 한다고 말했다.

There are no compulsions on students to <u>attend</u> classes.
학생들에게 수업 참석을 강요하지 않는다.

There were a number of people who were <u>present</u> at the meeting.
그 모임에 많은 사람들이 참석하였다.

WORD 11

conceive 통 (생각을) 품다, 생각하다, 임신하다

단어 어원 con(완전히) + ceive(잡다)

conceive는 '완전히 잡다'라는 어원적 의미에서 '(어떤 생각, 계획 등을) 마음속으로 생각하다, 품다'라는 뜻으로 굳어졌다. 어원적 의미에서 '아이를 한 몸에 가지다' → '임신하다'라는 뜻으로도 사용된다. the plan was brilliantly conceived는 '그 계획은 훌륭하게 구상되었다'라는 뜻이다.

✎ 핵심 연관 단어

conception 명 생각, 구상, 신념   **concept** 명 개념, 생각   **conceptual** 형 개념의, 구상의

📢 응용 표현

- **conceive the idea of** ~라는 생각을 품다
- **the concept of social class** 사회 계층이라는 개념
- **be unable to conceive** 임신할 수 없다
- **be still in its conceptual stage** 아직 구상 단계에 있는
- **have a clear conception of the problem** 문제에 대한 명확한 생각(이해)

🔍 실전 예문

I cannot conceive what it must be like.
그게 어떤 모습이어야 하는지 상상이 안 간다.

상상하다 conceive, contrive

conceive는 '생각, 계획 등을 마음 속에 품다, 생각하다, 상상하다'라는 뜻이다. 한편 contrive는 생각만 하는 것이 아니라 '(계획 등을) 고안하다, 성사시키다, 용케 어떻게든 ~하다'라는 뜻이다.

It is impossible to <u>conceive</u> of the size of the universe.
우주의 크기를 상상하는 것은 불가능하다.

We must <u>contrive</u> a way to deal with the problem.
우리는 어떻게 해서든지 그 문제를 처리할 방법을 찾아야 한다.

WORD 12

deceive 동 속이다, 기만하다

단어 어원 de(아래로) + ceive(잡다)

deceive는 어원적 의미에서 '무엇인가를 내가 안 보이게 아래로 받다' → '속이다, 기만하다'라는 뜻으로 굳어졌다. deceive Sby into Ving는 '~를 속여 ~을 하게 만들다'이다.

핵심 연관 단어

deceit 명 속임수, 사기 **deceivable** 형 속일 수 있는 **deceitful** 형 기만적인

응용 표현

• **deceive oneself** 자신을 속이다
• **unless my eye deceives me** 내 눈이 잘못된 것이 아니라면
• **a deceitful person** 기만하는 사람

실전 예문

The public should be careful not to be **deceived** into buying inferior goods at higher prices.
대중들은 속아서 질이 떨어지는 제품을 높은 가격에 구매하지 않도록 조심해야 한다.

단어들의 알쏭달쏭 차이 │ 속이다 deceive, cheat, trick

deceive는 '진실을 숨기거나 왜곡하여 의도적으로 상대방을 속이다'라는 뜻이다. 한편 cheat는 '자기의 이익을 위해 부정한 수단으로 상대방을 속이다'라는 뜻이다. 그리고 trick은 '어떤 속임수나 계략을 써서 속이다'라는 뜻이다.

The boy attempted to **deceive** his father by telling a lie.
소년은 거짓말을 함으로써 아버지를 속이려고 했다.

He thought of many ways to **cheat** his friends.
그는 친구들을 속일 많은 방법을 생각해 냈다.

He managed to **trick** his way past the security guards.
그는 용케 속임수를 써서 경비원들을 지나갔다.

conceit 명 자만심

단어 어원 con(함께) + ceit(잡은)

conceit는 어원적 의미에서 '자신이 잘났다고 마음속에 잡다' 또는 '완전히 잡았다고 생각하는 마음' → '자만심'이라는 뜻으로 굳어졌다. 자신이 다른 사람보다 우월하다는 상상과 평가로 인해 생긴 자만심을 표현할 때 사용한다.
한번 잡았던 마음을 쉽게 놓아 주겠는가? 자만심은 항상 놓기가 힘들다.

✏️ 핵심 연관 단어

conceited 형 자만하는   **conceitedly** 부 우쭐대며

📢 응용 표현

- **be full of conceit** 자만심으로 가득 찬
- **a very-conceited man** 자만심이 아주 많은 사람
- **It is very conceited of you to assume that** 주어 + 동사 ~라고 생각한다면 자만심이 가득한 것이다
- **act conceited** 잘난 척하다

🔍 실전 예문

They thought she was full of **conceit**.
그들은 그녀가 자만심에 빠졌다고 생각했다.

perceive 통 인지하다, 인식하다

단어 어원 per(완전히) + ceive(잡다)

perceive는 '무엇인가를 확실히 잡다'라는 어원적 의미에서 '인식하다, 인지하다'라는 뜻으로 굳어졌다. perceive Sth 또는 perceive that 주어 + 동사의 형태로 사용하면 '~을 알아차리다, 눈치채다'라는 뜻이 된다.

✏️ 핵심 연관 단어

perception 명 인지, 인식, 지각   **perceptive** 형 통찰력 있는

📢 응용 표현

- **perceive a change in** ~에서 변화를 인지하다   • **the perception of reality** 현실에 대한 인식
- **be perceived as a major breakthrough** ~가 주요한 돌파구로 여겨지다
- **be perceived differently** 다르게 인식되다
- **the public perception of the police** 경찰에 대한 대중의 인식

🔍 실전 예문

The new medicine has been **perceived** as a major breakthrough in the academic world.
그 신약은 학계에서 주요 돌파구로 여겨져 왔다.

품다 conceive, perceive

conceive와 perceive는 둘 다 '들이다, 품다'라는 뜻을 가지고 있다. conceive는 '배아(자궁에) 또는 생각(머리에)을 들이는 것'이다. 한편 perceive는 '느낌을 들이는 것'이다. 그래서 '감각을 통해 인지하다, 인식하다 또는 감지하다'라는 뜻으로 사용한다.

I cannot <u>conceive</u> that the man would wish to harm us.
나는 그 남자가 우리를 해치고 싶어한다는 것을 상상도 할 수 없다.

The brain is the first among the human organs to <u>perceive</u> external stimuli.
뇌는 신체 기관 중에서 외부 자극을 가장 먼저 인지한다.

인지하다, 인식하다 perceive, recognize

perceive는 '감각적으로 느끼다, 인지하다'라는 뜻이다. 한편 recognize는 '(무엇인가의 정체를) 알아보다, 인식하다'라는 뜻이다.

Smells also play an important role in how we <u>perceive</u> people.
냄새 또한 우리가 사람들을 인지하는 데 중요한 역할을 한다.
We could <u>recognize</u> him as soon as he came in the room.
우리는 그가 방에 들어오자마자 알아볼 수 있었다.

WORD 15

receive 통 받다, 수령하다

단어 어원 re(다시) + ceive(잡다)

receive는 '누군가의 것을 다시 잡다'라는 어원적 의미에서 '받다, 수령하다'라는 뜻으로 굳어졌다. 명사형인 receipt는 불가산 명사로 사용하면 '수령'이지만, 가산 명사로 사용하면 '영수증'이라는 뜻이다.

✐ 핵심 연관 단어

reception 명 접수처   **recipient** 명 수령자, 수상자   **receiver** 명 수화기

📢 응용 표현

- **receive a warm welcome** 따뜻한 환영을 받다
- **retain the receipts of** ~의 영수증을 보관하다
- **be well received by the critics** 비평가들로부터 좋은 평을 받다
- **acknowledge receipt of Sth** ~의 수령을 알리다
- **the recipients of the awards** 상의 수상자들

🔍 실전 예문

The new theatrical performance was well received by the critics.
그 새로운 연극은 비평가들로부터 좋은 평을 받았다.

receive는 '누가 주는 것을 받다, 수령하다'라는 수동적인 어감의 단어이다. 반면, obtain은 '노력을 기울여서 힘들게 얻다'라는 능동적 어감의 단어이다. 그리고 acquire는 '노력으로 비싸거나 얻기 힘든 것을 획득하다'라는 뜻이다.

You will receive a bill for the full amount.
당신은 요금 전액에 대한 청구서를 받게 될 것이다.

They tried hard to obtain the floating votes.
그들은 부동표를 얻기 위해서 노력했다.

Small businesses deserve subsidies until they acquire a sufficient competitive edge.
소규모 기업들은 그들이 충분한 경쟁적 우위를 확보할 때까지 보조금을 받을 만한다.

WORD 16

accept 图 받아들이다, 수락하다

단어 어원 ac(~쪽으로) + cept(잡다)

접두사 ac는 ad가 변형된 것으로 '~쪽으로'라는 뜻을 가지고 있다. accept는 '내 쪽으로 잡다'라는 어원적 의미에서 '(기꺼이) 받아들이다, 수락하다'라는 뜻으로 굳어졌다.

유사 형태어 accede = ac(~쪽으로) + cede(가다) 图 동의하다, 취임하다
access = ac(~쪽으로) + cess(가다) 圐 접근, 출입, 이용 / 图 접근하다

✐ 핵심 연관 단어

acceptance 圐 수락
acceptable 圀 수용 가능한
accepted 圀 일반적으로 인정된

응용 표현

• accept a decision 결정을 받아들이다
• accept the full responsibility for ~에 대한 모든 책임을 받아들이다
• graciously accept my apology 저의 사과를 관대하게 받아 주세요
• accept your kind invitation 당신의 친절한 초대를 받아들이다
• reach an agreement acceptable to all sides 모든 편이 받아들일 수 있는 합의에 이르다

◎ 실전 예문

It may take years to be completely accepted by the local community.
지역 사회에 완전히 받아들여지는 데 수년이 걸릴 수도 있다.

accept과 admit이 헷갈릴 수 있는데, accept는 '(무엇인가를 기꺼이) 받아들이다, 수락하다'라는 뜻이다. 한편 admit은 '(무엇인가가 사실임을) 인정하다'라는 뜻이며, 뒤에 목적어로 사람이 수반되면 '들어가게 하다, 입장을 허락하다'라는 뜻이 된다.

Please accept my apologies.
저의 사과를 받아 주세요.

I admit that I was stupid.
내가 바보 같았음을 인정합니다.

Each ticket admits one adults.
표 한 장으로 어른 한 명이 입장할 수 있다.

WORD 17

except 전 ~을 제외한

단어 어원 ex(밖으로) + cept(잡다)

except는 어원적 의미에서 '무엇인가를 특정해서 그것만 밖으로 잡아 내다' → '~을 제외한'이라는 뜻으로 굳어졌다. except는 앞에 전체를 의미하는 명사가 나오고 그 뒤에서 나와 앞의 명사를 수식한다. all/every/any/no N except A(A만 제외한 전체/모든/어떠한/아무도 ~이다) 식으로 사용하면 된다.

핵심 연관 단어

exception 명 예외
exceptional 형 예외적인, 뛰어난, 걸출한
exceptionally 부 유난히, 특별히

응용 표현

- **every day except Sunday** 일요일을 제외한 모든 날
- **except that 주어 + 동사** ~라는 사실을 제외하면
- **honor exceptional job performance** 뛰어난 업무 성과를 치하하다
- **exceptionally hot summer** 유난히 더운 여름

실전 예문

They work every day except Sunday.
그들은 일요일을 제외하고 매일 일한다.

advertise 통 광고하다

단어 어원 ad(~쪽으로) + vert(바꾸다) + ise[동접]

advertise는 어원적 의미에서 '사람들의 관심을 내가 원하는 쪽으로 돌려서 바꾸다' → '광고하다'라는 뜻으로 굳어졌다.

🖉 핵심 연관 단어

advertisement 명 광고
advertiser 명 광고주

📢 응용 표현

- **try advertise on the local paper** 지역 신문에 광고를 내 보다
- **advertise a product** 제품을 광고하다
- **classified advertisement** 항목별 광고
- **put an advertisement on the Internet** 인터넷에 광고를 내다

🔍 실전 예문

They **advertise** the products on the Internet.
그들은 제품을 인터넷에 광고한다.

광고 advertisement, commercial

advertisement는 '뉴스, 텔레비전, 지면 등 미디어를 통한 광고, 광고물, 광고 행위'를 뜻한다. 한편 commercial은 '방송을 통해 이루어지는 광고'만을 뜻한다.

The job **advertisement** stipulates that the applicant must have three years' experience.
그 구인광고에서는 지원자가 반드시 3년의 경력이 있어야 한다고 명시하고 있다.

Their advice is to run the **commercial** on the weekends when most people are off work.
그들의 충고는 대부분 사람들이 일을 안 하는 주말에 광고를 내라는 것이다.

avert 동 (얼굴, 시선)을 돌리다, 피하다, 방지하다

단어 어원 a(다른 데로) + vert(돌리다)

avert는 '얼굴이나 시선을 다른 데로 돌리다'라는 어원적 의미에서 '돌리다, 피하다, 방지하다'라는 뜻으로 굳어졌다.

✏️ 핵심 연관 단어

aversion 명 혐오감

averse 형 싫어하는

📢 응용 표현

- **avert one's eye** 시선을 돌리다
- **avert a disaster** 재난을 피하다
- **manage to avert the closure of the factory** 공장의 폐쇄를 간신히 피하다
- **quickly averted the gaze** 시선을 빠르게 피했다
- **be averse to the idea** 그 아이디어를 싫어하는

🔍 실전 예문

I mentioned it to Kim and he wasn't **averse** to the idea.
내가 Kim에게 그 생각을 말해 봤는데, 그도 싫어하지 않았다.

피하다, 방지하다 avert, prevent

avert는 '참혹할 수도 있는 일의 발생을 방지하기 위해 적시에 효과적인 대응책을 채택하는 것'을 뜻한다. prevent는 사람을 행위자로 쓰는 경우, '사건의 방해 또는 저지를 위한 예방조치나 억제하고자 하는 조치를 취하는 것'을 뜻한다.

The driver tried to **avert** the accident by bringing the car to a sudden halt.
운전자는 차를 급정거하여 그 사고를 피하려고 했다.

There is nothing to **prevent** us from going there.
우리가 거기에 가는 것을 막는 것은 아무것도 없다.

WORD 20

converse 형 정반대의, 역의 / 명 반대 / 동 대화를 나누다

단어 어원 con(완전히) + verse(바꾸다)

converse는 '완전히 바꾸다'라는 어원적 의미에서 '정반대의, 역의'라는 뜻으로 굳어졌다. 동사로 사용하면 자동사로, converse with의 형태로 사용한다. 이때는 '이야기를 돌려 주는 것'이므로 '대화를 나누다'라는 뜻이 된다. 그 명사형이 conversation이다.

✎ 핵심 연관 단어

conversation 명 대화
conversely 부 정반대로

📢 응용 표현

- **the converse effect** 역효과
- **To converse with him is a privilege** 그와 대화를 나누는 것은 특전이다
- **the converse is equally true** 그 반대도 사실이기는 마찬가지다

🔍 실전 예문

Building new roads increase traffic and the **converse** is equally true.
도로 신설은 교통량을 증가시키는데, 그 반대도 참이기는 마찬가지이다.

WORD 21

convert 동 전환하다, 개조하다 / 명 개종자, 전환자

단어 어원 con(완전히) + vert(바꾸다)

convert는 '완전히 바꾸다'라는 어원적 의미에서 '(형태, 목적, 시스템 등을) 전환하다, 개조하다'라는 뜻으로 굳어졌다. 명사로 사용하는 경우 '개종자, 전환자'라는 뜻이 된다. 동사로 사용하는 경우 convert A into B(A를 B로 전환하다) 형태로 사용한다.

✎ 핵심 연관 단어

conversion 명 전환, 개조   **convertible** 형 전환 가능한

📢 응용 표현

- **convert my dollars into euros** 달러를 유로화로 전환하다
- **a convert to Islam** 이슬람 개종자
- **cheap solar energy conversion** 저렴한 태양열 에너지 전환
- **a convertible sofa** 침대로 개조 가능한 소파

🔍 실전 예문

The factory is going to be **converted** into a department store.
그 공장은 백화점으로 개조될 것이다.

바꾸다 convert, amend, alter

convert는 '어떤 것을 다른 용도로 개조, 전환하다'라는 뜻이다. 한편 amend는 '법률 등 문자로 이루어진 것을 수정하다'라는 뜻이다. 그리고 alter는 '무엇을 변화시키되 그 성질을 유지할 때' 사용한다.

You can **convert** one bedroom into an office.
침실 한 곳을 사무실로 개조할 수 있다.

Congress may **amend** the proposed tax bill.
의회는 제출된 조세 법안을 수정할 수도 있다.

We can **alter** your trousers to fit you.
몸에 맞도록 바지를 수선해 드릴 수 있습니다.

WORD 22

diverse 형 다양한

단어 어원 di(분리) + verse(돌리다)

diverse는 '원래 있던 곳에서 분리되어 다른 곳으로 돌리다(바꾸다)'라는 어원적 의미에서 '다양한'이라는 뜻으로 굳어졌다. diversity는 '다양성'이라는 뜻이어서 a diversity of는 '다양한'이라는 뜻을 가진다.

🖉 핵심 연관 단어

diversity 명 다양성
diversely 부 다양하게

🔊 응용 표현

• **people from diverse culture** 다양한 문화의 사람들
• **an ethnically diverse population** 인종적으로 다양한 인구
• **a diversity of** 다양한

🔍 실전 예문

Diverse opinions were expressed at the general meeting.
총회에서 다양한 의견들이 나왔다.

diverse는 '다름', 즉 '차이'에 초점을 맞춘 단어이다. 반면 various는 '다양한 종류', 즉 '수'에 초점을 맞춘 단어이다.

India is also a very geographically <u>diverse</u> country.
인도는 지리학적으로 매우 다채로운 나라이기도 한다.

There are <u>various</u> options open to us.
다양한 선택이 우리에게 있다.

WORD 23

diverge 통 갈라지다, 분기하다
단어 어원 di(분리) + verge(돌리다)

diverge는 어원적 의미에서 '서로 분리되어 다른 방향으로 돌다' → '(다른 방향으로) 갈라지다, 분기하다'라는 뜻으로 굳어졌다. diverge from the norm은 '규범에서 벗어나다'라는 뜻이다.

✐ 핵심 연관 단어

divergence 명 분기
divergent 형 분기하는
divergently 부 갈라지게

📢 응용 표현

• **diverge front the center** 중심에서 갈라지다
• **diverge from the main road** 주 도로에서 갈라지다

🔍 실전 예문

Opinions diverge greatly on this matter.
이 문제에서 의견이 크게 갈라진다.

divert 통 방향을 바꾸다

단어 어원 di(멀리) + vert(돌리다)

divert는 '방향이나 용도를 멀리 다른 데로 돌리다'라는 어원적 의미에서 '방향을 바꾸다'라는 뜻으로 굳어졌다.

✏️ 핵심 연관 단어

diverter 명 기분 전환하게 해 주는 것
diversion 명 전환, 오락
diversional 형 기분 전환이 되는

📢 응용 표현

- **divert people's attention away from** 사람들의 관심을 멀어지도록 돌리다
- **divert the course of the river** 강물의 흐름을 다른 데로 돌리다
- **a river diversion project** 강물의 물줄기 방향 전환 사업
- **divert oneself in** 기분 전환하다
- **make a pleasant diversion** 머리를 식혀 주다

🔍 실전 예문

Nothing could **divert** our attention from the political scandal.
어느 것도 그 정치 스캔들로부터 우리의 관심을 돌려놓지 못했다.

방향을 바꾸다 divert, diverge

divert와 diverge가 혼동이 될 수 있다. divert는 '경로나 방향을 다른 데로 돌리다'라는 뜻을 가진 타동사이다. 반면 diverge는 '다른 방향으로 갈라지다'라는 뜻을 가진 자동사이다.

They are intentionally planning to **divert** the river from its course.
그들은 의도적으로 강의 물줄기를 바꾸려고 계획하고 있다.

A rocky path winds steeply up to a point where paths **diverge**.
바위가 많은 오솔길은 길이 갈라질 정도로 가파르게 뻗어 있다.

WORD 25

reverse

형 반대의, 뒷면의 / **동** 뒤집다, 바꾸다, 반전시키다, 후진시키다

단어 어원 re(뒤로) + verse(돌리다)

reverse는 '뒤로 돌리다'라는 어원적 의미에서 '(정반대로) 뒤집다, 바꾸다, 반전시키다'라는 뜻으로 굳어졌다. 그리고 '(자동차를 몰고) 후진시키다'라는 뜻도 있다. 형용사로 사용하면 '(방금 언급한 것과) 반대의' 및 '뒷면의'라는 뜻이 있다.

🖊️ 핵심 연관 단어

reversal **명** 반전, 역전
reversely **부** 반대로, 거꾸로

🗣️ 응용 표현

- **reverse the decision** 결정을 뒤집다
- **reverse the car** 차를 후진하다
- **the reverse of the previous one** 이전 것과 정반대의
- **travel in the reverse direction** 반대 방향으로 이동하다
- **on the reverse side** 뒷면에

🔍 실전 예문

Iron the garment on the **reverse** side.
그 의복의 뒷면을 다림질하세요.

?? 단어들의 **알쏭달쏭 차이**

반대 converse, reverse

converse와 reverse가 혼동이 될 수 있다. converse는 '반대' 및 '역'이라는 뜻을 가진 단어이다. 한편 reverse는 물리적인 방향을 가리킬 때 주로 사용한다. 자동차의 후진 기어에 있는 R이 바로 'Reverse'이다. 전진의 reverse가 후진이고, 동쪽의 reverse가 서쪽이다. '반대로'라기보다는 '거꾸로'라고 이해하면 더 쉽다.

The **converse** is not always true.
그 반대는 반드시 참은 아니다.

The **reverse** side of the coin has a picture of a flower.
동전의 뒷면에는 꽃 그림이 그려져 있다.

WORD 26

universal 형 일반적인, 보편적인

단어 어원 uni(하나) + vers(돌리다) + al[형접]

접두사 uni는 '하나'라는 뜻을 가지고 있는 어근이다. universe는 '하나의 체계로 돌아가는'이라는 어원적 의미에서 '우주'라는 뜻으로 굳어졌다. 형용사형인 universal은 '전 세계적인' → '일반적인, 보편적인'이라는 뜻으로 굳어졌다.

주의 단어 unilateral = uni(하나) + lateral(면) 형 일방적인

✏️ 핵심 연관 단어

universe 명 우주　　　　　　　　　　universally 부 보편적으로

📣 응용 표현

- **a unilateral decision** 일방적인 결정
- **universal facts** 일반적인 사실들
- **universal standards** 일반적인 수준
- **a universal feature of old age** 노령의 일반적인 특징
- **be universally accepted** 일반적으로 수용되다

🔍 실전 예문

The theory does not apply **universally**.
그 이론은 보편적으로 적용되지 않는다.

WORD 27

versatile 형 다재다능한, 다용도의

단어 어원 vers(바꾸다) + atile[형접]

versatile은 '능력이나 용도를 바꿀 수 있는'이라는 어원적 의미에서 사람인 경우 '다재다능한', 물건인 경우 '다용도의'라는 뜻으로 굳어졌다.

📣 응용 표현

- **a versatile actor** 다재다능한 배우
- **a versatile product** 다용도 제품
- **an amazingly versatile machine** 놀랄 만하게 다용도의 기계
- **extremely versatile food** 매우 다용도로 쓸 수 있는 식품

🔍 실전 예문

Recognized as one of the most **versatile** actors, Jimmy is an influential actor.
가장 다재다능한 배우 중 한 명으로 알려진, Jimmy는 영향력이 있는 배우이다.

manu / ped
손   발

mani + pul + ate

manipulate

어근 manu는 '손'을 뜻한다. 손톱을 관리하는 것을 매니큐어(manicure)라고 한다. manage는 원래 '손으로 다루다'에서 '관리하다, 경영하다'가 되었다. manual은 형용사로 '손으로 하는, 수 동의'라는 의미이고 명사로는 '사용 설명서'를 말한다.

영어 어근 manu의 반대말이 ped이다. 따라서 ped는 발을 뜻한다. 페달(pedal)은 자전거나 자 동차에서 발로 밟는 부분을 뜻하고 pedestrian은 '발로 거리를 다니는 사람'에서 '보행자'가 되 었다.

manual 형손의, 수동의 / 명기계 조작법, 사용 설명서

단어 어원 **manu**(손) + **al**[형접]

manual은 형용사로 사용하면 '손의, 수동의'라는 뜻을 가지고 있다. 명사로 사용할 경우 '(손으로 기계를 다루는 데 필요한) 기계 조작법, 사용 설명서'를 뜻한다. '사용 설명서'를 보통 a user manual 또는 an instruction manual이라고 한다.

✐ 핵심 연관 단어

manually 부 손으로

🔊 응용 표현

- **follow the instructions in the manual** 사용 설명서에 있는 지시사항을 따르세요
- **manual labor** 육체 노동
- **work manual** 작업 매뉴얼
- **instruction manual** 사용 설명서
- **have manual and automatic functions** 수동과 자동 기능이 다 있다

🔍 실전 예문

The computer comes with a comprehensive owner's **manual**.
그 컴퓨터는 종합적인 사용자 설명서가 딸려 나온다.

지시, 설명 manual, instruction

manual과 instruction이 혼동될 수 있다. manual은 '특정 물품이나 서비스의 사용 설명, 조작 설명'을 뜻한다. 한편 instruction은 '지시사항 중 특히 유의해야 할 사항 등을 열거한 문서'를 뜻한다.

We need the **manual** to connect the component.
그 부속품을 연결하기 위해서는 설명서가 필요하다.

Nobody in the office could learn how to use the copier by reading an **instruction manual**.
사무실의 누구도 설명서만 읽고서는 복사기를 사용할 수 없었다.

manage 통 관리하다, 경영하다

단어 어원 man(손) + age[명접]

manage는 어원적 의미에서 '손으로 어떻게 해서든 운영하다' → '관리하다, 경영하다'라는 뜻으로 굳어졌다. 다만 뒤에 'to 동사원형'이 목적어로 올 경우 '힘든 일을 간신히 해내다'라는 뜻을 가진다.

✐ 핵심 연관 단어

management 명 관리, 경영　　　　**manager** 명 매니저　　　　**managerial** 형 관리의

📢 응용 표현

- **manage a factory** 공장을 경영하다
- **manage your time effectively** 시간을 효과적으로 관리하세요
- **manage to persuade the boss** 사장님을 간신히 설득하다
- **managerial experience** 관리 경험
- **the general manager** 총지배인

🔍 실전 예문

I can **manage** perfectly well on my own, thank you.
감사하지만 저 혼자서 완벽히 해낼 수 있어요.

---

manipulate 통 조종하다, 조작하다

단어 어원 mani(손) + pul(당기다) + ate[동접]

manipulate는 '손으로 잡아 당겨 움직이다'라는 어원적 의미에서 '(사람이나 사물을 능숙하게) 조종하다' 및 '(교묘하고 부정직하게 사람이나 사물을) 조작하다'라는 뜻으로 굳어졌다. be easy to manipulate는 '조종하기 쉬운'이라는 뜻이고 manipulate public opinion은 '여론을 조작하다'라는 뜻이다.

✐ 핵심 연관 단어

manipulation 명 조종, 조작　　　　**manipulative** 형 조종하는, 조작하는
manipulatively 부 손으로 다루어

📢 응용 표현

- **use her charm to manipulate people** 자신의 매력을 이용해서 사람들을 조종하다
- **manipulate the public opinion** 여론을 조작하다
- **manipulate the machine** 기계를 조작하다
- **manipulative skills** 조작 기술

🔍 실전 예문

He believes that the voters can be easily **manipulated**.
그는 유권자들이 쉽게 조종될 수 있다고 믿고 있다.

WORD 04 emancipate 통 해방하다

단어 어원 e(밖으로) + man(손) + cip(잡다) + ate[동접]

emancipate는 '잡고 있는 손 밖으로 벗어나다'라는 어원적 의미에서 '해방하다'라는 뜻으로 굳어졌다. emancipate slaves는 '노예를 해방하다'이다. the Emancipation Proclamation은 1862년에 Lincoln 대통령이 선언한 '미국의 노예 해방 선언'을 뜻한다.

유의어 liberate = liber(자유로운) + ate[동접] 통 해방시키다, 자유롭게 하다

★ emancipate는 '법적, 정치적, 사회적 제약에서 해방하다'라는 뜻이다. 반면 liberate는 '억압이나 속박으로부터 해방시키다, 자유롭게 하다'라는 뜻이다.

✎ 핵심 연관 단어

emancipation 명 해방   **liberty** 명 자유   **liberate** 통 해방시키다, 자유롭게 하다

📢 응용 표현

- **fight to emancipate oneself from the past** 과거로부터 스스로를 해방시키려고 투쟁하다
- **the emancipation of slaves** 노예 해방
- **the fight for justice and liberty** 정의와 자유를 위한 싸움
- **liberate their nation from communism** 공산주의로부터 그들의 나라를 해방하다

🔍 실전 예문

Slaves were not **emancipated** until 1865 in the United States.
미국에서 노예는 1865년에야 해방되었다.

WORD 05 adamant 형 단단한, 단호한, 확고한

단어 어원 ad(이동) + a(아닌) + man(손) + t[형접]

adamant는 '이동해서 손댈 수 없는'이라는 어원적 의미에서 '단단한, 단호한, 확고한'이라는 뜻으로 굳어졌다. a will of adamant는 '강한 의지'이고 oppose adamantly는 '확고하게 반대하다'이다.

✎ 핵심 연관 단어

adamantly 부 확고하게

📢 응용 표현

- **be adamant that** 주어 + 동사 단호한, 요지부동의
- **be adamantly opposed to** ~에 확고하게 반대하다
- **adamantly declined our help** 우리의 도움을 한사코 거부했다

🔍 실전 예문

We tried to persuade him, but he was **adamant**.
우리는 그를 설득하려고 했지만, 그는 요지부동이었다.

adamant는 '단호한, 확고한, 의지가 굳센'이라는 뜻으로 사용하며 강력하게 꺾이지 않는 의지를 암시한다. 한편 비슷한 뜻을 가진 stubborn은 '완강한, 고집이 센'이라는 뜻으로 사용한다.

He was adamant in his determination to punish the wrongdoer.
그는 가해자를 처벌하려는 그의 결심을 굽히지 않았다.

She appears very docile but is very stubborn.
그녀는 온순해 보이지만 고집이 대단하다.

WORD 06

emanate 동 나오다, 발산하다, 내뿜다

단어 어원 e(밖으로) + man(손) + ate[동접]

emanate는 어원적 의미에서 '안에 머무는 것을 손을 써서 밖에 나오게 하다' → '(어떤 느낌, 특질 등을) 발산하다, 내뿜다'라는 뜻으로 굳어졌다. emanate confidence는 '자신감을 내뿜다'이다. 자동사로 사용해서 emanate from 형태로 사용하면 '~에서 나오다'라는 뜻이 된다.

🖉 핵심 연관 단어

emanation 명 발산

📣 응용 표현

- **emanate power and confidence** 힘과 자신감이 뿜어져 나오다
- **smoke emanate out of the building** 건물로부터 연기가 나오다
- **emanate sex appeal** 성적 매력을 발산하다

🔍 실전 예문

The proposal emanated from the Arts Council.
그 제안들은 예술 위원회에서 나왔다.

emanate는 '자신감, 사랑스러움과 같은 느낌이나 특질 등을 발하다, 내뿜다'라는 뜻이다. 반면, emit는 '빛, 열, 가스, 소리 등을 내다, 내뿜다'라는 뜻이다.

Management did not emanate from nature.
관리 능력은 타고난 성격에서 나오지 않는다.

Landfills are very harmful for the environment because they emit methane gas.
쓰레기 매립지는 메탄가스를 배출하기 때문에 환경에 몹시 해롭다.

commence 통 시작하다

단어 어원 com(완전히) + men(손) + ce[동접]

commence는 '어떤 일에 완전히 손을 대다'라는 어원적 의미에서 '시작하다'라는 뜻으로 굳어졌다. commence는 격식이 있는 단어로 commence with Sth과 같이 with와 함께 사용하면 '~으로, ~와 함께 시작하다'라는 뜻이 된다. 예를 들어 commence with the keynote speech는 '기조연설로 시작하다'라는 뜻이다.

주의 단어 commencement = commence(시작하다) + ment[명접] 명 시작, 졸업

★ '시작' 외에 '졸업'이라는 뜻이 있다. 졸업을 해야 사회생활이 시작된다.

응용 표현

- **commence fire** 사격 시작
- **commencement ceremony** 졸업식

실전 예문

The seminar is scheduled to **commence** at 10 A.M.
세미나는 오전 10시에 시작할 예정이다.

시작하다 commence, initiate

commence는 the training will commence soon과 같이 '종교의식이나 재판과 같은 복잡한 일을 시작할 때' 많이 사용하는 동사이며 자동사이다. 한편 initiate는 initiate a new service와 같이 '주로 새로운 분야에서 처음 시작할 때' 많이 사용하는 동사이며, 타동사이다.

The work is expected to **commence** in early July.
그 일은 7월 초에 시작될 것이다.

It is time for us to **initiate** a campaign for the environment.
이제는 우리가 환경 운동을 벌여야 할 때이다.

maneuver 명 조작, 술책 / 통 작동하다, 조작하다

단어 어원 man(손) + euver(일하다)

maneuver는 '손을 써서 일하는 것'이라는 어원적 의미에서 '몸을 사용하지 않고 손만 움직여서 기계를 조작하거나 작동하는 것'이라는 의미로 굳어졌다.

✏️ 핵심 연관 단어

maneuverable 형 조종할 수 있는

📣 응용 표현

- **maneuvering area** 주행구역
- **maneuver behind the scenes** 막후에서 은밀히 공작하다

🔍 실전 예문

Conventional cranes can only **maneuver** loads in three directions.
재례적인 크레인은 오직 세 방향으로만 화물을 다룰 수 있다.

manifest 형 분명한, 뚜렷한 / 통 나타내다, 드러내다

단어 어원 mani(손) + fest(주먹)

manifest에서 fest는 fist(명 주먹)에서 변형된 것이다. 따라서 manifest는 어원적 의미에서 '손을 주먹 쥐어서 결의를 분명히 드러내다' → '나타내다, 드러내다'라는 뜻으로 굳어졌다. manifesto는 '(어떤 단체나 특정 정당의) 성명서, 선언서'를 뜻한다. 마르크스와 엥겔스가 발표한 공산당 선언서가 The Communist Manifesto이다.

📣 응용 표현

- **be manifested in the recent crisis** 최근의 위기에서 드러났다
- **a manifest mistake** 분명한 실수
- **an election manifesto** 선거 공약 선언문
- **issue a manifesto** 성명을 내다

🔍 실전 예문

The anger he felt is **manifest** in his paintings.
그가 느낀 분노가 그의 그림에 분명히 나타나 있다.

manifest는 '외부의 표시나 행동을 통해 내적인 성질을 그대로 밝히는 것'이라는 뜻으로 사용한다. 한편 apparent는 '눈에 보이는, 명백한'이라는 뜻으로 사용한다. 그리고 obvious는 '다툼의 소지가 없을 정도로 분명하거나 뚜렷한'이라는 뜻으로 사용한다.

If you want to sue him, you need a <u>manifest</u> evidence.
그를 고소하려면 분명한 증거가 필요하다.

It was becoming <u>apparent</u> that he could no longer look after himself.
그가 더 이상 자신을 돌볼 수 없다는 것이 명백해지고 있었다.

It was <u>obvious</u> from what she said that she had been badly treated.
그녀가 말했던 것으로부터 그녀가 나쁘게 대우받아 왔다는 것이 명백했다.

WORD 10

pedestrian 명 보행자, 행인

단어 어원 ped(발) + estrian[명접]

ped는 '발'을 뜻한다. 그래서 pedal이 '(자전거나 자동차의 발로 밟는) 페달'이다. pedestrian은 '발로 다니는 사람'이라는 어원적 의미에서 '보행자, 행인'라는 뜻으로 굳어졌다.

반의어 motorist = motor(차) + ist(사람) 명 운전자
유의어 commuter = com(함께) + mute(가다) + r(사람) 명 통근자

🖊 핵심 연관 단어

pedestal 명 받침대
commute 동 통근하다

📢 응용 표현

• **the vase on its pedestal** 받침대 위의 꽃병
• **passerby pedestrians** 지나가는 행인
• **pedestrian accidents** 보행자 사고
• **commute to wok** 통근하다
• **a long-distance commuter** 장거리 통근자

🔍 실전 예문

Many pedestrians are waiting for the light to change.
많은 보행자들이 불이 바뀌기를 기다리고 있다.

WORD 11

peddler 명 상인

단어 어원 ped(발) + dler[명접]

peddler는 어원적 의미에서 '발로 걸어 다니면서 물건을 파는 사람' → '상인'이라는 뜻으로 굳어졌다. peddler는 '걸어 다니면서 물건을 파는 상인'이라는 뜻이 강하고 vendor는 '길에서 물건을 파는 상인'이라는 뜻이 강하다.

✎ 핵심 연관 단어

peddle (동) 팔러 다니다, 행상하다

vend (동) 팔다

📢 응용 표현

• **peddle clothes** 옷감을 팔다
• **look like a peddler** 마치 상인 같이 보이다

• **a vending machine** 자판기
• **a street vendor** 노점상인

🔍 실전 예문

I'm just humble **peddler** offering a cure to an ailing world.
나는 병든 세상에 치료제를 제공하는 보잘것없는 상인일 뿐이다.

WORD 12

expedition 명 탐험, 원정, 탐사

단어 어원 ex(밖으로) + ped(발) + ition[명접]

expedition은 '발로 걸어서 밖으로 가는 것'이라는 어원적 의미에서 '탐험, 원정, 탐사'라는 뜻으로 굳어졌다. lead an expedition은 '원정대를 인솔하다'이다. the commander of the expedition은 '원정대의 지휘관'을 뜻한다.

✎ 핵심 연관 단어

expedite (동) 급히 보내다, 신속히 처리하다

expeditious (형) 신속한

expeditiously (부) 신속하게

📢 응용 표현

• **expedite deliveries** 배송을 신속히 처리하다
• **lead an expedition** 탐험대를 이끌다
• **embark on a major expedition** 엄청난 탐험을 시작하다
• **in an expeditious manner** 신속하게

🔍 실전 예문

We have developed rapid order processing to **expedite** deliveries to customers.
저희는 고객 분들께 물품 배송이 더 신속히 이루어지도록 하기 위해서 빠른 주문 처리 절차를 개발했습니다.

expedite는 업무적인 용어로, '시간을 절약하기 위해서 특별한 주의를 가지고 일을 빨리 진행시키다'라는 뜻이 강하다. 한편 accelerate는 '속도를 늘리다, 빠르게 하다'라는 뜻으로 속도에 초점을 둔 단어이다.

The government plans to <u>expedite</u> the emergency relief plan.
정부는 긴급 구호 계획을 신속하게 실시할 계획이다.

The new system will help <u>accelerate</u> the whole process.
새로운 시스템은 전체 과정을 가속시키는 데 도움을 줄 것이다.

WORD 13

impede 통 방해하다, 지연시키다

단어어원 im(안에) + pede(발)

impede는 어원적 의미에서 '발에 족쇄를 채워서 못 움직이게 하다' → '(진행을) 방해하다, 지연시키다'라는 뜻으로 굳어졌다. impede the progress는 '진행을 저지하다'이고 impede the development는 '발달을 저해하다'이다. impediment는 (무엇의 진행을 막는) 장애'이다. 그래서 a speech impediment는 '언어 장애'를 뜻한다.

✏ 핵심 연관 단어

impediment 명 장애
impedient 형 방해하는

📢 응용 표현

- **be impeded by severe weather** 혹독한 날씨로 지연되다
- **can greatly impede one's ability to 동사원형** ~하는 능력을 크게 저하시킬 수 있다
- **impede the flow of the work** 일의 흐름을 방해하다

🔍 실전 예문

The bad weather seriously impeded our progress.
악천후가 우리의 진행을 상당히 지연시켰다.

impede는 '발에 족쇄를 채우다'라는 어원적 의미에서 알 수 있듯이, '고의적으로 행동을 방해하거나 훼방을 놓다'라는 뜻이 강하다. 한편 hinder는 '사람의 행동이나 물건의 움직임을 제어하거나 늦추게 하다'라는 뜻이 강하다. 그리고 obstruct는 '행동이나 움직임을 방해, 지연시키는 것뿐만 아니라 크고 움직일 수 없는 장애물이 진행을 가로막아 꼼짝 못하게 하다'라는 뜻이 강하다.

I hope that we will not try to impede the process.
저는 우리가 그 절차를 방해하지 않기를 바랍니다.

Your running shoes can increase or hinder your workout abilities.
당신의 운동화는 운동 능력을 향상시키거나 방해할 수 있다.

That large placard will obstruct my view of the ocean.
그 큰 현수막은 바다를 보는 내 시야를 가로막을 것이다.

---

impeach 통 탄핵하다, 의혹(의문)을 제기하다

단어 어원 im(안에) + peach(발)

impeach는 impede와 어원적 의미가 비슷하다. 다만 대상이 대통령과 같은 고위 공직자들이다. '고위 공직자의 발에 족쇄를 채워서 직무를 수행할 수 없도록 만들다'라는 의미에서 '탄핵하다' 및 '(~에 대해 의문이나 의혹을) 제기하다'라는 뜻으로 굳어졌다.

🖉 핵심 연관 단어

impeachment 명 탄핵
impeachable 형 탄핵이 가능한

📣 응용 표현

• **impeach one's motives** 동기에 대해 의혹을 제기하다
• **impeach a witness** 증인의 신빙성에 의문을 제기하다
• **impeach one's honesty** 정직성을 문제 삼다
• **vote for the impeachment of President** 대통령 탄핵에 대해 투표하다

🔍 실전 예문

National Assembly voted for the impeachment of President.
국회는 대통령의 탄핵에 대해 투표했다.

고소하다, 기소하다 accuse, indict, impeach

accuse는 '일반적으로 비난하다, 고소하다'라는 뜻이다. indict는 '공식적으로 고발하고 재판을 받게 하는 것으로 기소하다'라는 뜻이다. 반면, impeach는 고위공직자들을 대상으로 '탄핵하다'라는 뜻이다.

Before you accuse me, take a look at yourself.
날 고소하기 전에 네 자신을 봐라.

The jury refused to indict the men accused of homicide.
배심은 살인죄로 고소된 사람들의 기소를 거부했다.

Two subsequent attempts to impeach the president have failed.
대통령을 탄핵하기 위한 두 차례의 시도는 실패로 끝났다.

WORD 15

dispatch 통 보내다, 파견하다 / 명 파견, 발송

단어 어원 dis(분리) + pat(발) + ch[동접]

dispatch는 '발을 분리해서 내딛게 하다'라는 어원적 의미에서 '(특별한 목적을 위해서) 보내다, 파견하다'라는 뜻으로 굳어졌다. dispatch a courier는 '특사를 파견하다'이다.

응용 표현

- **dispatch troop to** 군대를 파견하다
- **be ready for immediate dispatch** 즉시 발송될 준비가 되어 있다
- **a motorcycle dispatch rider** 오토바이 퀵 서비스 배달원
- **dispatch a correspondent to** ~에 특파원을 파견하다

실전 예문

Goods are dispatched within 24 hours of your order reaching me.
당신의 주문이 저희에게 들어오면 24시간 이내에 물품이 발송됩니다.

보내다 dispatch, forward

dispatch는 신속함과 긴박함을 강조하는 단어이다. 한편 forward는 '대상물의 중계 지점이나 잘못된 목적지에서 최종 목적지까지 다시 보내는 것'을 뜻한다.

There was a huge controversy over the plan to dispatch troops to Iraq.
이라크 파병 문제를 두고 엄청난 논쟁이 있었다.

Could you forward any mail to us in Seoul?
저희에게 오는 우편물이 있으면 서울로 다시 좀 보내 주시겠습니까?

port / via
항구　　　　　　　길

ex + port
export

port는 '항구'라는 뜻을 가지고 있는 어근이다. 하늘로 다니는 항구는 airport(^몡 공항)이다.
portable은 port(항구) + able(가능한)에서 원래는 '이 항구에서 저 항구로 이동이 가능한'의 의
미에서 '휴대용'이라는 뜻으로 사용된다. 인터넷 포털사이트라는 말을 많이 하는데 portal은 들
어가는 '입구, 정문'이라는 뜻에서 유래되었다.

via는 '길'이라는 뜻을 가지고 있는 어근이다. deviate(^몡 벗어나다)는 de(분리) + via(길) + te[동접]
구성으로, '(일상이나 예상에서) 벗어나다'라는 뜻이다. fly home via Dubai는 '비행기를 타고
두바이를 경유해서 집으로 오다'이다.

passport 명 여권

단어 어원 pass(통과하다) + port(항구)

pass는 '통과하다'라는 뜻을 가지고 있다. '통과해 가는 사람, 승객'을 passenger라고 하고, '통로, 복도'를 passage라고 한다. passport는 '항구를 통과할 수 있는 것'이라는 어원적 의미에서 '여권'이라는 뜻으로 굳어졌다.

응용 표현

- **pass through** ~을 통과하다
- **a passenger train** 여객 열차
- **a secret underground passage** 비밀 지하 통로
- **a valid passport** 유효한 여권

실전 예문

Check the expiration date on your **passport**.
여권에 있는 만기일을 확인하세요.

import 동 수입하다 / 명 수입, 수입품

단어 어원 im(안으로) + port(항구)

접두사 im은 in이 변형된 것으로 '아니다'라는 뜻과 '안으로'라는 뜻을 가지고 있다. import는 '항구 안으로 들어오다'라는 어원적 의미에서 '수입하다'라는 뜻으로 굳어졌다. 명사로 사용하면 '수입(품)'이라는 뜻이다. import duties는 '수입세', declaration of import는 '수입 신고서'이다.

핵심 연관 단어

immerge 동 뛰어들다, 담그다, 가라앉다
importer 명 수입업자

응용 표현

- **immerge his hand into the water** 물에 손을 담그다
- **food imports from abroad** 해외에서 들여온 수입 식품
- **import most of the raw materials** 대부분의 원자재를 수입하다
- **a major importer of the cotton manufactures** 면 제품 주요 수입국

실전 예문

The country has to **import** most of its raw materials.
그 나라는 원자재 대부분을 수입해야 한다.

export 통수출하다

단어 어원 ex(밖으로) + port(항구)

접두사 ex는 '밖으로'라는 뜻을 가지고 있다. export는 '수출하다'이다. 명사로 사용하면 '수출'이다. export clearing은 '수출 통관', a ban on exports는 '수출 금지'를 뜻한다.

반의어 import = im(안) + port(항구) 통 수입하다

📢 응용 표현

- **export sugar** 설탕을 수출하다
- **be exported around the world** 전 세계로 수출되다
- **the country's major exports** 그 나라의 주요 수출품
- **illegally exported works of art** 불법적으로 수출되는 미술품

🔍 실전 예문

The wine in the region was widely **exported**.
그 지역 와인은 널리 수출되고 있다

report 통보고하다, 알리다 / 명 보고(서)

단어 어원 re(계속) + port(항구)

접두사 re는 '뒤로' 및 '다시, 계속'이라는 뜻을 가지고 있다. request는 re(계속) + quest(추구하다) 구성으로, '요청하다, 요구하다'라는 뜻이다.
report는 어원적 의미에서 '새로운 사실이 발생할 때마다 계속 운반해서 옮기다' → '보고하다'라는 뜻으로 굳어졌다. 자동사로 사용하면 '(회의 등의 도착을) 알리다'라는 뜻이다.

📢 응용 표현

- **report a problem** 문제를 보고하다
- **publish the report** 보고서를 출간하다
- **report record profits** 기록적인 수익을 보고하다
- **request permission to 동사원형** ~하려는 허가를 요청하다
- **make a request for** ~을 요청하다

🔍 실전 예문

The **report** deserves careful consideration.
그 보고서는 신중히 고려해 볼 만하다.

WORD 05

support 통지지하다, 지탱하다, 제공하다 / 명지지, 지원

단어 어원 sup(아래) + port(항구)

접두사 sup는 '아래'라는 뜻을 가지고 있다. support는 어원적 의미에서 '항구 아래에서 받쳐 주다' → '지지하다, 지탱하다, 제공하다'라는 뜻으로 굳어졌다. 명사로 사용하면 '지지, 지원'이라는 뜻이다. tech support는 '기술 지원팀'을 뜻한다.

📢 응용 표현

- **support a proposal** 안건을 지지하다
- **offer free technical support** 무료 기술 지원을 제공하다
- **overwhelmingly support the candidate** 그 후보를 압도적으로 지지하다

🔍 실전 예문

The people of this country overwhelmingly **support** their president.
이 나라의 사람들은 그들의 대통령을 압도적으로 지지한다.

WORD 06

transport 통운송하다, 수송하다 / 명수송, 차량 이동

단어 어원 tans(가로질러) + port(항구)

접두사 trans는 '가로질러'라는, 이동과 변화의 뜻을 가지고 있다. transport는 어원적 의미에서 '물건이 이 항구에서 저 항구로 옮겨서 가다' → '운송하다, 수송하다'라는 뜻으로 굳어졌다. 명사로는 '수송, 차량 이동'을 뜻한다. public transport는 '대중 교통'이다.

✏️ 핵심 연관 단어

transform 통 변형하다   **transformation** 명 변형   **transportation** 명 교통, 수송, 운송

📢 응용 표현

- **freight transport** 화물 수송
- **transport goods and passengers** 화물과 승객을 수송하다
- **the public transportation** 대중 교통
- **be transformed overnight** 하룻밤 사이에 변형되다
- **undergo a complete transformation** 완전히 탈바꿈하다

🔍 실전 예문

We provide **transport** to and from school.
우리는 등하교 시에 교통을 제공한다.

WORD 07 opportune 형 시기 적절한

단어 어원 op(이동) + port(항구) + une[형접]

opportune는 어원적 의미에서 '항구로 물건을 이동하기 위한 출발할 시간을 보는' → '시기 적절한'이라는 뜻으로 굳어졌다. an opportune remark는 '시기 적절한 말'을 뜻한다.

✐ 핵심 연관 단어

opportunity 명 기회 **opportunist** 명 기회주의자 **opportunism** 명 기회주의

☞ 응용 표현

- **at a more opportune moment** 보다 시기 적절한 시점에
- **an opportune remark** 시기 적절한 말
- **It is opportune that** 주어 + 동사 ~하는 게 시기 적절하다
- **criticize for his opportunism** 그의 기회주의적인 태도를 비난하다

🔍 실전 예문

The offer could not have come at a more opportune moment.
그 제의는 더 이상 적절할 수 없는 때에 찾아왔다.

WORD 08 portable 형 휴대용의

단어 어원 port(항구) + able[형접]

접미사 able는 '~할 수 있는, 될 수 있는'이라는 뜻을 가지고 있다. portable은 '항구로 이동이 가능한'이라는 어원적 의미에서 '휴대용의'라는 뜻으로 굳어졌다.

✐ 핵심 연관 단어

portability 명 휴대성

☞ 응용 표현

- **portable electronic device** 휴대용 전자기기
- **portable battery** 보조 배터리
- **portable computer** 휴대용 컴퓨터
- **portable device** 휴대용 장치
- **be designed to increase the portability** 휴대성을 증가하도록 설계되었다
- **have access to** ~에 접근하다, ~을 이용하다
- **be easily accessible by** ~에게 쉽게 접근이 가능한

🔍 실전 예문

Portable emergency lights are installed at every subway station.
휴대용 비상 조명등이 모든 지하철역에 설치되어 있습니다.

portfolio 명 손가방, 서류철, 작품집, 분산 투자 조합

단어 어원 port(항구) + folio(서류)

portfolio에서 port는 '항구'라는 뜻이고 folio는 '서류'라는 뜻이다. 따라서 portfolio는 항구를 통과하기 위해 서류를 넣은 '손가방'이라는 어원적 의미에서 '(구직할 때 제출하는 사진이나 그림 등의) 작품집'이라는 뜻으로 굳어졌다. 그리고 금융에서는 '분산 투자 조합'을 말한다.

응용 표현

- **store papers in the portfolio** 서류첩에 서류를 보관하다
- **portfolio investment** 분산 투자
- **portfolio analysis** 포트폴리오 분석

실전 예문

You can store papers in the **portfolio** behind your seat.
당신의 자리 뒤편에 있는 서류첩에 서류를 모을 수 있습니다.

deport 동 추방하다

단어 어원 de(분리) + port(항구)

접두사 de의 뜻 중 '분리'라는 뜻을 계속 보았다. deport는 어원적 의미에서 '문제가 있는 사람(보통 범법자, 불법 체류자)을 항구 밖으로 분리하다' → '추방하다'라는 뜻으로 굳어졌다.

핵심 연관 단어

detoxicate 동 해독하다
deportation 명 추방
deportee 명 강제 추방자

응용 표현

- **deport a foreigner** 외국인을 추방하다
- **deport refugees** 난민들을 추방하다

실전 예문

Many refugees were forcibly **deported** back to the countries they had come from.
많은 난민들은 그들이 왔던 나라로 강제적으로 다시 추방되었다.

via 전 ~을 거쳐서, 경유하여

단어 어원 **via**(길)

via는 목적지로 가는데 '(어떤 한 길이나 장소를) 거쳐서, 경유해서' 또는 '(특정한 사람, 시스템을) 통해서'라는 뜻이다. 어원적으로는 '길'이라는 뜻을 가지고 있다. 길과 관련된 단어들을 같이 외워 두자. stopover , layover, transfer 등이 있다.

🖊 핵심 연관 단어

stopover 명 경유　　　　　　　　**layover** 명 도중 하차
transfer 명 경유, 환승 / 동 옮기다, 이동하다, 전학하다, 전근가다

📣 응용 표현

- **fly home via Seoul** 서울을 경유해서 비행기를 타고 집으로 오다
- **exit via a fire door** 비상문을 통해 나가다
- **have tickets checked at each stopover** 각각의 경유지에서 티켓을 체크하다
- **have a layover in Chicago** 시카고에서 경유하다
- **transfer station** 환승역

🔍 실전 예문

They exited via a fire door.
그들은 비상문을 통해 나갔다.

trivial 형 사소한, 하찮은

단어 어원 **tri**(셋) **+ vial**(길)

trivial은 어원적 의미에서 '3개의 길이 모이는 삼거리에서 이야기를 하다' → '사소한, 하찮은'이라는 뜻으로 굳어졌다. 명사형인 trivia는 게임 등에서 '(퀴즈를 할 때 묻는) 사소한 질문들'을 뜻한다.

📣 응용 표현

- **a trivial detail** 사소한 세부 사항
- **a trivial matter** 사소한 일
- **apparently trivial clues** 분명히 사소한 단서

🔍 실전 예문

I know it sounds trivial, but I'm worried about it.
하찮게 들린다는 거 알지만, 난 그게 걱정이다.

convey 동 전달하다, 전하다, 나르다, 운반하다

단어 어원 con(함께) + vey(길)

convey는 '함께 길을 떠나다'라는 어원적 의미에서 '(생각, 감정 등을) 전달하다, 전하다' 및 '(물건을) 나르다, 운반하다'라는 뜻으로 굳어졌다. 공장에서 많이 사용되는 '자동 이동식 조립장치'를 conveyor belt system이라고 한다.

🖊 핵심 연관 단어

conveyance 명 전달자
conveyer 명 컨베이어
conveyable 형 운송할 수 있는

📣 응용 표현

• **convey a sense of energy and strength** 에너지와 강렬함을 전달하다
• **convey hot water** 뜨거운 물을 나르다
• **convey the meaning exactly** 정보를 정확하게 전달하다
• **manage to convey enthusiasm to her** 그녀에게 그럭저럭 열정을 전하다
• **conveyer belt system** 자동 이동식 조립 장치

🔍 실전 예문

The novel vividly **conveys** the experience of growing up during the war.
그 소설은 전쟁 중에 성장하는 경험을 생생하게 전달한다.

전달하다, 나르다 convey, deliver

convey는 주로 '생각, 감정, 아이디어를 전달하다'라는 뜻이다. 한편 deliver는 '편지, 물건 등을 배달하다' 및 '연설하다, 발표하다'라는 뜻이다.

He tried desperately to <u>convey</u> how urgent the situation was.
그는 상황이 얼마나 긴박한지를 전달하기 위해 필사적으로 애를 썼다.

We guarantee to <u>deliver</u> your goods within a week.
주문하신 상품을 일주일 이내에 배달해 드릴 것을 약속합니다.

WORD 14

deviate 통벗어나다

단어 어원 de(분리) + via(길) + te[동접]

deviate는 '(정상적) 길에서 분리되다'라는 어원적 의미에서 '(일상이나 예상에서) 벗어나다'라는 뜻으로 굳어졌다. 자동사로, deviate from의 형태로 사용한다. deviate from average는 '평균에서 벗어나다'이다. 참고로 '우회하다'라는 표현으로는 make(take) a detour를 많이 사용한다.

🖉 핵심 연관 단어

deviation 명일탈 **detour** 명우회로 **make a detour** 동우회하다

📣 응용 표현

- **deviate from custom** 관습에서 벗어나다
- **deviate from one's principles** 자신의 원칙에서 벗어나다
- **a detour from the expected path** 예상되는 길에서 벗어나는 우회로
- **make(take) a detour** 우회하다

🔍 실전 예문

We had to **deviate** significantly from our usual route.
우리는 평상시 길에서 상당히 벗어나야만 했다.

WORD 15

voyage 명항해, 여행

단어 어원 voy(길) + age[명접]

voyage는 어원적 의미에서 '집을 나와 먼 길을 떠나는 것' → '여행, (바다나 우주로 가는 긴) 항해'라는 뜻으로 굳어졌다. a sea voyage는 '항해'이고 a voyage in space는 '우주 여행'이다.

📣 응용 표현

- **an around-the-world voyage** 세계 일주 여행
- **a voyage in space** 우주 항해

🔍 실전 예문

The ship completed her maiden **voyage** in May.
그 배는 5월에 첫 항해를 마쳤다.

여행 trip, travel, tour, journey, voyage

trip은 주로 '목적이 있고, 다시 돌아오는 경우나 출장 같은 경우'에 사용한다. travel에는 '여행하다'라는 뜻뿐만 아니라 '이동하다'라는 뜻이 있다. tour는 '시설물을 둘러보다'라는 뜻으로 많이 사용한다. journey는 '긴 여행, 여정'을 뜻하고 voyage는 '배나 보트로 하는 긴 여행'을 뜻한다.

I regret that I am unable to answer your request as I am on a business trip.
출장 중인 관계로 귀하의 요청에 응하지 못하게 되어 유감입니다.

This ticket does not entitle you to travel first class.
이 표로는 일등석을 탈 자격이 안 됩니다.

We were given a guided tour of the palace.
우리는 그 궁전을 안내를 받으며 둘러봤다.

They went on a long train journey across South America.
그들은 남미를 가로지르는 장거리 기차 여행을 떠났다.

WORD 16

envoy 명 특사, 외교관

단어 어원 en(안으로) + voy(길)

envoy는 어원적 의미에서 '임무를 갖고 다른 나라 안으로 길을 떠나는 사람' → '특사, 외교관'이라는 뜻으로 굳어졌다.

🖉 핵심 연관 단어

embassy 명 대사관
consulate 명 영사관
diplomat 명 외교관

📣 응용 표현

• **dispatch a special envoy** 특사를 파견하다
• **appoint an envoy to the country** 그 나라에 특사를 임명하다
• **embassy officials** 대사관 직원들
• **set up a consulate** 영사관을 설치하다
• **serve as a diplomat in Russia** 러시아 외교관으로 근무하다

🔍 실전 예문

A special peace envoy was sent to the area.
그 지역으로 특별 평화 특사가 보내졌다.

접미사
suffix

01 명사형 접미사

❶ -ion(행위, 성질, 상태)

동사	+ion	명사
decide(결정하다) expect(기대하다) introduce(소개하다)	+ion	decision(결정) expectation(기대) introduction(소개)

❷ -ment(행위, 성질, 상태)

동사	+ment	명사
agree(동의하다) invest(투자하다) improve(향상하다)	+ment	agreement(동의) investment(투자) improvement(향상)

❸ -ance(행위, 성질, 상태)

동사	+ance	명사
insure(보증하다) confide(확신하다) differ(다르다)	+ance	insurance(보증, 보험) confidence(확신) difference(차이)

❹ -ty(행위, 성질, 상태)

형용사	+ty	명사
difficult(어려운) generous(관대한) responsible(책임감 있는)	+ty	difficulty(어려움) generosity(관대함) responsibility(책임)

❺ -ness(행위, 성질, 상태)

형용사	+ness	명사
aware(알고 있는) kind(친절한) weak(약한)	+ness	awareness(인식) kindness(친절함) weakness(약점)

❻ -er, -ee, -ist, -ant〔사람을 나타내는 접미사〕

동사		명사
employ(고용하다) train(교육시키다) interview(인터뷰하다)	+er (~시키는 사람)	employer(고용하는 사람, 회사) trainer(교육시키는 사람) interviewer(인터뷰하는 사람)
employ(고용하다) train(교육시키다) interview(인터뷰하다)	+ee (~당하는 사람)	employee(직원) trainee(교육생) interviewee(인터뷰받는 사람)
명사 / 형용사		**명사**
art(예술) violin(바이올린) special(특별한)	+ist (~하는 사람)	artist(예술가) violinist(바이올린 연주자) specialist(전문가)
동사		**명사**
assist(돕다) consult(상담하다) reside(거주하다)	+ant (~하는 사람)	assistant(비서, 보조자) consultant(상담자) resident(거주자)

❼ 형용사 접미사로 혼동되는 명사형 접미사

명사		명사
mission(임무) benefit(이익) secret(비밀)	+ary (~하는 사람)	missionary(선교사) beneficiary(수혜자) secretary(비서)
동사		**명사**
relate(관련시키다) represent(대표하다) detect(탐지하다)	+ive (~하는 사람)	relative(친척) representative(대표, 직원) detective(탐정)
동사		**명사**
approve(승인하다) propose(제안하다) refuse(거절하다)	+al (행위, 성질 상태)	approval(승인) proposal(제안) refusal(거절)

02 동사형 접미사

❶ -ify (~하게 하다)

명사 / 형용사	+ify	동사
class(종류) pure(깨끗한) simply(단순한)	**+ify**	classify(분류하다) purify(정화하다) simplify(단순화하다)

❷ -ize (~이 되게 하다)

명사 / 형용사	+ize	동사
organ(조직, 기관) memory(기억) fertile(비옥한)	**+ize**	organize(조직화하다) memorize(기억하다) fertilize(비옥하게 하다)

❸ -ate (~하게 하다)

명사 / 형용사	+ate	동사
active(활동적인) regular(일상적인) motive(동기)	**+ate**	activate(활성화하다) regulate(규제하다) motivate(동기 부여하다)

❹ -en (~하게 하다)

명사 / 형용사	+en	동사
black(검은) strength(힘) bright(밝은)	**+en**	blacken(검게 만들다) strengthen(강화하다) brighten(밝게 만들다)

03 형용사형 접미사

❶ -able / -ible [~할 수 있는]

동사 / 명사	+able	형용사
avail(이용하다) access(접근하다) reason(추론하다) sense(감지하다)	**+able** **(ible)**	avail**able**(이용 가능한) access**ible**(접근 가능한) reason**able**(합리적인) sens**ible**(현명한, 합리적인)

❷ -ful [~로 가득찬]

동사	+ful	형용사
help(돕다) waste(낭비하다) respect(존경하다)	**+ful**	help**ful**(도움이 되는) waste**ful**(낭비하는) respect**ful**(공손한, 정중한)

❸ -ous [~한 성질, 성향]

명사	+ous	형용사
poison(독) humor(유머) envy(부러움)	**+ous**	poison**ous**(유독한) humor**ous**(유머러스한) envi**ous**(부러워하는)

❹ -ate [~한 성질, 성향]

명사 / 동사	+ate	형용사
consider(고려하다) passion(열정) despair(절망)	**+ate**	consider**ate**(사려 깊은) passion**ate**(열정적인) desper**ate**(절망적인)

❺ -ant [~한 성질, 성향]

동사	+ant	형용사
please(기쁘게 하다) excel(능가하다) abound(풍부하다)	**+ant**	pleas**ant**(즐거운) excell**ent**(훌륭한) abound**ant**(풍부한)

❻ -ive [~한 성질, 성향]

동사 / 명사	+ive	형용사
attract(마음을 끌다) explode(폭발하다) defect(결함)	**+ive**	attract**ive**(매력적인) explos**ive**(폭발력이 있는) defect**ive**(결함이 있는)

❼ -ic [~한 성질, 성향]

명사	+ic	형용사
economy(경제) history(역사) base(기초)	**+ic**	econom**ic**(경제적인) histor**ic**(역사적인) bas**ic**(기초적인)

❽ -y [~이 가득한]

명사	+y	형용사
luck(행운) cloud(구름) salt(소금)	**+y**	luck**y**(행운의) cloud**y**(구름이 많은) salt**y**(짠)

❾ 부사로 혼동하기 쉬운 형용사형 접미사 ly [~한]

(기본적으로 형용사 + ly는 부사가 되지만, 명사 / 동사 + ly는 형용사이다)

명사 / 동사	+ly	형용사
time(시간) friend(친구) cost(비용) like(좋아하다)	**+ly**	time**ly**(시기 적절한) friend**ly**(친절한) cost**ly**(비용이 많이 드는) like**ly**(~할 것 같은)

04 부사형 접미사

❶ -ly [~하게, ~으로]

형용사	+ly	부사
beautiful(아름다운) productive(생산적인) effective(효과적인)	+ly	beautifully(아름답게) productively(생산적으로) effectively(효과적으로)

❷ -way [방법, 정도]

형용사/명사	+way	부사
any(어떠한) half(중간)	+way	anyway(어쨌든) halfway(중간에서)

❸ -ward [~쪽으로]

부사 / 명사	+ward	부사
down(아래) south(남쪽) east(동쪽)	+ward	downward(아래쪽으로) southward(남쪽으로) eastward(동쪽으로)